科学决策大数据案例精选

精准扶贫 精准脱贫

JINGZHUN FUPIN JINGZHUN TUOPIN

KEXUE JUECE DASHUJU ANLI JINGXUAN

邹德文 ◎ 主编

人 民 出 版 社

人民融媒出品

策　　划：张文勇

责任编辑：张文勇　郇中建

音频录制：张　蕾　苏文清 等

装帧设计：北京光焱文化传播有限公司

图书在版编目（CIP）数据

精准扶贫　精准脱贫：科学决策大数据案例精选 / 邹德文主编 .—北京：人民出
　版社，2019.12

ISBN 978 - 7 - 01 - 021029 - 2

Ⅰ .①精… Ⅱ .①邹… Ⅲ .①扶贫—案例—汇编—湖北 Ⅳ .① F127.63

中国版本图书馆 CIP 数据核字（2019）第 135530 号

精准扶贫　精准脱贫：科学决策大数据案例精选

JINGZHUN FUPIN　JINGZHUN TUOPIN KEXUE JUECE DASHUJU ANLI JINGXUAN

邹德文 ◎ 主编

人 民 出 版 社 出版发行

（100706　北京市东城区隆福寺街 99 号）

北京朝阳印刷厂有限责任公司印刷　　新华书店经销

2019 年 12 月第 1 版　2019 年 12 月北京第 1 次印刷

开本：710 毫米 ×1000 毫米 1/16　印张：22

字数：335 千字

ISBN 978 - 7 - 01 - 021029 - 2　定价：69.00 元

邮购地址 100706　北京市东城区隆福寺街 99 号

人民东方图书销售中心　电话（010）65250042　65289539

主编：邹德文

编委（按姓氏笔画排名）：

马生勇　王金钟　王爱君　朱有方　吴东浩

吴　刚　汪闻钦　邹德文　陈袁菁　洪绍华

郝　雪　秦　岩　黄勇嘉　彭晓保　程宪法

谭诗斌

前　言

　　党的十八大以来，以习近平同志为核心的党中央把扶贫开发摆到治国理政的突出位置，提升到事关全面建成小康社会、实现第一个百年奋斗目标的新高度，纳入"五位一体"总体布局和"四个全面"战略布局进行决策部署，加大扶贫投入，创新扶贫方式，扶贫开发工作呈现新局面。2013年11月3日，习近平总书记在湖南湘西十八洞村首次提出了"精准扶贫"的重要理念，从此全国开启了精准扶贫精准脱贫攻坚战。在攻坚过程中，各地运用大数据与精准扶贫相结合，进行科学决策、精准施策，走出了一条精准脱贫新路。五年多的时间过去了，中国取得的减贫成就前所未有，创造了我国扶贫史上的最好成绩。中国的精准扶贫实践在因地制宜、精准施策的过程中，探索出各具特色的精准扶贫方式，形成了大量生动的可供借鉴的扶贫经验，为中国乃至世界减贫提供了丰富鲜活的案例。

　　本书总论部分——习近平的扶贫足迹与人民情怀，沿着习近平的工作轨迹追寻他的扶贫足迹，从梁家河、正定、福建、浙江到上海、北京，无论他的足迹在哪里，他的心中始终装着贫困地区的老百姓、装着向往幸福生活的人民。从习近平的扶贫实践出发，由实践层面的扶贫足迹推进至思想层面的扶贫理论，继而上升到价值层面的人民情怀，并将这一价值立足国内，放眼全球，最后升华为一种世界情怀、人类情怀，从而全方位、多层次地展现出习近平的扶贫足迹与人民情怀。

　　本书案例追寻习近平总书记的精准扶贫足迹、回顾全国20多个省市自治区典型地区的扶贫实践，从总结"难啃的硬骨头"——深度贫困地区的脱贫实践到介绍"体现社会主义制度优越性"的东西协作扶贫方式；从描绘老区古镇的新面貌到叙述少数民族地区的新变化；从回顾"志智双扶"激发内生动力的贫困户脱贫致富之路到记叙"万企帮万村"的社会大协作扶贫格局中的故事；

从概括基层党建助脱贫的经验到推介生态旅游促脱贫的做法，所选案例是中国波澜壮阔的脱贫画卷中一幅幅生动的景象。全书通过对这些景象的描绘，力图反映出习近平总书记的精准扶贫思想和人民情怀，尝试为全国正在进行的脱贫攻坚工作提供可借鉴的经验和模式。

本书选取案例41个，共分为7篇，结合精准扶贫"六个精准""五个一批"的基本要求与主要途径，从综合施策精准脱贫、特色产业增收脱贫、乡村旅游生态扶贫、东西协作社会扶贫、党建引领创新扶贫、志智双扶激发内生动力以及巩固脱贫攻坚成果等7个方面总结各地各部门精准脱贫的具体做法和实践特色，体现精准扶贫过程中各地各部门因地制宜、因人施策、精准发力、动态管理的有效工作方式，着力挖掘各地各部门在扶贫工作过程中形成的经验启示。全书案例采用统一的体例，从背景介绍到做法叙述，从成效总结到思考启示，努力展现出每一个地区脱贫前的实际状况、脱贫工作中的主要扶贫方式，当前脱贫的具体成效和形成的可供借鉴的经验启示，力求在较短的篇幅内对案例所涉及地区的基本状况和扶贫方式作详尽的描绘和深入的思考，将精华展现给各位读者。

希望本书的出版不仅能够向各位读者展现当代中国精准扶贫精准脱贫所取得的部分成就，而且能够为各地打赢打好精准脱贫攻坚战提供有益的参考。

目　录

第四篇 东西协作社会扶贫

第五篇 党建引领创新扶贫

第六篇　志智双扶激发内力

第七篇　巩固脱贫攻坚成果

习近平的扶贫足迹与人民情怀

"40多年来，我先后在中国县、市、省、中央工作，扶贫始终是我工作的一个重要内容，我花的精力最多。我到过中国绝大部分最贫困的地区，包括陕西、甘肃、宁夏、贵州、云南、广西、西藏、新疆等地。这两年，我又去了十几个贫困地区，到乡亲们家中，同他们聊天。他们的生活存在困难，我感到揪心。他们生活每好一点，我都感到高兴。"①在习近平的心中，只要还有一家一户乃至一个人没有解决基本生活问题，就不能安之若素；只要群众对幸福生活的憧憬还没有变成现实，就要毫不懈怠团结带领群众一起奋斗。从梁家河、正定、福建、浙江到上海、北京，无论他的足迹在哪里，他的心中始终装着贫困地区的老百姓、装着向往幸福生活的人民。沿着习近平的扶贫之路，我们会愈加深刻地感受到他那颗以"人民对美好生活的向往"作为不懈追求的赤子之心，愈加深刻地体会到他那份大爱无疆、心系苍生的人民情怀。

本文首先从习近平的扶贫实践出发，由实践层面的扶贫足迹推进至思想层面的扶贫理论，继而上升到价值层面的人民情怀，并将这一价值立足国内，放眼全球，升华为一种世界情怀、人类情怀，全方位、多层次地展现出习近平的扶贫足迹与人民情怀。

一　习近平的扶贫足迹

从生产大队的党支部书记，到大国的最高领导人，习近平对贫困群众念兹在兹、心有牵挂；在不同岗位、不同地区、不同场合，他倾注心血最多的，始终是扶贫。

---

① 《习近平在2015年减贫与发展高层论坛上的主旨演讲》，《人民日报》2015年10月17日第1版。

（一）梁家河：他怀着"让乡亲们饱餐一顿肉，并且经常吃上肉"的朴素愿望，带领村民们与贫困作斗争

1969年1月，15岁的习近平来到陕西省延川县梁家河，开始了艰苦却受益终生的七年知青岁月。在这个小村庄里，他第一次刻骨铭心地感受到了贫困的切肤之痛，他人生第一步所学到的也都是在这里。在这个有大学问的地方，他不断接受艰苦生活的磨练，连闯五关：从"一开始去被跳蚤咬得皮肤烂掉"到"三年后不怕咬的'牛肉马皮'"，他过了"跳蚤关"；从"什么都不会吃不爱吃"到"学会什么都吃，最后最爱老百姓送来的东西"，他过了"饮食关"；从"什么也不会做，什么都要依靠别人"到"慢慢什么都学，学捻毛线、织袜子，会缝衣服、缝被子"，他过了"生活关"；从"刚去上了山就气喘吁吁"到"在窑洞里铡草，牲口圈里铡草，一样一样地学"，逐渐成为"种地的好把式"，他过了"劳动关"；从"不习惯、不适应、格格不入"到与老百姓打成一片，并决心把自己交给陕北的黄土地，他过了"思想关"。

1974年，习近平挑起了梁家河大队党支部书记的重担。他因地制宜，带领村民修路、打坝、造良田，为村里修建了全省第一口沼气池，办起了铁业社、缝纫社、代销点，开办了磨坊，为村民打了深水井。在他带领村民们与贫困不断作斗争的同时，梁家河村的面貌也一天天有了改善。

1975年秋天，习近平离开梁家河，全村人都来送行。这时，他已有着坚定的目标，充满了自信。七年的上山下乡生活，一是让他"懂得了什么叫实际，什么叫实事求是，什么叫群众"①，使他获益终生；二是培养了他的自信心。他永远不会忘记梁家河，永远不会忘记父老乡亲，永远不会忘记老区人民，他把心留在了这里。

离开梁家河后，他仍然深情牵挂着这里，牵挂着这里的人民。他帮助村里通电、修小学、修桥，他对有困难的乡亲们解囊相助，1999年10月，他为村民吕侯生治疗腿病支付了全部医疗费；2007年8月28日、2008年7月12日、

---

① 习近平：《我的上山下乡经历》，《福建博士风采》，海潮摄影艺术出版社2003年版。

2011 年 5 月 2 日、2014 年 5 月 5 日，他先后四次给梁家河村民回信；他还在许多国际场合都提到过这个小山村，他在访美第一站西雅图，就讲了他在梁家河插队的经历，他讲到"当时很期盼的一件事，就是让乡亲们饱餐一顿肉，并且经常吃上肉。但是，这个心愿在当时是很难实现的"①；在泰晤士河边，伦敦金融城，他也谈到了遥远的梁家河村，想起在中国陕北当农民的日子；2015 年春节前夕，习近平到陕西考察调研，第一站就回到梁家河，并自己掏钱给乡亲们带来了年货。他谈起自己曾在这里立下的誓言："今后如果有机会我要从政，我要做一些为老百姓办好事的工作。"

（二）正定：他抱着"看到老百姓生活比较贫困、经济社会发展水平比较落后的情形，心里很着急，的确有一股激情、一种志向，想尽快改变这种面貌"② 的朴实想法，坚持实事求是，探索脱贫路

1982 年 3 月至 1985 年 5 月，习近平在河北正定县工作。20 世纪 70 年代的正定当时是全国有名的农业学大寨先进县，以我国北方粮食高产县而闻名。但其实，头戴高产的帽子，很多人家连温饱却都没有解决，口粮不够时还需要到其他县买高价粮。当时国家的征购任务是 7600 万斤，正定县的人口是 40 万，平均每个人需要贡献 190 斤。习近平去了以后，顶着压力如实向上级反映问题，为农民争取到粮食年征购量减免 2800 万斤，大幅减轻了他们的负担；1982 年，安徽省凤阳县小岗村的大包干家庭联产承包责任制已经搞了 3 年多。但由于省里没精神，河北所有的县都在观望。习近平在派人学习了小岗村的经验之后，几经调研、反复斟酌，并结合正定的实际情况，在试点成功后，逐步在正定全面推广大包干，这在河北省开了先河，也为正定经济腾飞奠定了坚实的基础；他坚持实事求是，放眼长远，科学谋划了正定走"半城郊型"经济的可持续发展之路，带领全县人民一举甩掉"高产穷县"的帽子，以农村改革探索脱贫路。

---

① 《习近平在华盛顿州联合欢迎宴会上的演讲》，新华网，2015年9月24日。
② 2015年年初习近平与中央党校第一期县委书记研修班200余名学员畅谈交流"县委书记经"时的讲话，新华网，2015年12月20日。

（三）福建：他以"跑遍山山水水，全身心投入扶贫工作"的务实作风，在长达17年半的时间里，始终锲而不舍地探索创新"摆脱贫困"之道

1988年至1990年，习近平在福建宁德任地委书记。当时的宁德，是全国18个集中连片贫困地区之一，全区9个县有6个是国定贫困县，号称东部沿海"黄金断裂带"。习近平到任不到3个月时间，就走遍了9个县；在宁德工作1年11个月，基本跑遍了所有的乡镇。当时没有通路的4个特困乡，他去了3个。其中下党乡是出了名的"地僻人难到"，习近平是建乡以来第一个到乡里的地区领导。在经过深入的调查研究后，习近平意识到，闽东当时的区情、区力根本不具备大规模开发的条件，"摆脱贫困"的工作主线应该聚焦于解决老百姓的吃饭穿衣住房等主要问题，进而为下一步的经济发展打基础、创条件。他推动挂钩扶贫的福安市坂中畲族乡的公路建设，改变了当地"交通基本靠走"的状况；他长期关注和探索解决"茅草房"和"连家船"问题，积极推动畲民下山、连家船民上岸定居的移民搬迁工程。这种对一些生存条件极其恶劣、脱贫无望又致富无门的地方实施易地搬迁的发展方法，被群众称赞为"造福工程"，后来在全省推广……仅仅两年时间，习近平就让闽东基本摆脱了贫困，拥有了温饱。

1990年，习近平离开闽东到福州赴任。在担任福州市委书记期间，他大力倡导"马上就办"，推行"四个万家"，提高办事效率，切实解决群众困难。1991年3月，习近平在实地察看了连家船上船民的生活后，立刻召开现场办公会解决船民搬迁上岸问题。10个月后，104户船民家庭就结束了多年"上无片瓦、下无寸土"的生活，搬进了新居。在习近平的推动下，福州市委、市政府每年都为城乡人民办20件实事，大力实施的"安居工程""广厦工程""造福工程"，极大地改善了老百姓的居住条件。

1997年6月，时任福建省委副书记的习近平，根据实地调研情况向省委写了《关于闽东农村扶贫开发与小康建设情况的报告》，建议将"茅草屋"和"连家船"问题，列为全省"造福工程"的重中之重。在习近平的力推下，福建连家渔民上岸工程迅速展开，到21世纪初，"连家船""茅草屋"现象在福建基本都消灭了，数万人告别了风雨飘摇的生活，过上了安稳日子。与此同时，他还推动了多项扶贫创新举措落地：发展现代农业，实行产业化经营；倡导山海协作，建立联席会议制度，推动省委出台进一步加快山区发展和进一步加快发展海洋经济的两个《决定》；建立省直单位定点扶持贫困乡镇，下派挂钩帮扶工作队机制。特别是他在担任福建对口帮扶宁夏领导小组组长期间，提出了建设闽宁村的构想，并亲自部署和推动了"移民吊庄"工程，把西海固一带的贫困群众整体搬迁，打造了具有样板意义的东西协作示范村"闽宁村"。随着闽宁村的不断发展，2001年经自治区人民政府批准，在闽宁村的基础上正式成立了闽宁镇。

（四）浙江：他"时刻把人民群众的安危冷暖挂在心上，多为群众办实事、办好事"，推动扶贫工作干在实处，走在前列

2002年10月至2007年3月，习近平到浙江省工作。2003年7月，时任省委书记的习近平经过深入调研和思考，提出了"八八战略"，开启了浙江全面建成小康的宏大工程。在习近平的指挥和推动下，"发挥浙江的山海资源优势，大力发展海洋经济，推动欠发达地区跨越式发展"，让"山海协作""欠发达乡镇奔小康工程""百亿帮扶致富工程"等项目落地落实；"发挥城乡协调发展优势，统筹城乡经济社会发展，加快推进城乡一体化"，开启了浙江新型城市化和新农村建设互促共进的城乡发展一体化新征程。特别是习近平亲自推动的"千村示范、万村整治"工程，拉开了农村人居环境建设的序幕，引领浙江走进生态文明新时代。15年间，"千万工程"造就了万千"美丽乡村"，浙江率先走向乡村振兴。2018年9月26日，这一工程荣获联合国最高环保荣誉——"地球卫士奖"。而凭借"八八战略"这把"金钥匙"，浙江打开了一扇高质量发展的"大门"，城乡居民收入位居全国前列，脱贫攻坚任务最先完成，全面小康社会实现程度位列各省区市第一[①]，经济社会文化等各方面全面发展。

后来，到上海，再到北京，虽然工作地点和职务在不断改变，但习近平始

---

① 《"八八战略"成为浙江发展金钥匙》，《人民日报》2018年7月18日第1版。

终重视扶贫工作，情系贫困人民，扶贫之心一以贯之。

（五）他以"看真贫，扶真贫、真扶贫"的责任意识，敢于担当，用"精准扶贫"对症下药拔穷根

2012 年 11 月，中国共产党第十八次全国代表大会和十八届一中全会在北京召开，习近平当选中央委员会总书记。2012 年冬，党的十八大结束不久，习近平在国内的第二次考察就去了河北省阜平县"看真贫"。六年来，习近平 30 多次国内各地考察，几乎每次都提到扶贫，超过 25 个重要场合对扶贫开发工作作出重要指示。他亲自挂帅、亲自出征、亲自督战，高位推动精准扶贫。

2013 年，在湖南湘西十八洞村，习近平首次提出"精准扶贫"，明确要求"不栽盆景，不搭风景""不能搞特殊化，但不能没有变化"，不仅要自身实现脱贫，还要探索"可复制、可推广"的脱贫经验。他提出了"实事求是、因地制宜、分类指导、精准扶贫"的十六字要求，而其中最关键就在"精准"二字。于是，十八洞村在全国率先开始了精准识别，通过"户主申请，群众投票识别，三级会审，公告公示，乡镇审核，县级审批，入户登记"，摸索出精准识别贫困户的"七步法"；以"家里有拿工资的不评，在城里买了商品房的不评，在村里修了三层以上楼房的不评……"为标准，总结出筛选贫困户的"九不评"，"七步法""九不评"精准识别出贫困人口 542 人，这也为全国其他地方提供了重要经验。

2014 年，习近平进一步提出精细化管理、精确化配置、精准化扶持等理念；2015 年，在部分省（自治）区（直辖）市扶贫攻坚与"十三五"时期经济社会发展座谈会上，习近平提出了"四个切实"（切实落实领导责任、切实做到精准扶贫、切实强化社会合力、切实加强基层组织）的具体要求；2015 年 6 月，在贵州主持召开集中连片特困地区扶贫攻坚座谈会时，习近平首次提出了"六个精准"（扶贫对象精准、项目安排精准、资金使用精准、措施到户精准、因村派人精准、脱贫成效精准）和"五个一批"（发展生产脱贫一批、易地扶贫搬迁脱贫一批、生态补偿脱贫一批、发展教育脱贫一批、社会保障兜底一批）；2015 年 11 月 27 日至 28 日，在中央扶贫开发工作会议上，习近平对"六个精准""五个一批"作了进一步阐述和强调；2016 年 7 月，习近平在银川主持召开东西部扶贫协作座谈会，提出"东西部协作"的精准扶贫精准脱贫新战略。2017 年 2 月，在中共中央政治局第三十九次集体学习时，习近平又提出了"七个强化"，即强化领导责任、强化资金投入、强化部门协同、强化东西协作、强化社会合力、强化基层活力、强化任务落实，同时总结了脱贫攻坚的"五点经验"：加强领导是根本、把握精准是要义、增加投入是保障、各方参与是合力、群众参与是基础。

"六个精准""五个一批""七个强化"和"五点经验"，这既是对我们脱贫攻坚经验的高度概括，也是我们深入推进精准扶贫精准脱贫必须坚持的工作遵循。

中西部 22 个省份向党中央立下脱贫攻坚军令状，省市县乡村"五级书记"层层攻坚。80 多万人进村入户，基本摸清"贫困家底"，贫困数据首次实现到村到户到人。开展建档立卡"回头看"、挤"水分"、动态调整，全国贫困识别准确率达到 98% 以上，精确锁定脱贫攻坚的主战场；278 万名驻村干部、43.5 万名第一书记奋战在脱贫一线，打通扶贫政策落地"最后一公里"。贫困地区因村因户找到脱贫"金钥匙"，发展脚步快起来，一大批特色产业拔节生长，探索了电商扶贫、光伏扶贫、旅游扶贫等新业态，成千上万个贫困村的命运发生根本性改变。2013—2017 年，贫困地区农民人均收入年均实际增长 10.4%，比全国农村平均增速快 2.5 个百分点。

（六）他以"不让一个少数民族、一个地区掉队"的担当意识，聚焦深度贫困，攻克艰中之艰

脱贫攻坚是一场硬仗，深度贫困地区更是硬仗中的硬仗。2017 年 6 月 21 日下午，习近平来到山西省忻州市岢岚县赵家洼村看望贫困群众，他查水井、蹲田头、探新村，实地调研贫困问题的硬中之硬，同干部群众一起共商脱贫攻坚大计；他主持召开深度贫困地区脱贫攻坚座谈会，同脱贫攻坚任务最重的省市县三级党委书记代表一起研究破解深度贫困之策：合理确定脱贫目标，加大投入支持力度，集中优势兵力打歼灭战，区域发展必须围绕精准扶贫发力，加大各方帮扶力度，加大内生动力培育力度，加大组织领导力度，加强督查，这

8 条要求明确，以非常之策，解非常之困。

在习近平对深度贫困地区脱贫攻坚的战略部署下，专门针对深度贫困地区的政策顶层设计也陆续完成。一是优化政策供给。2017 年 11 月，中共中央办公厅、国务院办公厅印发《关于支持深度贫困地区脱贫攻坚的实施意见》（以下简称《意见》），对深度贫困地区脱贫攻坚工作作出全面部署。围绕《意见》，中国人民银行、银监会、证监会、保监会联合印发了《关于金融支持深度贫困地区脱贫攻坚的意见》，国家旅游局、国务院扶贫办印发《关于支持深度贫困地区旅游扶贫行动方案》，国土资源部制定《国土资源部关于支持深度贫困地区脱贫攻坚的意见》。2018 年 1 月，中共中央印发《中共中央国务院关于实施乡村振兴战略的意见》（又称：2018 年中央一号文件），各深度贫困地区也出台了相应的政策规定；2019 年 1 月，中共中央印发《中共中央国务院关于坚持农业农村优先发展做好"三农"工作的若干意见》，明确主攻深度贫困地区，瞄准制约深度贫困地区精准脱贫的重点难点问题，列出清单，逐项明确责任，对账销号。二是中央财政不断加力。到 2020 年，在保证现有扶贫投入不减的基础上，新增安排深度贫困地区脱贫资金 2140 亿元，交通扶贫、水利扶贫、旅游扶贫等措施加快补短板。三是公共投入不断向困难地区、困难人群倾斜。5 年间，中西部地区卫生投入年均增速达到 13.0%。2017 年，中央财政对地方医疗卫生转移支付中，40.2% 和 39.9% 的资金投向了中部和西部地区。四是扶贫与扶智、扶志相结合，让技能扶贫使更多贫困户有自我发展能力，确保脱贫质量，以超常规的手段措施，确保 2020 年深度贫困地区如期顺利脱贫。

（七）他以"中华民族千百年来存在的绝对贫困问题，将在我们这一代人的手里历史性地得到解决"的使命意识，向打赢脱贫攻坚战发起总攻

党的十九大以来，以习近平同志为核心的党中央继续高位推进脱贫攻坚，响鼓重槌。党的十九大报告将脱贫攻坚作为全面建成小康社会必须打好的三大攻坚战之一，摆到更加突出的位置。2018 年 2 月 12 日，习近平在四川成都主持召开打好精准脱贫攻坚战座谈会，集中研究打好今后三年脱贫攻坚战之策；

3月30日，习近平主持召开中央政治局会议，听取2017年省级党委和政府脱贫攻坚工作成效考核情况汇报，对打好脱贫攻坚战提出明确要求：确保脱贫工作务实，脱贫过程扎实，脱贫结果真实。这次中央政治局会议，是考核评估总结脱贫攻坚经验、更好谋划脱贫攻坚后半程的一次关键会议；5月，习近平主持召开中央政治局常委会议和中央政治局会议，审议打赢脱贫攻坚战三年行动指导意见，指出今后三年乡村振兴工作主要是脱贫攻坚。6月，习近平又对脱贫攻坚作出重要指示强调，脱贫攻坚时间紧、任务重，必须真抓实干、埋头苦干。各级党委和政府要以更加昂扬的精神状态、更加扎实的工作作风，团结带领广大干部群众坚定信心、顽强奋斗，万众一心夺取脱贫攻坚战全面胜利。2019年4月16日，习近平在重庆考察时指出，脱贫攻坚战进入决胜的关键阶段，各地区各部门务必高度重视，统一思想，抓好落实，一鼓作气，顽强作战，越战越勇，着力解决"两不愁三保障"突出问题，扎实做好今明两年脱贫攻坚工作。

近六年的时间里，在习近平精准扶贫精准脱贫基本方略引领下，脱贫攻坚取得决定性进展。脱贫攻坚"四梁八柱"性质的顶层设计基本完成，"五级书记抓扶贫"的思想自觉和行动自觉基本形成。专项扶贫、行业扶贫、社会扶贫形成"三位一体"大扶贫格局，中央和国家机关出台230多个政策文件、实施方案，各地相继出台完善"1+N"配套举措，许多"老大难"问题有了解决方案。

减贫脱贫之路，越走，越清晰；越走，越坚定。六年间，我国现行标准下的农村贫困人口累计减少8239万人，每年减贫规模都在1000万人以上，全国的贫困村累计退出80%左右，贫困县共计脱贫摘帽50%以上。贫困发生率由2012年的10.2%下降到2018年末的1.7%[①]。而纵观我国改革开放40年的消除贫困史，贫困人口已累计减少了7.4亿人，贫困发生率下降了94.4个百分点。

二　习近平的扶贫理论

如果将习近平的个人工作经历连起来看，从梁家河、正定、宁德……到中

---

① 《2018年农村减贫1386万人》，《人民日报》2019年2月16日第1版。

南海，可以更深刻地感知到他对扶贫的研究和思考；如果把习近平十八大后国内贫困地区考察调研路线连起来看，从河北阜平、湖南花垣……到四川凉州，可以更清晰地认识到他对扶贫的布局和谋划。如果从党的十八大以来全面打响脱贫攻坚战来看，习近平从全面建成小康社会全局出发，把扶贫开发工作摆在治国理政的突出位置，发表了一系列重要论述。这些研究思考、布局谋划、重要论述，逐步形成为系统的扶贫思想和理论。

这一扶贫理论，对我国脱贫攻坚的地位、目标、理念、方略、政策、动力、根本、格局、成效、领导体制、组织保障、世界意义等重点难点问题进行了系统深入阐述。他从精准扶贫精准脱贫到聚焦深度贫困，再到打赢脱贫攻坚战，步步推进，层层深入，在指导我们不断破解扶贫开发深层次矛盾和问题中逐步深化发展。

他从中国共产党执政的初心和全面建成小康社会的根本要求出发，强调"小康路上一个都不能掉队"，深化对脱贫攻坚地位和目标的认识。《共产党宣言》讲："过去的一切运动都是少数人的或者为少数人谋利益的运动。无产阶级的运动是绝大多数人的、为绝大多数人谋利益的独立的运动。"两个"绝大多数"，确立了共产党人为人民谋幸福，为民族谋复兴的初心和使命。这一初心和使命，激励着我们党始终带领人民不断脱贫攻坚，从"解决温饱"到"小康水平"，从"总体小康"到"全面小康"，从"全面建设小康"到"全面建成小康"，逐步走向共同富裕。为实现这一目标，习近平早在福建时就曾指出："决不能因为贫困户的比例小了，就降低扶贫攻坚力度；不能因为农民纯收入'人均'数较高，就忽视了'人均'以下的贫困户、困难户；不能因为基本实现小康目标，就可以松一口气。"在担任党的总书记以后，他在不同场合也多次强调"全面建成小康社会，一个也不能少；共同富裕路上，一个也不能掉队"，这种"不让一个民族、一个地区、一个人掉队"的对"全面小康"的追求，体现了社会主义的本质要求，指明了中国共产党和中国特色社会主义道路把解决贫困问题摆在治国理政的突出位置、纳入"五位一体"总体布局和"四个全面"战略布局的必然性，推动扶贫工作为了人民、依靠人民、脱贫成果由人民共享，深刻诠释了中国共产党以人民为中心的马克思主义根本立场。

他从推动扶贫领域改革的高度出发，强调用创新、协调、绿色、开放、共享的新发展理念来统领，深化了对脱贫攻坚理念的认识。十八届五中全会提出的"创新、协调、绿色、开放、共享"五大发展理念，是经济新常态下破解我国发展难题，厚植发展优势的理论指南。在习近平扶贫理论中，这一理念也成为引领脱贫攻坚方式转变，推动精准扶贫、精准脱贫工作深入健康发展的强大思想武器。强调以创新推动扶贫与经济社会发展深度融合，提升贫困地区自我发展能力；以协调加强扶贫资源整合，从"遍撒胡椒面"到"拧成一股绳"，促进区域整体脱贫能力提升；以绿色发展促进脱贫攻坚与生态保护有机结合，实现脱贫攻坚与生态文明建设双赢；以开放发展理念拓宽扶贫思路，既包括对内开放也包括对外开放，坚持走出去与引进来并重，为贫困地区打开了发展的大门；以共享发展确保扶贫成果真正惠民。

他从我国扶贫开发的实践以及贫困特征发生了变化的实际出发，要求把精准落到实处，深化了对脱贫攻坚方略的认识。改革开放以来，我国扶贫开发取得巨大成就，农村贫困人口不仅稳定解决了温饱问题，而且正在向 2020 年实现消除绝对贫困目标迈进。与此同时，我国农村贫困问题及基本特征也正在发生变化，由区域型集中连片大面积经济贫困，向分散型家庭个性化多维贫困转变。这一变化趋势，决定了扶贫方式方略必须由过去注重区域性整体推进、大水漫灌向精准扶贫、精准滴灌转变。其核心在于要因人因地施策，因贫困原因施策，因贫困类型施策，区别不同情况，做到对症下药、靶向治疗，真正扶到点上、扶到根上、扶贫扶到家。精准扶贫，贵在精准，重在精准，成败之举在于精准，这既是认识论，也是方法论，蕴含着大思想、大智慧、大格局、大精神、大情怀和大方略。他体现了一切从实际出发、坚持实事求的辩证唯物主义思想，抓住了主要矛盾和矛盾的主要方面，探究了事物发展的本质，注重发挥内因的根本性作用，重视把握事物的普遍联系原理，突出了系统思维、整体思维和可持续发展思维。这一方略中所蕴含的丰富的马克思主义思想方法和工作方法，为我们制定和实施扶贫脱贫方针提供了根本理论遵循，成为带领中国人民不断战胜贫困、摆脱贫困的强大思想力量①。

他从加快形成有利于贫困地区和贫困脱贫对象的政策体系出发，强调变资源多头分散使用为统筹集中使用，深化了对脱贫攻坚政策的认识。脱贫攻坚各项政策中资金投入是保障。一直以来，中央财政投入扶贫的资金总量是有增无减，但相比脱贫攻坚的需求，始终仍显不足。这主要是由于扶贫的项目渠道不同，点多面广，造成"遍撒胡椒面"，极大影响了资金的分配和使用率。精准扶贫精准脱贫战略，一方面通过不断改革财政扶贫资金管理使用方式，对目标相近、方向类同的扶贫资金进行整合，另一方面不断激发金融活力，增加金融资金对脱贫攻坚的投放，同时"吸引社会资金广泛参与脱贫攻坚，形成脱贫攻坚资金多渠道、多样化投入"，让不同渠道的资金能"拧成一股绳"，确保每一分钱都用在刀刃上，提升了扶贫减贫综合效应。

他从注重发挥人民群众主体地位的角度出发，强调激发贫困群众发展生产、脱贫致富的主动性，深化了对脱贫攻坚动力的认识。内因是事物发展的根本原因，"贫困地区发展要靠内生动力"，"脱贫致富终究要靠贫困群众用自己的辛勤劳动来实现"。他强调，打赢脱贫攻坚战，要重视激发贫困地区和贫困群众的内生动力，充分发挥贫困群众在脱贫攻坚中的主体作用，把扶贫同扶志扶智相结合，引导贫困群众在思想上愿意脱贫、行动上主动脱贫。要加强开发式扶贫与保障性扶贫统筹衔接，并通过贫困地区职业教育和技能培训，把贫困地区孩子培养出来，阻隔贫困代际传递造成的贫困固化，实现真正有效长远的脱贫。

他从提高脱贫质量，推动由脱贫向致富迈进的角度出发，强调产业扶贫的造血功能，深化了对脱贫攻坚根本的认识。发展产业既是增强贫困地区造血功能、带动群众就业、促进群众增收最直接最有效的路径，更是实现"两不愁、三保障"目标最有力最可靠的支撑。从"五个一批"中"发展生产脱贫一批"的优先摆位，到"五个振兴"中"产业振兴"的首要地位，充分体现了"发展是甩掉贫困帽子的总办法"，"发展产业是实现脱贫的根本之策，把培育产业作为推动脱贫攻坚的根本出路"的深刻含义。他强调产业扶贫重在长远发展，

---

① 邹文德、刘娟：《深入把握精准扶贫精准脱贫基本方略》，《人民日报》2019年5月31日第9版。

要精确选准特色项目，避免盲目追求短期速效，着力提升产品质量，夯实产业扶贫基础，增强其抗风险能力，形成产业推动的长效而高质量的扶贫发展态势。这些论述和举措，把准了打赢脱贫攻坚战的根本，指明了决胜全面小康的方向。

他从全党全社会的共同责任的高度出发，强调从单打独斗到多方联动，深化了对脱贫攻坚大格局的认识。守望相助、扶危济困，自古以来就是中华民族优秀传统。脱贫致富不仅仅是贫困地区的事，也是全社会的事。在习近平的扶贫实践中，就有过诸如山海协作、闽宁协作的成功案例。他的扶贫理论，从政策上倡导充分发挥全党全社会的责任意识，动员和凝聚全社会力量广泛参与。坚持东西协作"携手奔小康"，民营企业"万企帮万村"，党政机关定点扶贫，把政府主导与社会参与有机结合起来，构建专项扶贫、行业扶贫、社会扶贫互为补充的"三位一体"大扶贫格局。

他从全面从严治党的现实要求出发，强调"真扶贫、扶真贫、真脱贫"，深化了对脱贫攻坚成效的认识。一个"真"字，点出了习近平扶贫理论的质量要领。他要求扶贫工作必须务实，强调真抓实干，力戒形式主义，推动干部作风从"怕群众到亲群众，从走基层到住基层，从送温暖到造温暖"的根本性转变；他要求脱贫过程必须扎实，"少搞一些盆景，多搞一些惠及广大贫困人口的实事"，从严从实抓脱贫质量；他要求脱贫结果必须真实，改变以往主要考核地区生产总值的方式，向主要考核扶贫开发工作成效转变，并配合严格的监督机制，让脱贫成效真正获得群众认可、经得起实践和历史检验。

他从发挥政治优势和制度优势的角度出发，强调"加强党对扶贫工作全面领导"，深化了对脱贫攻坚领导体制的认识。"越是进行脱贫攻坚战，越是要加强和改善党的领导"，他强调坚持"加强党对扶贫工作全面领导"，发挥政治优势和制度优势，"举全党全社会之力"、集中力量打脱贫攻坚战，通过"中央统筹、省负总责、市县抓落实的管理体制，从中央到地方逐级签订责任书"，五级书记抓扶贫，为脱贫立下"军令状"，建立中国特色扶贫减贫制度体系。

他从发挥基层党组织在脱贫攻坚中的战斗堡垒作用的角度出发，强调把夯实农村基层党组织同脱贫攻坚有机结合起来，深化了对脱贫攻坚组织保障的认识。打赢脱贫攻坚战，基础在基层，关键在农村基层党组织。他强调，以党建促脱贫，是带领群众脱贫致富的长远之计和固本之策，也是脱贫攻坚工作重要的组织保障。要着力提升党的政治领导力、思想引领力和基层组织力，建设一支政治品格好、群众威望高、带动能力强的基层党支部队伍，充分发挥基层党组织战斗堡垒作用和党员干部先锋模范作用，用党员干部的主动换取群众的互动，不断激发干部群众内生动力，形成领导领着干、干部抢着干、群众跟着干的合力攻坚格局。

他将自身发展和发展中国家共同发展紧密联系起来，强调携手消除贫困，共建人类命运共同体，深化了对脱贫攻坚世界意义的认识。打赢脱贫攻坚战是对整个人类都具有重大意义的伟业，他把中国梦和发展中国家人民过上美好生活的梦想紧密联系起来，将自身发展经验和机遇同世界各国分享，积极倡导并有力推动全球减贫目标的实现。特别是在脱贫攻坚中展现的我国贫困治理体系的巨大价值，为有效解决贫困这一世界难题提供了科学方法。从而使脱贫攻坚不仅成为中国特色社会主义道路自信、理论自信、制度自信、文化自信的生动写照，更成为全球反贫困事业的亮丽风景。

可以说，习近平扶贫理论体系完整、逻辑严密、内容丰富，立足时代之基，科学回答了我国如何全面建成小康社会的重大时代命题，指导和推动着扶贫实践。追溯这一理论的形成及根源，能深刻感悟其独特的品质。

这一理论，根植于长期扶贫的积累，有着深厚的实践土壤。从梁家河插队时期对贫困的深刻认知，到写下《弱鸟如何先飞——闽东九县调查随感》，提出要摆脱"意识贫困""思路贫困"，形成《摆脱贫困》①一书，倡导滴水穿石，弱鸟先飞，强调"行动至上""四下基层"，增强少数民族地区的"造血功能""扶贫先要扶志""真扶贫，扶真贫"等论述，到后来《中国农村市场化研究》中对农村问题的关注，《展山海宏图创世纪辉煌——福建山海联动发展研究》中对山海协作扶贫新路的探索，《之江新语》《干在实处走在前列》等著作对贫困演变规律、扶贫开发经验教训的深刻思考，提出的脱贫需"自力更生"、激

---

① 习近平：《摆脱贫困》，福建人民出版社1992年7月。

发"内生动力"等理念，在习近平 50 年矢志不渝的减贫实践中，在亲身访贫问苦的"动真格"实践中，他对扶贫工作进行科学总结和理论提升。2013 年，他在湖南湘西十八洞村首次提出"精准扶贫"，逐渐形成了精准扶贫精准脱贫基本方略，这一方略所指引的伟大实践，在中华民族几千年的历史上从未有过，在世界历史上也是伟大壮举，它推动了中国减贫事业取得巨大成就，创造了人类减贫史上的伟大奇迹。

这一理论，集合了古今中外反贫困问题的研究，有着坚实的思想根基。从理论溯源看，习近平扶贫理论，一方面吸收了我国优秀传统文化的历史营养，继承并创新了扶危济困、改善民生等古人在扶贫领域的经验和智慧；另一方面继承了马克思主义关于人的全面发展和共同富裕的思想，结合我国社会主义初级阶段农村贫困问题特征，丰富和深化了马克思主义的反贫困思想，同时还创新了国际贫困治理理论。在国际上，特别是西方贫困治理理论，往往多停留在揭露造成贫困问题的表象，却未能触及贫困根源。习近平延续了长期以来我们党和国家历代领导人消除和缓解贫困的历史经验，针对我国贫困的产生以及贫困的缓解和消除，提出的精准扶贫、内源式扶贫、合力扶贫、消费扶贫、产业脱贫、精神脱贫、教育脱贫、生态脱贫、社会保障兜底脱贫等思想理念以及共同建设没有贫困的人类命运共同体的倡议，多层面、多维度认识和构建了我国扶贫开发理论，具有很强的针对性、政策性和实践性。

这一理论，立足于我国改革开放和市场经济的发展，融入新发展理念，是当代中国的马克思主义政治经济学。习近平扶贫理论的形成，伴随着改革开放 40 年，我国市场经济日趋成熟的过程。在这一过程中，他强调充分发挥市场在资源配置中的决定性作用，更好发挥政府作用，以政府有为、市场有效，不断创新扶贫政策。他强调通过市场机制，推动贫困地区产品和服务融入全国市场，形成市场拉动促进贫困人口稳定脱贫。他坚持更好发挥政府作用，通过改革不断创新扶贫体制机制，以"三权分置"推动"三变"改革为突破口，深入推进农村集体产权制度改革，激活农村各类要素潜能，赋予农民更多财产权。这一制度创新，有效地拓宽了扶贫思路，使贫困地区成为经济发展的宝地，形成特色经济增长极，增强了经济体系的包容性，也为中国跨越"中等收入陷阱"，跳出"贫困陷阱"，避免"高福利陷阱"提供了重要保障，可以说是当代中国的马克思主义政治经济学。

三　习近平的扶贫情结和人民情怀

脚下沾有多少泥土，心中就沉淀多少真情。从梁家河出发的习近平，从"希望乡亲们饱餐一顿肉"的朴素愿望，到"始终与人民心心相印、与人民同甘共苦、与人民团结奋斗"的深情告白，他用脚步丈量民情，足迹遍布中国绝大部分最贫困的地区；他对扶贫有着很深的情结，在这执着的背后，是他从未忘却、始终如一的人民情怀。

（一）这种深情，是心系贫苦百姓的扶贫情结

他多年如一日，投入扶贫工作，访贫问苦已成为他工作中不可或缺的部分。特别是党的十八大以来，他行程万里，风雨兼程；扶贫为民，枝叶关情。坚实的足迹中，为政的理念一以贯之：与人民心心相印、与人民同甘共苦、与人民团结奋斗。

他思之所及，皆为困难群众。"让老百姓过上更加幸福的生活，还有大量工作要做。""我们时刻都要想着那些生活中还有难处的群众。""让几千万农村贫困人口生活好起来，是我心中的牵挂。""新年之际，我最牵挂的还是困难群众。""我们伟大的发展成就由人民创造，应该由人民共享。""我始终惦记着困难群众"，从 2014 年到 2019 年，每年的新年贺词中，总书记最关注的始终是困难群众。

他行之所向，直指贫困深处。从曾经"瘠苦甲于天下"的甘肃定西，到山路崎岖的大凉山，连续六年的新年首次考察，他都要到中国最贫困的角落去体察民情、倾听民意；从黄土高坡到雪域高原，从西北边陲到云贵高原，他风雨兼程，走遍了全部 14 个集中连片特困地区。在梁家河，他带着自己出钱采办的"年货"——饺子粉、大米、食用油、肉制品，还有春联、年画，来给父老乡亲们拜年；在井冈山，他同老区人民一同拿起木槌、打起糍粑来；在汶川，他同群

众一起打酥油茶、炸酥肉、磨豆花……每一次的走村入户中，进门一声"老阿姨"，叫得就像家里人一样亲切；盘腿上炕拉着手，就像亲戚串门一样自在；抱起年幼的孩童，眉目间尽是慈爱；关怀慰问中，他开米缸、察地窖、摸火墙，关心着百姓生活的点点滴滴；孩子上学远不远、看病有没有保障、上厕所方不方便……他惦念着群众日常的方方面面；亲切交谈中，他和村民一起"算收支账"，为农家小院规划支招儿，希望乡亲们同党中央一起"撸起袖子加油干，让好日子芝麻开花节节高"……步步深情，点点细节，彰显的是人民领袖的赤子之心和扶贫情结。

他言之所至，温暖老百姓心窝。他亲自到过的乡村、他深情牵挂着的地方，都留下了这位"扶贫书记"最暖心的话语。2012年12月，党的十八大后仅40多天，习近平第一次赴农村地区视察，就来到老区、山区、贫困地区"三区合一"的河北省阜平县，在这里，向全党全国发出了脱贫攻坚的进军令："没有农村的小康，特别是没有贫困地区的小康，就没有全面建成小康社会。"在六盘山区，习近平先后来到海拔2400多米的甘肃定西市渭源县元古堆村和海拔1900多米的临夏回族自治州东乡族自治县布楞沟村，强调"党和政府高度重视扶贫开发工作，特别是高度重视少数民族和民族地区的发展"。在大兴安岭南麓山区，他来到内蒙古兴安盟阿尔山市，强调"只要还有一家一户乃至一个人没有解决基本生活问题，我们就不能安之若素"。在武陵山区，习近平来到湖南湘西土家族苗族自治州花垣县十八洞村，首提"精准扶贫"，并表示"扶贫要实事求是，因地制宜。要精准扶贫，切忌喊口号，也不要定好高骛远的目标"。在大别山区，习近平在河南省开封市兰考县调研，叮嘱当地干部，要"切实关心农村每个家庭特别是贫困家庭，通过因地制宜发展产业促进农民增收致富"。在新疆南疆三地州，习近平来到喀什地区，他表示"我这次来，就是要看中央惠民政策是不是深入人心，是否发挥了作用。""凡是符合人民群众愿望的事，就是我们党奋斗的目标"。在滇西边境山区，习近平来到大理白族自治州大理市湾桥镇古生村，他强调"新农村建设一定要走符合农村实际的路子，遵循乡村自身发展规律，留得住青山绿水，记得住乡愁"。在黄土高原，习近平到他曾劳动生活了7年的陕西省延川县梁家河村看望村民，他说到"我们实现第一个百年奋斗目标、全面建成小康社会，没有老区的全面小康，特别是没有老区贫困人口脱贫致富，那是不完整的。这就是我常说的小康不小康，关键看老乡的含义"。在乌蒙山区，习近平考察贵州省遵义市遵义县枫香镇花茂村，他说"党中央制定的政策好不好，要看乡亲们是哭还是笑"。在罗霄山区，习近平到了江西省吉安市井冈山市茅坪乡神山村考察，他强调"在贫困路上，不能落下一个贫困家庭，丢下一个贫困群众"。在燕山—太行山区，习近平来到河北省张北县考察，他说到"打好脱贫攻坚战，不能眉毛胡子一把抓，而要下好'精准'这盘棋"。在滇桂黔石漠化区，习近平到广西考察脱贫工作，他强调"脱贫攻坚形势依然严峻，必须倒排工期，落实精准扶贫精准脱贫方略。对贫中之贫，困中之困，要采取超常规措施"。在吕梁山区，习近平到山西省忻州市岢岚县赵家洼村看望贫困群众，指出"脱贫攻坚进入目前阶段，要重点研究解决深度贫困问题"。2018年2月11日，习近平来到全国集中连片深度贫困区之一，四川凉山彝族自治州，他掷地有声地承诺"全面小康路上，不能忘记每一个民族，每一个家庭"。

（二）这种挚爱，是深厚的人民情怀

情结，饱含的是情怀；扶贫情结背后，是他一以贯之的人民情怀。

他以人民立场为根本立场，心里始终装着人民。以人民为中心是习近平情到深处，一种自然而然的思想流露。同人民想在一起、干在一起，是永远不变的初心，也是始终如一的情怀。从梁家河开始，长达50年的时间里，他始终都在坚持做的一件事，就是千方百计让人民的生活好起来。他"抓住人民最关心最直接最现实的利益问题，抓住最需要关心的人群，一件事情接着一件事情办、一年接着一年干，锲而不舍向前走"。脱贫攻坚的"痛点""难点"问题，他事事关心，殷殷嘱托。他时刻牵挂着老区发展和老区人民的生活，"阜平不富，死不瞑目"，还在福州工作时的习近平就深深记住了聂帅这句话。"我们实现第一个百年奋斗目标、全面建成小康社会，没有老区的全面小康，特别是没有老区贫困人口脱贫致富，那是不完整的"，这是他经常讲的一句话，"我们对脱贫攻坚特别是老区脱贫致富，要有一种责任感、紧迫感，要带着感情做

这项工作"，这种血肉联系之感、饮水思源之情，是共产党人同人民想在一起、干在一起的不变初心，也是始终如一的情怀。

他尊重人民群众的首创精神，"人民是真正的英雄"。"坚持人民主体地位""国家一切权力属于人民"，他的讲话，焕发出亿万人民的坚定信心和奋斗激情。在全国脱贫攻坚战场上，产业扶贫、教育扶贫、健康扶贫、金融扶贫、生态扶贫、电商扶贫、光伏扶贫等一系列脱贫创新实践，激发出社会各界巨大能量，也激发出贫困地区和贫困群众脱贫致富的创造热情。他们牢记殷切嘱托，奋力脱贫攻坚，从"熬日子"到"过日子"再到"奔小日子"，斩断穷根，汇聚成推动发展进步的澎湃力量，书写着脱贫攻坚最前沿拼搏奋斗中一个又一个生动的故事。

他以人民的梦想为梦想，将自己与人民紧紧地连在了一起。"我们的人民热爱生活，期盼有更好的教育，更稳定的工作，更满意的收入……更优美的环境，期盼着孩子们能够成长更好、工作更好、生活更好"，这是人民的梦想，是中华民族奋斗上千年的梦想，也是中国共产党人的信仰与追求。在这一梦想的行进坐标中，全面小康是"关键一步"，而消除绝对贫困，则是迈好这"关键一步"的"关键一跃"。习近平躬身力行，用精准扶贫精准脱贫这"关键一招"，助力这"关键一跃"，致力于让所有贫困人口不愁吃、不愁穿，义务教育、基本医疗、住房安全得到保障，以补齐这块全面小康的最大"短板"。他以人民的梦想为梦想，以"人民对美好生活的向往"作为奋斗目标，将中国梦、人民的梦与中国共产党人的信仰与追求紧紧地连在了一起。"始终要把人民放在心中最高的位置，始终全心全意为人民服务，始终为人民利益和幸福而努力工作"，他从心底流出的这些话，体现的是人民领袖深厚的人民情怀。

（三）这种情结与情怀，升华为带领人民战胜贫困的信仰、信念和信心

在他数十年如一日的减贫历程中，他的扶贫情结与人民情怀，早已上升为一种信仰、信念和信心——对马克思主义的信仰，对中国特色社会主义的信念和对实现中华民族伟大复兴中国梦的信心。这种信仰、信念和信心，在任何时候都至关重要，它是指引和支撑着中国人民从站起来、富起来到强起来的强大精神力量，也是带领着中国人民不断战胜贫困、摆脱贫困的强大精神动力。

他使我们的脱贫攻坚取得了决定性进展和历史性成就。使存在于中华民族5000多年文明史、中国近代以来170多年斗争史、建党90多年奋斗史、新中国成立70年历程中的绝对贫困问题，将第一次得到历史性的解决。

他使我们在面对攻坚的困难和挑战时能保持清醒和自觉。脱贫攻坚成就显著，但我们也有着清醒的认识：像西藏、四省藏区、南疆四地州和四川凉山州、云南怒江州、甘肃临夏州"三区三州"地区属于历史极贫地区，自然条件恶劣，改变面貌非一日之功；加之经济发展对减贫的边际效应逐年递减，脱贫攻坚仍面临着困难和挑战。

他赋予我们莫大的勇气和信心打好打赢脱贫攻坚战。脱贫攻坚虽任重而道远，但以习近平为代表的中国共产党人愈战愈勇，并"立下愚公移山志"，尽锐出战，以"敢教日月换新天"的勇气和"不破楼兰终不还"的信心，誓要坚决打赢脱贫攻坚战，打好脱贫攻坚战。

（四）这种情怀升华为一种境界，"我将无我，不负人民"

"这么大一个国家，责任非常重、工作非常艰巨。我将无我，不负人民。我愿意做到一个无我的状态，为中国的发展奉献自己。"[①] 在风雨兼程的足迹中，在饱含深情的探访中，他始终把人民的利益放在第一位，解决脱贫攻坚问题，让每一个老百姓都过上好日子。他完全排除个人杂念，排除个人得失，心系国家心系人民，许国许党，忠于人民，这种无私奉献、不懈奋斗、人民至上的无我境界，必将激励着中国共产党人带领亿万人民创造中华民族新的更大奇迹，创造让世界刮目相看的新的更大奇迹。

---

① 2019年3月22日，习近平主席在意大利众议院回答众议长菲科时的讲话。

四　习近平的人类情怀

从中国文化的天下情怀到世界层面的人类情怀、大爱情怀。"中国人历来主张'世界大同，天下一家'。中国人民不仅希望自己过得好，也希望各国人民过得好。"① 习近平的扶贫理论着眼于国内国外两个大局，将实现中华民族伟大复兴与促进世界和平发展、各国合作共赢结合起来，既是他的世界观、发展观和价值观，也展现了大国政治家大气魄、大视野、大格局的世界情怀、人类情怀。

（一）这种人类情怀，源自于中华民族追求"协和万邦""天下大同"的血脉和基因

天下情怀，中国自古有之。"协和万邦""天下大同"，便描绘了古人对"天下一家"的人类理想社会的向往与追求。这种向往与追求，曾谱写了万里驼铃万里波的浩浩丝路长歌，也曾创造了万国衣冠会长安的盛唐气象。纵观整个中华民族的历史，鲜有发展强大后，就去欺负邻邦、侵略邻邦的史迹，更多的是开展同域外民族交往和文化交流的友好故事。可以说，几千年来，这种自信而又大度的天下情怀早已融入了中华民族的血脉中，刻进了中华儿女的基因里。

近现代以来，中华民族受尽了欺凌，中国共产党和中国人民从苦难中走过来，他们深知和平的珍贵、发展的价值。在中华人民共和国成立后，中国人民非但没有把列强强加于自身的苦难以同样的方式强加于他人，而是对仍处在苦难中的兄弟国家施以无私帮助，把促进世界和平与发展视为自己的神圣职责。

中国发展了，不傲骄自恃；中国强大了，不恃强凌弱。中国在坚持"互利"的原则上又发扬着"让利"精神，强调义利并举、多予少取，先予后取。中国，正在以一种与传统大国不同的方式，在为自身发展营造有利外部环境的同时，也在为人类的繁荣与进步做出越来越重要的贡献。

---

① 国家主席习近平发表的2015年新年贺词，人民网，2014年12月31日。

（二）这种人类情怀，立足于"中国的减贫实践创造了人类减贫史上的奇迹"这个最大实际

改革开放 40 年的接续奋斗，使中国成为世界上减贫人口最多的国家，对全球减贫的贡献率超过 70%，创造了人类减贫史上的奇迹。改革开放与扶贫开发良性互动，特别是精准扶贫精准脱贫基本方略的"精耕细作"，推动中国减贫事业取得巨大成就。这在中华民族几千年的历史上从未有过，在世界历史上也是伟大壮举。

中国解决区域性整体贫困、消除绝对贫困，让全体中国人民过上小康生活，既走出了一条中国特色的脱贫道路，也对国际减贫事业做出了重要贡献。世界银行前行长金墉认为，改革开放以来中国的减贫成就是人类历史上最伟大的事件之一，世界极端贫困人口从 40% 下降至 10%，主要贡献来自中国；2015 年，联合国千年发展目标在中国基本实现，中国还先后为 120 多个发展中国家落实联合国千年发展目标提供帮助。联合国前秘书长潘基文就曾表示，中国帮助联合国实现了千年发展计划的减贫目标，功不可没；同时，中国到 2020 年将全面建成小康，这意味在现今"世界上还有 10 亿人生活在贫困线以下，穷人的数量占据全球人口的五分之一"的背景下，中国将提前 10 年完成联合国"2030 年可持续发展议程"。

正如联合国开发计划署的一份报告指出，"世界上没有任何国家能像中国一样在扶贫工作中取得如此巨大的成功"。也有人评价，"如果没有中国的扶贫成就，联合国千年发展目标就难以实现""全球在消除极端贫困领域所取得的成绩主要归功于中国"。

（三）这种人类情怀，着眼于"让人类共享一个免于贫困的世界"的美好愿景

摆脱贫困，是中华民族的夙愿，是各国人民的孜孜追求，是全人类的共同理想。在当今，世界物质基础水平已经高度发达，各国人民生活水平都有了极大提升，但发展不平衡不充分问题仍然普遍存在，南北发展差距依然巨大。世界上还有很多国家的民众生活在困境之中，贫困和饥饿现象依然严重。全球发展失衡，难以满足人们对美好生活的期待。

中国的减贫实践，将自己的前途命运同各国人民的前途命运紧密联系在一起，将决胜全面小康、追求共产主义理想同实现人的自由全面发展、解放全人类的目标结合在一起，在不断消除自身贫困的同时，一直力所能及地支持和帮助广大发展中国家特别是最不发达国家消除贫困，致力于让人类共享一个免于贫困的世界。

"中国共向 166 个国家和国际组织提供了近 4000 亿元人民币援助，派遣 60 多万援助人员，其中 700 多名中国好儿女为他国发展献出了宝贵生命。同时，还积极向亚洲、非洲、拉丁美洲和加勒比地区、大洋洲的 69 个国家提供医疗援助"[①]；为 129 个国家培训了 3230 名扶贫官员，通过授课、讲座、论坛以及进村入户实地考察中国脱贫的模式，分享中国发展的经验，提高他们的能力。

在中国倡议和推动下，2018 年 12 月 20 日，第 73 届联合国大会通过了《消除农村贫困，落实 2030 年可持续发展议程》决议草案。这是联大首次就消除农村贫困问题通过决议。决议中明确写明了中国倡导的"精准扶贫""合作共赢""构建人类命运共同体"等理念，提出从基础设施建设、包容性金融、推进高质量教育等方面加大减贫力度，为世界的可持续发展提供中国方案，贡献中国智慧。

（四）这种人类情怀，致力于"携手消除贫困，共建人类命运共同体"的使命担当

党的十九大报告提出："经过长期努力，中国特色社会主义进入了新时代，这是我国发展新的历史方位。"这个新时代，是我国日益走近世界舞台中央、不断为人类做出更大贡献的时代，是承担大国责任与使命，参与更多全球治理的时代。

---

① 中共中央党史和文献研究院编：《习近平扶贫论述摘编》，中央文献出版社2018年版，第152—153页。

　　从对世界减贫贡献率超过 70%，到提出共建"一带一路"倡议、共建人类命运共同体，中国秉持"大家一起发展才是真发展，可持续发展才是好发展"理念，始终站在全球繁荣的高度，始终把为人类做出更大贡献作为自身使命，步履不停，责任不减。

　　特别是倡导的"一带一路"国际减贫合作新机制，根植于各国主权平等、权利平等、机会平等、规则平等的准则之中，不附加任何政治条件，不强加自己的理念，不强行输出自己的观念，采用参与式的方式，充分考虑受援国基层社区百姓的需求，支持发展中国家开展基础设施互联互通建设，造福沿线各国。践行了人类命运共同体所蕴含的"合作""共赢""普惠"等国际普遍认同的理念，彰显了我国深度参与全球治理的实力和能力、担当与智慧。它用不寻常的远见与魄力，为千百年来困扰着人类社会"发展鸿沟"的问题，书写了一份答案。

　　可以说，中国的减贫实践和理论给世界带来了自信，而当这些自信转化为各国行动自觉，也将进一步推动人类命运共同体的构建，推动一个更加美好世界的形成。

撰文：邹德文　刘娟

第一篇　综合施策精准脱贫

当前脱贫攻坚既面临一些多年未解决的深层次矛盾和问题，也面临不少新情况新挑战。脱贫攻坚已经到了啃硬骨头、攻坚拔寨的冲刺阶段，所面对的都是贫中之贫、困中之困，采用常规思路和办法、按部就班推进难以完成任务，必须以更大的决心、更明确的思路、更精准的举措、超常规的力度，众志成城实现脱贫攻坚目标。

——习近平在中央扶贫开发工作会议上的讲话

（2015 年 11 月 27 日）

案例1　啃下"最硬的骨头"

——贵州省毕节市精准扶贫实践探索

毕节之"穷"，全国有名。这里是全国贫困程度最深、贫困人口聚居最多的地区之一。曾几何时，人们在"越穷越垦、越垦越荒、越荒越穷"的恶性循环中苦苦挣扎，数以百万计的农民不得不靠政府救济为生……"老、少、边、山、穷"等众多标签集于一身，让这里成为西部乃至整个中国"贫中之贫、困中之困"的典型。30多年来，毕节始终把扶贫作为统揽经济社会发展全局的头等大事和第一民生工程，扶贫开发的毕节经验在与时俱进中不断沉淀扬弃，在全国脱贫攻坚进入决战冲刺的时间节点上，这个当年全国的贫困典型创造的摆脱贫困的典型经验，对啃下"最硬的骨头"，攻破"最后的堡垒"，示范意义不言而喻。

一　背　景

毕节位于贵州西北部乌蒙山区，是珠江、乌江发源地。西部赫章县的韭菜坪最高处海拔2900米，东部金沙县清池的赤水河畔最低处海拔不到200米，全市高差达2700多米。毕节地区处于东亚季风区，从西北南下的干冷气流和东南沿海北上的温湿气流交汇，同时又受到崇山峻岭的阻隔，形成毕节多雾多雨、日照不足、"十里不同天"的独特气候。毕节7个县，除威宁县外，其他县终年的晴天日数不超过100天。此外，毕节的地质地貌结构十分复杂且破碎，是典型的喀斯特岩溶山区——地面峰峦起伏，地下伏流纵横，溶洞密布，水与土容易顺着地下裂缝深入伏流或溶洞，地表则干旱缺土，真可谓"天无三日晴，地无三尺平"。

毕节的自然条件显然并不适合传统的农耕文明——整个乌蒙山区能够开辟为固定农田的平地不足10%，而且零星破碎、土地贫瘠，山地土层不到5厘米就是基石，气候波动较大。然而，当年毕节地区人民的生产方式仍然是自然农耕为主、刀耕火种，越是收成差越是拼命开拓耕地，而开荒又进一步加剧了地表的水土流失、水枯地瘠。经历了金沙的"大跃进"、威宁的"填海造田"和赫章的"土法炼锌"，乌蒙山区不仅没有摆脱贫困，反而越"挖"越穷，"种地种到边，开荒开到天，春种一大坡，秋收一小箩"正是当时状况的真实写照。开荒对劳动力的需要，家庭联产承包责任制按"人头"分地的分配模式，进一步强化了毕节人民"多子多福"的生育观念。有资料表明，1962年至1983年，毕节全区的人口自然增长率为33.33‰，高出全国平均水平9.19个千分点。1988年，毕节全市人口约为570万，而到了2017年，毕节总人口已达930多万，不到30年的时间，人口增长了360万！各种原因导致地处乌蒙山区的毕节地区，长期处在"经济贫困、生态恶化、人口膨胀"三大矛盾中，处于"越生越多——越多越穷——越穷越垦——越垦越荒——越荒越穷——越穷越生"的恶性循环中。联合国有关机构在考察毕节地区时明确界定"这里许多地方已不具备人居条件"。

与贫瘠的自然环境形成鲜明对比的是，从中央到地方对毕节脱贫攻坚的关怀与帮助。1985年5月，对毕节市赫章县河镇彝族苗族乡海雀村，新华社的报道是这样写的：在海雀村3个村民组察看了11户农家，家家断炊。苗族老大娘安美珍瘦得只剩下枯干的骨架支撑着脑袋。她家4口人，丈夫、两个儿子和她，全家终年不见食油，一年累计缺3个月的盐，4个人只有3个碗，已经断粮5天了……报道引起了党中央的高度重视，时任中央政治局委员、书记处书记习仲勋同志作出重要批示，时任贵州省委书记胡锦涛同志调研之后，亲自倡导并报经国务院批准建立了毕节"开发扶贫、生态建设"试验区，从此，毕节地区向贫穷落后发起了总攻。在大规模开发式扶贫时期、"八七"扶贫攻坚时期、新阶段扶贫开发时期、十八大以来脱贫攻坚时期，毕节试验区都是国家扶贫工作的重中之重。

2015年11月29日，《人民日报》在头版头条位置发出《脱贫攻坚战冲锋号已经吹响，全党全国咬定目标苦干实干》文章时，毕节市7县3区、900多万总人口中，还有92.47万贫困人口，脱贫攻坚的任务依然繁重。

二　做　法

30多年来，毕节始终把扶贫作为统揽经济社会发展全局的头等大事和第一民生工程，一张蓝图干到底，一任接着一任干，锐意创新，同心攻坚，形成了"大合作、大党建、大产业、大生态"的"大扶贫"格局。习近平总书记充分肯定毕节的探索实践，称其对全国其他贫困地区有重要示范作用。

（一）多方帮扶注入动力

2017年5月24日，当人们看到统一身着红色T恤的1500人浩浩荡荡抵达毕节的场面，还是颇受震撼。"这是恒大集团第三批支援乌蒙山脱贫攻坚队的队员。"恒大集团副总裁、扶贫办主任、挂职毕节副市长姚东介绍说，加上第一批先遣部队和第二批各级职员，总计2108人的恒大脱贫攻坚队会师乌蒙山。一家民营企业调动全集团的力量和资源，帮助一个地区展开脱贫会战，企业高管挂职担任地方领导干部，在所有区县成立扶贫分公司……相信这在世界减贫史上必定也是前无古人之举，而这一场景也只是毕节在"大合作"聚合"大扶贫"力量方面创新探索的一个生动案例。

突破始于毕节试验区的成立。在全国政协、中央统战部牵头推动下，各民主党派中央、全国工商联积极参与，与毕节各县区结起了对子、连上了亲戚。民盟中央帮扶七星关区、民建中央帮扶黔西县、农工党中央帮扶大方县、全国工商联帮扶织金县……"同心产业园区""同心助医工程""同心智力工程"等帮扶项目落户1区7县，从单纯的咨询服务、技术培训发展到建言献策、产业扶贫、教育扶贫、医疗扶贫、就业扶贫等精准扶贫的"五朵金花"。在各机构的协调帮扶下，毕节累计引进项目近千个，资金逾千亿，工业反哺农业的能力日益增强，为毕节扶贫开发奠定了基础。

与此同时，"扶贫合唱队"的成员也在不断壮大——对口城市来了。1996

年，深圳市对口帮扶毕节，累计新建、扩建104所医院、151所学校，缓解了30多万贫困农户的就医难，5万多名学生从中受益。国家部委来了。2010年，农业部等17个中央部委和单位启动"威宁试点"，开展针对性扶持，威宁自治县于2014年实现了省内整县"脱贫摘帽"。民营企业来了。在投入30亿元结对帮扶大方县的基础上，恒大决定再捐资80亿元帮扶毕节整体脱贫。在恒大的带动下，广东一力集团等27家上下游企业纷纷落户……全方位、立体化、多层次参与的社会"大扶贫"格局，为毕节人奋力脱贫提供了资金和项目的持续支持。

（二）党建引领激发内力

能人带动始终是做好农村工作的一条铁律，决战脱贫更需要人才支撑和组织保障。精准选派"第一书记"，把党支部建在产业链上，以农民脱贫考核创业的科技人员，是毕节的创新实践。

"大扶贫"要由"大党建"来统领。毕节市把扶贫开发同基层党组织建设有机结合起来，强化乡镇党委书记、村支书、农村致富带头人"三支人才队伍"建设，让他们在基层一线创造更多的实招、新招和硬招。毕节对"第一书记"进行精准选派，采用党政干部到难村、经济干部到穷村、政法干部到乱村、专业干部到产业村、离退休干部回原村的挂帮方式，实现1981个贫困村、219个软弱涣散村全覆盖。在"第一书记"的协助下，威宁自治县658个村支部近年来调整了526个书记，选上来的都是有本事、有热情、能带领群众致富的"能人"。

鼓励农技人员留薪留职到农村领办创办山地高效生态农业发展项目，是毕节的一项大胆探索。毕节市级财政2016年起每年安排1000万元，规定各区县至少配套2000万元，综合运用贷款贴息、参股、担保、先建后补等方式解决项目启动资金难题。同时，针对有些地方扶贫项目建起来了、盈利了，可跟农民没什么关系了，毕节对创业的农技人员在考核上多了条硬杠杠：发展特色种植基地和养殖基地，必须至少带动20户贫困户共同发展；加工流通企业和电商平台，必须至少带动50户、100户贫困户。

（三）产业培育挖掘潜力

毕节耕地细碎坡又陡，如何在"巴掌坡地盖高楼"成为产业发展的第一道难题。其实，机遇往往与挑战并存。山高谷深的地形，恰恰造就了良好的天然隔离条件，且夏秋气温凉爽，病虫害不易传播，适宜发展生态农业；"一山有四季、十里不同天"的独特气候，又为发展特色农业提供了条件。思路一变天地宽，穷山也能变金山。毕节着力发展山地特色高效生态农业，打造马铃薯种薯和商品薯、高山冷凉蔬菜、生态畜牧业、特色经果林、中药材、高山生态茶"六大农业板块经济区"，实现总产值450亿元，覆盖农户147.05万户、639.48万人。

"我们将产业发展链接到农户、科技、合作社、教育培训、特色品牌、龙头企业、融资、基地、园区等九大发展要素之上，形成了全链式的'大产业'扶贫机制。"毕节市农委主任卢瑶说，在全市农业系统的共同努力下，目前已初步建成现代高效农业示范园区326个、规模化种植示范基地4000余个、规模化养殖基地857个，带动贫困人口19万人。昔日"温饱薯"如今变身"致富薯"，靠的正是这种"全链式"机制。2015年年底，威宁自治县从山东滕州引进"三膜土豆"种植技术。"一层覆地膜、二层盖拱棚、三层罩大棚"，土豆1月份下种，4月份收获，提前上市1个多月，效益倍增。三膜土豆的成功引种，改写了威宁只产秋季土豆的历史，增加了土地利用率。侯合种植专业合作社理事长卯昌福介绍说，示范种植亩产量约5000斤，每斤收购价超2元，亩均产值1万余元。

产得好，还要卖得好，卖上好价钱。2014年，毕节打造了贵州首个农产品区域公用品牌"乌蒙山宝·毕节珍好"，威宁马铃薯、七星关白萝卜、大方皱椒、织金竹荪、赫章核桃……在同一个品牌下，抱团合力闯市场。2017年，全市通过公用品牌效应实现农产品平均溢价30%以上，直接带动5万多农户增收。

（四）生态建设奠基发展力

炎炎夏日，毕节迎来旅游旺季。绵亘的青山、逶迤的绿水挡住了骄阳的炙烤，全市平均气温仅为21℃，成为人们向往的"避暑天堂"。随着百里杜鹃、织金洞、草海湖、韭菜坪等精品旅游区的大力推介，"洞天福地、花海毕节"

的名头也越叫越响。2016 年，毕节全市接待游客 5494.26 万人次、旅游综合收入 444.46 亿元，旅游收入占 GDP 的比例接近 30%。很难想象这里曾经是一个被联合国评为"不适宜人类居住的地区"。据统计，30 多年来，毕节市先后实施了退耕还林、天然林资源保护、石漠化综合治理等 10 多项生态建设工程，累计完成造林 2000 多万亩，森林覆盖率年均增长 1% 以上。到 2016 年年底，全市的森林覆盖率达到 50.28%。

可是，地退了，人到哪里去？毕节市开创了"五子登科"的立体生态经济发展模式，山顶种植松杉柏涵养水源"戴帽子"，山腰种植经济林木增加收入"系带子"，山下调整结构发展现代高效农业"铺毯子"，富余劳动力务工创业"挣票子"，增收致富建设美丽乡村"盖房子"，实现山、水、林、田、路、房的综合治理，形成了"大生态"的扶贫机制。通过整合林业、扶贫、移民等项目和资金，毕节大力发展特色经果林、中药材、高山生态有机茶等产业，打造出了中国"核桃之乡""樱桃之乡""天麻之乡""竹荪之乡""贡茶之乡"等品牌。截至 2016 年年底，全市发展经果林 331.25 万亩、林下经济 150 万亩，林业总产值达到 193 亿元，覆盖贫困人口 38 万人。

三　成　效

贫困人口逐年减少。1988 年建立毕节试验区时，贫困人口达到 312.2 万人。2012 年，按照 2300 元的国家扶贫标准，贫困人口有 250.05 万。2017 年年底，按照农村居民家庭人均年纯收入 3335 元的贫困标准，年末贫困人口总数为 72.46 万人，贫困发生率为 8.89%。

生态环境明显改善。"山占其九，余下一地还支离破碎"，曾是毕节发展难以回避的困境。而今天，通过 30 余年的绿色攻坚，依托各类林业重点工程，森林覆盖率由 1988 年的 16.98% 上升到 2016 年的 50.28%，森林面积从 1988 年的 601.8 万亩，增加到 2017 年的 2127 万亩。

地处乌蒙山腹地的贵州省毕节市，实现了人民生活从普遍贫困到基本小康、生态环境从不断恶化到明显改善的跨越。

四　思考与启示

消除贫困和保护环境是可持续发展的两大核心议题，仔细研读《中国农村扶贫开发纲要（2011—2020年）》及《全国主体功能区规划》会发现一个有趣的现象——国家重点生态功能区与集中连片特困地区高度重合，约占贫困地区总面积的76.52%。重点保护、限制开发的生态功能定位导致不少贫困地区存在"生态贫民"的尴尬局面。毕节作为全国第一个以"开发扶贫、生态建设"为主题的试验区，在生态保护与扶贫协同发展方面提供了哪些有益探索？

（一）坚持生态优先，绿色发展战略定位

山水林田湖草是一个生命共同体，毕节的山山水水与毕节人民存在极为密切的共生关系。30年前的过度垦荒葬送了毕节的绿水青山却未能换来金山银山，依然是一方水土养活不了一方百姓。生态功能区亦是生态脆弱区，先污染后治理的路子根本走不通，必须把生态保护、绿色发展放在首位。毕节试验区建立以来，毕节依托退耕还林、天然林资源保护、石漠化综合防治、"3356"等重点工程，大力开展林业生态建设，生态环境得到明显恢复，石漠化面积逐年减少，森林覆盖率不断上升。全市生态环境从不断恶化到明显改善，不仅铸就了绿色辉煌，还破解了多年不破的发展瓶颈。

（二）优化产业结构，因地制宜发展特色生态产业

生态是底线和底色，也是机遇和红利，而释放这一机遇和红利的密钥就是遵循自然规律，按照生态功能区的特殊禀赋，因地制宜地发展绿色产业。30余年的不断摸索，毕节总结出了多条生态建设与经济发展协同的"毕节经验"：按照"山上植树造林戴帽子，山腰坡改梯配经果林系带子，坡土种绿肥盖地膜铺毯子，山下多种经营抓票子，增收致富建设乡村盖房子"布局开展的"五子登科"生态建设立体治理模式，收到良好的生态、经济综合效益。针对缺水少土，生态承载力低，居民生活能源和生存条件困难的地区，采取封山育林与人

工促进主导型模式。针对人地矛盾突出，耕地支离破碎的中、轻度石漠化地区，积极发展特色经果林和地道中药材产业，实现生态富民为目的的植被恢复与特色产业主导型模式。针对人地矛盾突出，拥有较好资源禀赋、独特的森林资源景观和民族文化积淀的地区，积极发展生态旅游业的森林景观资源开发与生态旅游主导型模式。

（三）加强生态扶贫制度创新，强化政策驱动引导

体制不活、机制不全、生态任务重、脱贫难度大是生态脆弱区脱贫攻坚的最大障碍。如何围绕生态保护和脱贫攻坚进行制度创新是毕节试验区生态建设实践中始终思考的难题和肩负的重任。立足于试验区"探路子""做示范"，毕节创新产业发展、林权制度改革、多元投资、新型经营、森林保护、造林绿化等机制和模式，在保护和改善生态环境上闯出了新路。结合试验区实践，当前亟待从以下三个方面进行顶层设计，增加制度供给：一是生态补偿制度创新。坚持"谁使用、谁建设，谁受益、谁补偿"的原则，保障未来的可持续发展。二是生态扶贫制度创新。避免生态系统的过度退化甚至崩溃，政府和社会各界要大力帮助修复和维持生态功能。三是生态资本运营制度创新。积极开发高生态附加值产品，开发优质、有机、原生态产品；发展研发、会展、设计、生态旅游等产业，实现生态资本的价值转化。

（四）输血与造血并举，构建大扶贫格局

对于自身发展能力严重不足的地区而言，外部"输血"帮扶是增强内在"造血"能力的必由之路。毕节探索形成了全方位、立体化、多层次参与的"大扶贫"格局，各民主党派、全国工商联、中央部委、一线城市、民营企业联手进行"大合作"，为脱贫攻坚注入强劲动力。毕节实践充分彰显了中国特色社会主义制度的优越性，为世界减贫事业提供了"中国方案"。"输血"的最终目的在于打造自身的"造血"系统，而如何激发贫困户的脱贫意识、提升脱贫致富能力，需要充分发挥各级党组织和党员干部的示范带头作用。毕节经验告诉我们，一要筑牢"奠基石"。基层党组织作为最前沿阵地的"基本作战单元"，要把党

建和精准扶贫拧成"一股绳"，充分发挥基层党组织"一线指挥部"作用，真正成为精准扶贫的战斗堡垒。二要选好"领头羊"。要加强村级带头人队伍建设，选好书记，配好班子，建好队伍，充分发挥党员干部模范带头作用。三要打好"人才牌"。培养和引进专业农业技术人员，鼓励能人回乡创业，手把手、心贴心地带领村民"拔穷根""换穷业""挪穷窝"。

毕节30多年脱贫攻坚，完成了从试验到示范的实践，实现了从贫困典型到脱贫典范的嬗变。让地处乌蒙山腹地的毕节实现了人民生活从普遍贫困到基本小康，生态环境从不断恶化到明显改善的跨越。毕节经验充分彰显了中国特色社会主义制度的优越性。只有在党的领导下，坚持中国特色的社会主义道路，才能形成脱贫攻坚大合唱。一张蓝图绘到底、一任接着一任干，脱贫攻坚的成果才能够得到人民的认可、经得起历史的检验。

编写执笔：魏长仙、杨智晶、刘昌军
课题组成员：陈阳、范士军、刘建春

案例 2　兰考人民多奇志　敢教日月换新天

——河南省兰考县"脱贫摘帽"的经验与启示

2017 年 3 月 27 日，在河南省人民政府政务大厅内，正在举办一场看似普通但却意义重大的新闻发布会：经国务院扶贫开发领导小组评估并经河南省政府批准，兰考县退出贫困县序列，成为河南省首个脱贫摘帽的贫困县。对于一个在 2013 年年底还有 7.94 万贫困人口的兰考县来说，短短三年，便在河南省率先脱贫摘帽，人们在感叹成就如此之大的同时，也对兰考实现脱贫的过程和经验颇为关心。

一　背　景

河南省开封市兰考县，地处豫东平原，东临商丘，北靠菏泽。由于历史上黄河多次决口改道，兰考人民饱受其苦，风沙、盐碱、内涝"三害"困扰着兰考人民，生态环境十分恶劣。改革开放后，兰考的"三害"虽得到了治理，但经济发展一直缓慢，长时间摘不掉贫困的帽子。2014 年，全县有建档立卡贫困村 115 个，农村贫困人口 7.7 万人，贫困发生率 11.8%。兰考县是焦裕禄精神的发源地。精神富有的兰考县却戴着一顶"国家级贫困县"的帽子，形成了典型意义上的"精神高地"与"经济洼地"。

2014 年 1 月起，党的群众路线教育实践活动在省以下各级机关及其直属单位和基层组织中开展，兰考县成为习近平总书记的联系点。这年 3 月，他来到兰考，调研指导兰考县党的群众路线教育实践活动。一个多月后的 5 月 9 日，习近平总书记再次来到兰考，他说，我之所以选择兰考作为联系点，一个重要考虑就是因为兰考是焦裕禄同志工作和生活过的地方，是焦裕禄精神的发源地。

我希望通过学习焦裕禄精神，为推进党和人民事业发展、实现中华民族伟大复兴的中国梦提供强大正能量。

共和国历史上很少有一个县像兰考这样，汇聚全国乃至全世界的目光。时任兰考县委书记王新军备感责任重大，"改变兰考贫困面貌，让老百姓过上好日子"成为县委一班人的共同心声。在一次民主生活会上王新军提出了一个振聋发聩的问题——"守着焦裕禄精神50年了，为什么兰考贫穷落后仍没有根本改观？"这一问，后来被称为"兰考之问"。

就在这一年，兰考县委县政府一班人向习近平总书记和全县人民作出了"三年脱贫、七年小康"的庄重承诺。从昔日饱受"三害"侵扰的贫瘠之地，到今日产业兴盛、生机勃勃的希望田野，人们会问：兰考为什么行？三年大干，兰考做了什么？

二　做　法

"你问兰考为什么能率先脱贫，我们是自己干出来的！"谈到今天的成绩，每一个兰考人都这样说。

（一）"干劲儿"评比促生产

兰考县葡萄架乡赵垛楼村，50多年前曾因"干劲儿"被县委书记焦裕禄表扬。然而，到了2014年却仍未摘掉贫困村的帽子。乡党委书记岳建河和村支书王建胜经摸底发现，村里的贫困户缺乏生产积极性。为了鼓励贫困户，王建胜与岳建河每周组织召开一次"干劲儿"评比大会，前三名受奖励，连续一个月评比排在前三名的，额外再奖励500元、300元、200元。为了不在评比中落后，贫困户们动起来了。每次评比之后，村里还会组织大家互相观摩学习，激起了贫困户们的生产"干劲儿"。

三义寨乡付楼村村民郝金刚早年在砖窑干活时被砸断脚，落下终身残疾，与两个幼女相依为命，三年前被定为"兜底户"。由于长期贫困，老郝很自卑，不愿与人说话，少与乡邻往来。"兜底户给够补助款，也能完成扶贫任务，但只输血不造血，老郝就会一直萎靡不振，两个孩子以后咋办？"帮扶工作队和村里商议后，先帮老郝建院墙、盖厕所、添家具，在取得信任后，带他参观县里养殖场、拜访邻村养殖户，鼓励他搞养殖。"养它两笼兔子先试试"，老郝终于动了心。2015年7月，老郝用5000元到户增收资金买来25只优质种兔和饲料，建起兔舍。2016年，他卖出7批兔子，赚了1万多元，顺利脱贫。一向封闭的老郝"敞亮"了："如果自己不想站，别人扶也扶不起来；如果自己想站着，别人谁也打不倒。"

（二）产业发展促脱贫

脱贫攻坚伊始，兰考人自问：兰考为啥穷？答案是：产业不兴，经济没有支撑。尽管贫困户致富积极性上有了一些变化，但是赵垛楼村的贫困面貌没有太大的改变。在最新一轮的贫困村脱贫测评中，赵垛楼村在产业发展的项目上得了零分。为了发展赵垛楼的产业，村支书王建胜曾在2014年带头承包土地种起了玫瑰，却以失败告终。乡党委书记岳建河看到附近的南彰镇发展板材产业生意红红火火，他觉得板材加工投资小、上手快，也适合赵垛楼村的发展。但是，发展板材业的想法在村民代表大会上被村民代表们否定了。村民们觉得赵垛楼村的土地资源多，适宜发展蔬菜大棚。经县委书记蔡松涛的分析，赵垛楼村发展产业应因地制宜，从本村的实际出发，才能带动村民的积极性。最终，岳建河和王建胜达成一致，把种植有机蔬菜大棚作为赵垛楼村首要发展的产业。

兰考县红庙镇夏武营村的村支书张平安则一直在努力通过发展新型农业经营组织带动更多的人脱贫。因为当地有种植蔬菜的传统和经验，他就以兰考县武营蔬菜种植专业合作社牵头，流转了土地，组织农民种植各色蔬菜。目前有200人左右为合作社种植蔬菜，其中贫困户占了60%。

在兰考产业集聚区，禾丰牧业有限公司流水线正在一刻不停地运转。一只只肉鸭经过屠宰、分割、包装，运往全国各地。而远在30公里外的考城镇，刘土山村贫困户陈新民也在时刻关注禾丰牧业。2016年，陈新民与公司签订养殖收购协议，一年喂养6茬鸭，年收入6万元，成功脱贫。像陈新民这样养鸭的贫困户，兰考有3500户。在龙头企业带动下，养鸭、抓鸭、搞运输、做防疫，甚至搜集鸭粪都成为当地老百姓创收增收的渠道。

如今，仪封乡代庄村的葡萄架子搭起来了，小宋乡的蔬菜大棚盖起来了，谷营镇曹庄村养起了大白鹅、种起了雪莲藕……"路宽了，水净了，白天在家门口上班，晚上到村广场跳舞。"现在的生活，代庄村脱贫户代红以前从没想过。

（三）就业转移扩出路

除了产业脱贫，兰考县帮助贫困户进行就业转移。兰考泡桐具有纹理清晰、材质不易变形等优点，国内古筝、古琴等民族乐器的音板百分之九十都取材自兰考泡桐，固阳镇徐场村因此成为了远近闻名的"乐器村"。村民徐会波较早从事乐器生产，成了乐器厂老板。然而，徐会波的乐器工厂由于人手不够，一些畅销品种出现了断档的情况。"发展太快、招不到工人"，这成了徐场村产业发展的头号难题。与此同时，兰考县的许多贫困户盲目外出打工，想回家就业又找不到工作，栗西村的贫困户刘金春正是其中一名。

经过一段时间的反复调查，县里筹划由政府牵线当红娘，在全县举行一次大型招聘会，帮助企业和贫困户精准对接，这一举措反响火爆。政府搭建的平台不仅解决了"乐器村"产业发展遇到的用工难，更让刘金春这样的贫困户看到了希望和机会。产业的发展带动了返乡就业，截至 2017 年 5 月，全县新返乡创业的农民工 6800 余人，创办各类实体 6152 个，带动全县 6.5 万人实现了有效的稳定就业。

（四）金融扶贫解疑难

精准脱贫，关键在产业，核心是金融。脱贫需要钱，钱从哪里来？兰考县为此推出了"三位一体"金融扶贫新模式：从县扶贫资金中拿出 3000 万元建立风险补偿金，银行按风险补偿金的 10 倍发放贷款额度。这样一来，以往难以获得贷款的致富带头人可以拿到创业启动金。此外，金融机构还在当地推出以小额信贷为基础的普惠授信产品，来满足贫困户发展生产的资金需求。

2014 年，河南省专项扶贫项目资金审批权全部下放到县，兰考县又把审批权下沉到乡，让村里自主决策扶贫项目，探索创新"先拨付、后报账，村决策、乡统筹、县监督"的扶贫资金分配运行机制。"这样一来，扶贫工作由原来村里'被动承接'转变为'主动运作'，贫困户从'与己无关'到'以我为主'，积极性、主动性和创造性被大大调动起来了。"原驻村帮扶工作队员郭俊玲说。

作为六口之家的唯一壮劳力，东坝头乡张庄村贫困户闫春光空有满腔热血，却不知往哪使劲儿。村干部建议他贷款养蛋鸡："只要贫困户养鸡养鸭养羊等，都可以贷款，不需要抵押和担保，政府还贴息一大半。"通过这项扶贫政策，闫春光先后贷款 10 万元，建起蛋鸡养殖大棚，从 2014 年不足 3000 只蛋鸡发展到现在 1 万余只，从村里的贫困户变成致富带头人，2016 年家庭纯收入 10 余万元。据统计，2014 年至 2016 年间，仅张庄村贫困户就在金融部门贷款 217 万元发展养殖和乡村旅游，政府贴息 8 万多元，没有一笔贷款逾期不还。金融扶贫是兰考脱贫摘帽的重要举措，也是见效最快的举措。

三　成　效

根据河南省人民政府发布的消息，兰考县的贫困人口已经由 2014 年 7.7 万人减少到 2017 年 3 月底的 3127 人，贫困发生率由 11.8% 下降到 1.27%，从而正式摘掉贫困县帽子。兰考脱贫摘帽的成效不仅仅体现在贫困人口大幅度减少、贫困发生率大幅度降低上，还产生了广泛的溢出效应。主要体现在：

一是综合实力显著提升。三年来，兰考县生产总值年均增长 10.2%，公共财政预算收入年均增长 17.8%，经济实力从河南省县域中下游跃升到第一方阵。

二是城乡面貌发生巨变。现在到兰考，让人感受到的是县城路宽景美、乡村绿树成荫、农户庭院整洁、社会稳定和谐；兰考还成功创建了国家园林县城、国家卫生县城、省级文明县城和省级生态县。

三是人民生活水平普遍提高。三年来，兰考县城镇居民、农村居民人均可支配收入年均增长 9.5%、11.5%，2017 年分别达到 23068 元、10907 元。

四是党组织战斗力明显增强。三年来，兰考县整顿了 91 个软弱涣散村党支部，重点对村党支部书记队伍进行了培优配强，有效提升了基层党组织的凝聚力和战斗力；干部群众精神状态昂扬向上。兰考乡镇、村干部普遍呈现出有激情、有自信、有干劲的良好状态，对全面建成小康社会充满了信心。

四　思考与启示

河南兰考，生态环境恶劣，交通优势不够明显。但就是这样一个兰考，仅仅用了三年时间就实现了"三年脱贫"的承诺。兰考成功脱贫的经验，值得我们深深的思考。梳理兰考"三年脱贫"所走的路，我们有了以下思考和启示：

（一）加强领导是根本

打响脱贫攻坚战以来，中央和省委高度重视兰考脱贫工作。习近平总书记2014年两次到兰考实地调研考察；河南省委主要负责同志一年间四次考察指导兰考扶贫开发。兰考各级党委、政府和党员干部把思想和行动统一到中央关于脱贫攻坚的决策部署上来，把脱贫攻坚作为头等大事和第一民生工程来抓，出台专门实施意见和扶贫攻坚规划，选派专职工作队伍充实到全县所有贫困村，坚持"五天四夜"工作制，确保不脱贫不脱钩，帮助群众加快脱贫致富步伐，充分发挥了党的政治优势、组织优势和密切联系群众的优势，为脱贫攻坚提供了强有力的保证。

（二）传承精神是动力

兰考从摘掉"穷帽子"到经济增速居河南省直管县第二位，靠的是不忘习近平总书记"切实关心贫困群众，带领群众艰苦奋斗，早日脱贫致富"的殷殷嘱托，走的依然是焦裕禄走过的路。焦裕禄精神是兰考干部群众的精神坐标，在这场举世瞩目的脱贫攻坚决战中，广大党员干部带领群众上下一心、团结奋斗，让人们又一次看到了当年焦裕禄对群众的那股亲劲，抓工作的那股韧劲，干事业的那股拼劲，焦裕禄精神成为推动兰考脱贫的强劲动力，也是共产党人不忘初心、坚持人民至上执政理念的鲜明体现。

（三）把握精准是要义

扶贫开发贵在精准，成败在于精准。兰考按照"一进二看三算四比五议六定"六步工作法，扎实开展多轮排查摸底、督查联动、统筹认定等精准识别工作，明确了"扶持谁"的问题，通过精准派人和全面覆盖，解决了"谁来扶"的问题，通过精准施策解决了"怎么扶"的问题，统筹考虑产业发展和集体经济情况，科学解决了"如何退"的问题，确保贫困户和贫困村退出过程和结果符合精准要求。

（四）多方联动是合力

兰考坚持政府推动、市场拉动、农户主动、科技带动、金融撬动"五轮驱动"，通过县扶贫领导小组、县直部门、乡镇领导班子、驻村工作队和贫困农户"五级联动"，层层落实帮扶责任，形成了脱贫攻坚的强大合力。兰考创立政府主导、金融部门参与、上市公司带动的"三位一体"金融扶贫模式，金融资本已成为推动兰考脱贫发展的重要驱动力量。

（五）群众参与是基础

充分调动贫困地区干部群众的积极性和主动性，引导他们树立"宁愿苦干、不愿苦熬"的观念，极大地增强了干部群众靠自力更生和辛勤劳动改变贫穷落后命运的干劲和决心。在发展集体经济上，要求各村级组织做到"先议后动、全程透明、群众监督"，调动了农村基层干部群众的积极性。

（六）特色产业作支撑

"输血"是保障，"造血"才能让自身更具活力。兰考县立足本地优势，围绕家居、食品两个主导产业，着力打造统筹城乡的特色产业体系。把发展产业与壮大集体经济和促进贫困人口就业结合起来，注重培育战略性新兴产业集群，这些都为全县实现脱贫摘帽发挥了重要支撑作用。

（七）增加投入是保障

兰考在全省率先建立"先拨付、后报账、村决策、乡统筹、县监督"的资金分配运行机制，有效提高了扶贫资金的使用效率。此外，兰考还申请并获批国家普惠金融改革试验区，入选财政部第三批政府和社会资本合作示范项目，创造股权合作新模式，为产业扶贫和县域发展提供了充足的资金保障。

兰考如期率先脱贫，既为习近平总书记牵挂的扶贫事业交上了一份合格的答卷，也为全省脱贫攻坚开了个好头，做出了表率。兰考成功脱贫的经验，对于新的历史条件下坚决打赢脱贫攻坚战具有重要的借鉴和参考价值。

雄关漫道真如铁，而今迈步从头越。对今天的兰考人而言，脱贫已经成为过去时，奔小康已经成为全体兰考人心中的新征程。河南省委、省政府已经着手全面部署，让兰考在经济、文化、教育等方面有更进一步的提升。如今的兰考，国内外大企业纷纷入驻，优势特色产业逐步形成，健康、稳定、可持续的经济发展态势正在形成，人民生活水平逐渐提高。我们相信，在焦裕禄精神的激励下，全面建成小康社会的新兰考，将会以富裕、文明、幸福的崭新面貌展现在世人面前！

编写执笔：邹德菊、徐自警

案例3　因地制宜多举措　敢于担当为脱贫

——陕西省延川县梁家河村演绎精准扶贫大学问

2015年春节，习近平总书记回到他曾经插队当知青生活过的梁家河村时说："我人生第一步所学到的都是在梁家河获得的。不要小看梁家河，这是有大学问的地方。"梁家河从一个黄土高原的贫困村，经过近40年的发展，尤其是党的十八大以来坚持实事求是，因地制宜实施精准扶贫，嬗变为一个人均收入过2万元的幸福村，演绎出精准扶贫的大学问。

一　背　景

梁家河村地处陕西省延安市延川县文安驿镇东南方向5公里，现辖7个村民小组，433户1187人。这里属于陕北黄土高原丘陵沟壑区，土地贫瘠，水源缺乏。有史以来，当地的居民靠天吃饭，以种植小麦、土豆、糜子等耐旱作物勉强维持生存。直到20世纪五六十年代，村民住的仍然是土窑洞，"纸糊的窗子煤油的灯"，手电和蜡烛都是稀罕物。村主任巩保雄回忆，从他记事起，村里的道路是土路，一到下雨就泥泞不堪，自行车陷进泥里根本骑不动。

2015年9月22日，国家主席习近平在美国华盛顿州西雅图市出席华盛顿州当地政府和美国友好团体联合会举行的欢迎宴会上发表演讲时说："上世纪60年代末，我才十几岁，就从北京到中国陕西省延安市一个叫梁家河的小村庄插队当农民，在那儿度过了7年时光。那时候，我和乡亲们都住在土窑里、睡在土炕上，乡亲们生活十分贫困，经常是几个月吃不到一块肉。……我很期盼的一件事，就是让乡亲们饱餐一顿肉，并且经常吃上肉。但是，这个心愿在当时是很难实现的。"

改革开放以来，特别是党的十八大以来，通过实施精准扶贫脱贫攻坚、革命老区开发建设、乡村振兴战略，梁家河村和中国广大农村地区一样发生了巨大变化。梁家河村党支部带领全村群众苦干实干、奋发图强，紧紧依托当地自然资源和知青文化资源，加大产业开发、综合治理力度，走出了一条符合本村实际的脱贫致富路子，改变了昔日梁家河贫穷落后的面貌。

二　做　法

（一）发展特色种养产业

梁家河地处黄土高原腹地，虽然土地贫瘠，水源缺乏，但气候环境、昼夜温差、光照强度、海拔高度等自然条件非常适宜苹果的栽培种植。2015年年底，原梁家河村与相邻的梁家塌村、木瓜山村、舍和沟村合并为现在的新梁家河村。这样，全村土地面积达到1.5万亩，其中耕地面积2112亩、山坡地1532亩。为推动苹果产业的规模化经营，他们将山坡地全部退耕，建成了500亩高标准山地苹果园，并成立了2家苹果专业合作社。

张卫庞是习近平插队当知青时一起劳动的村民，2015年习近平总书记重回梁家河村时了解到张卫庞在种苹果，便仔细询问了苹果种植的情况。在得知张卫庞当年苹果刚挂果就有2.6万元的收入后，总书记十分开心，亲自到山上张卫庞的果园里视察。这是张卫庞一辈子也忘不掉的珍贵记忆，也给张卫庞发展苹果产业增添了极大的信心。他在果园的无公害种植管理方面下了大功夫，使用梁家河大力推广的沼肥，土壤有机质及肥力得到提高和增加，苹果的质量和口感更好。

截至2017年，梁家河发展苹果种植面积1200亩，已挂果500亩，其中200亩实现了精细化管理，形成了"张卫庞""梁家河"两个知名品牌。张卫庞苹果种植专业合作社与北京匀加速科技有限公司签订了战略合作协议，这标志着村企携手共同搭建起让梁家河苹果通往境外的营销通路。2016年，张卫庞的苹果卖了40万元，梁家河村苹果产业收入近200万元，果农户均增收近4.5万元。2017年，梁家河苹果在销售渠道上又有创新之举。比如，赴北京举办苹果推介会实现农超对接，开设品牌网站提供在线订购和快递发货。来自陕北黄土高原的苹果当年 12 月一经现身北京精品超市就引来热销。

随着品牌苹果的外销，梁家河村的农副产品销路也在不断拓展，红枣、小杂粮、荞面、手工粉条、小米等农副产品纷纷走向了市场。梁家河成立了小米种植专业合作社，"梁家河"品牌特产直营店应运而生，富农惠农的路子越走越宽，产品输出渠道也更畅通，村民的日子正在一天比一天好。

除了种植业，梁家河村还积极协调广升农业、杨凌本香两个公司在村上投资发展现代养殖业。他们成立了纵横新农养殖公司，发展散养鸡 3000 余只，解决村民就业 6 人，带动 8 名外出务工青年返乡创业。2015 年，组织 159 户村民与杨凌本香集团成立了梁家河果香养猪专业合作社，采取"公司 + 合作社 + 农户"模式，村集体以土地、固定资产投资和部分现金形式入股。本香集团公司建成现代化标准生猪养殖大棚 10 座，每个养殖棚给合作社分红 18.5 万元，其余按股份全部给社员。截至 2017 年 7 月，合作社分红 351.5 万元，户均分红近 1.8 万元。

（二）做大做强乡村旅游

1969 年 1 月至 1975 年 10 月，习近平在梁家河插队当知青，尤其在担任梁家河大队党支部书记后，为群众做了很多实事。办起了全省第一口沼气池、挖了一口井，解决了村民打柴做饭和吃水的生计问题；建起了铁业社、缝纫社、代销店、磨坊，方便了村民生活。在当时的背景下，搞副业有一定风险。习近平对政策把握严谨，坚持实事求是、因地制宜，为解决村民生活贫困问题做了很多实事，留下了"坚定信念、一心为民、艰苦奋斗、实干担当、敢为人先、廉洁奉公"的梁家河精神，也留下了宝贵的知青文化资源。

2015 年以来，梁家河村借助国家大力扶持贫困地区发展乡村旅游的机遇，依托陕北窑洞文化和知青文化资源优势，积极与陕旅集团开展合作，成立了村集体企业——延川县梁家河乡村文化旅游发展有限公司，在村里打造了知青文化体验园、村史馆、耕作园、农家乐、采摘园等一系列旅游项目。如今，走进梁家河村，干净整洁的村庄仍然保持着陕北风貌，位于村头的村委会大院是一座修葺一新的窑洞式院落。一排知青旧居窑洞映入眼帘，其入口处有两块"陕西省文物保护"石碑，一块写着"梁家河知青旧居"，另一块则写着"陕西省第一口沼气池"。

为了迎接全国各地游客来梁家河村学习习近平总书记当年的艰苦奋斗精神，梁家河村把乡村旅游与扶贫开发结合起来进行系统规划。目前，已发展"农家乐"6家、乡村旅舍1家、工贸公司及梁家河土特产品牌营销店各1家。旅游公司购置了电瓶车40台，提供就业岗位125个，实现年收入500余万元；旅游业综合就业人数220人，年综合收入达1100万元，带动了164人脱贫致富。2017年接待游客104.5万人次，旅游综合收入超过1300万元，占到全村总收入的60%。窑洞资源的开发不仅带动旅游产业发展，更为传播窑洞文化、弘扬延安精神开辟了重要的途径。目前，梁家河已成为延安干部培训学院教学基地、港澳青少年学习基地、青少年爱国主义教育基地和青少年爱国培训实践基地。

（三）改善人居环境条件

为解决交通不便问题，早在2003年，梁家河村村民自己出劳出资将进村土路铺成了石子路。2007年，延川县交通局将通村路铺成了柏油路。2014年，这条路又被整体翻修了一遍。接着，按照"四好"要求（建好、管好、护好、运营好），加强村组公路建设。目前，梁家河村基本形成"基础设施完备、网络衔接顺畅、运输服务优质、系统运行安全"的交通设施体系。

为推进村容村貌综合整治，梁家河村请来专业团队，编制了乡村扶贫开发规划，按照"旧村保护、造林绿化、田园风光、幸福小村"的思路，将移民搬迁和美丽乡村建设相结合，实施了村落绿化、美好、亮化工程，改变村容村貌。在村主干道两旁栽植了刺柏、河北杨共4000多株，河道两侧和农户院前种草4000平方米，安装太阳能路灯127盏，对全村166孔窑洞、70间平房实施了改造、整修，改造64座厕所，新修停车场3处、旅游厕所4座，开发知青文化旅游景点6处，基础设施已经基本配套。完成了社区服务中心建设，建起了图书室、远程教育学习室，设立了农业银行养老保险服务站、警务室、信息服务站、卫生室、计生服务室。梁家河移民安置小区已交付使用，祖祖辈辈居住土窑洞的

137 户农户搬进了宽敞明亮的小楼房。

三　成　效

梁家河的父老乡亲们以他们朴实宽容的胸怀和勤劳务实的双手改变着家乡的面貌。从前"掏个坡坡，吃个窝窝"的黄土高原贫困村在加速改变。2014 年村民人均纯收入 9600 元，2015 年人均纯收入 1.5 万元，2016 年人均纯收入 1.8 万元，2017 年人均纯收入超 2 万元。

昔日"山大沟深"的陕北农村，如今山上的植被郁郁葱葱，山下窑洞错落有致，马路宽敞干净，重新焕发了新生机。乡亲们住上了砖瓦房，用上了互联网，老人们享有基本养老，村民们有医疗保险，孩子们可以接受良好教育，全村适龄儿童入学率、新农合参合率、新农保参保率均达到 100%。当然吃肉已经不成问题。全村的私家车有近 30 辆了，此外电瓶车在服务游客的同时，也会免费接送村民。

一系列现代化功能区在村里建起，自助餐厅、村民活动中心、篮球场、儿童游乐区……伴随着旅游接待能力的提高，ATM 机、自动售货机等设施也进入了山沟沟里的梁家河。梁家河村作为一个居住集中化、环境生态化、管理社区化、设施城镇化的新型农村社区，被确定为全国第四批"一村一品"示范村。

四　思考与启示

梁家河交通不便、土地贫瘠、干旱缺水，是典型的西部贫困地区。如何在这样的贫困地区让人民过上幸福生活，这其中蕴涵的精准扶贫大学问值得总结。

（一）实事求是精准扶贫

梁家河的土地资源、气候条件不适宜种植粮食，但适宜种植苹果。在扶贫开发过程中，梁家河村实事求是、因地制宜。他们实行党员干部主动对接，深入贫困户家中，摸清包扶对象情况，做到心有底数，然后立足实际，充分利用有利条件，发展苹果产业、养殖业，红色旅游产业，找准了脱贫之路的入口，在几年内摆脱困境，甩掉贫困帽子。

（二）顶层设计多措并举

梁家河抓住有利契机，以道路、供电、旅游等为主要内容，按照长远规划、分步实施、适度超前的思路，高起点做好贫困村扶贫开发整体规划，统筹安排教育、卫生、文化等农村公共设施建设，做到顶层设计，多措并举。除加快农村公路建设、电网改造等基础设施建设之外，还积极探索"富裕农民进城，贫困农民下山"的易地扶贫搬迁新模式。采取分类施策方式，对"有能力"的扶起来，实现家家有致富产业；对"扶不了"的带起来，实现户户有资产性收益；对"带不了"的保起来，实现人人有兜底保障；对"住不了"的建起来，实现户户有安居住房；对"建好了"的靓起来，实现新农村面貌提升。这种因户因人分类施策方式，充分体现了精准扶贫精准脱贫方略的精髓。

（三）一心为民敢于担当

当年的梁家河村党支部"一班人"在时任党支部书记习近平的带领下，敢为人先、敢于担当，一心为民办实事。如今的梁家河人继续发扬这种"敢于担当、一心为民"的精神。2015年春节习近平总书记视察后，梁家河村的知名度进一步提升。村"两委"不忘初心、牢记使命，趁热打铁、乘势而上，将政治关怀优势化为持续发展优势，加强宣传、擦亮名片、提高影响力，带领群众凝心聚力，埋头苦干，共走"林果上山、种植下川、养殖增效、旅游富村"的发展新路。

编写执笔：王爱君、任锐强、陈勇、董政、吕霄云

案例4　让老区人民过上好日子

——山东省临沭县朱村强村富民之路

2013年11月25日，习近平总书记到山东省临沂市临沭县曹庄镇朱村视察，参观沂蒙精神红色革命文化，看望"老支前"王克昌，并向老区人民送去祝福。视察过程中，习近平叮嘱当地干部："让老区人民过上好日子，是我们党的庄严承诺，各级党委和政府要继续加大对革命老区的支持，形成促进革命老区加快发展的强大合力。"习总书记的嘱托成为临沂市老区人民拼搏进取、奋发有为的思想指引，也成为朱村干部群众齐心协力、艰苦奋斗，坚决打赢脱贫攻坚战的强大动力。

一　背　景

朱村曾有"四塞之崮，舟车不通，土货不出，外货不入"之说。由于自然和历史等多种原因，朱村经济长期落后。有着优良革命传统的朱村，在抗日战争和解放战争中，先后有近百人参军，40多人负伤，多人为抗日救国和解放事业献出了宝贵的生命。中华人民共和国成立后，为了治理淮河，朱村奉献了3200亩良田，从而使人均土地面积锐减。土地少、碎片化，成为制约村民脱贫致富的一大障碍。

2010年，朱村被确定为省级重点贫困村。在各级党委、政府的大力支持下，朱村人民弘扬沂蒙老区精神，经过多年的奋斗，终于在2017年年底全村贫困人口全部脱贫，摘掉了贫困村的帽子。

二　做　法

（一）发展合作经济，建村级示范园

通过成立合作社筑牢朱村的产业基础是朱村走向脱贫的第一步。2011 年 9 月，朱村党支部书记王济钦联合本村 5 名种植大户，成立了临沭县珍珠苑种植专业合作社。在运作方式上，合作社建立了"四统两分"的管理模式，即统一种苗农资供应，统一技术培训，统一病虫害防治，统一销售；分户种植，分户结算。这种方式解决了单户购买成本高、销路窄的问题，提高了经济效益、降低了种植风险。以往每亩土地传统种植作物年收入 1000 元左右，到了 2014 年，合作社每亩土地种植葡萄收入 8000—10000 元。合作社成功运作带动了当地果蔬产业的规模化发展。农业合作社依托基地建立了朱村现代农业示范园，整个示范园区全部建成后，年可实现产值 2400 万元，增加集体收入 30 万元，能有效带动有劳动能力的贫困户实现充分就业或自主创业。

（二）挖掘特色资源，发展乡村旅游

朱村没有工业基础，只有在做好特色资源开发这篇文章上下功夫，才能有效解决农民脱贫致富问题。一直以来，朱村因其独特的儒家文化、古建筑文化以及红色革命文化吸引着各界的关注。为了开发利用自身特色资源，朱村聘请浙江大学规划设计研究院编制了村庄发展规划。规划设计以红色文化为主，以历史文化和水乡文化为辅，对古村落进行"一街一巷一园七户"的复建，配套发展乡村旅游产业。几年来，村里对 50 间明清古民居进行了保护性修缮，改造整修烈士墓、纪念碑，建成朱村民俗展馆、历史文化陈列室、八路军老四团钢八连纪念馆等。目前，朱村集红色教育、休闲观光、采摘吃住于一体的乡村旅游产业已初具规模，每年吸引上万人前来朱村观光旅游，追寻乡村记忆。

（三）开展邻里互助，实施孝善扶贫

逐渐脱贫的朱村十分注重乡风文明建设，村"两委"通过一系列制度安排，实施邻里互助方式下的孝善扶贫，不断激发干部群众互帮互助的动力与热情。一是明确服务群体。村"两委"公开招募具有乐于助人、吃苦耐劳等良好品质的村民为护理员，对建档立卡中老弱病残等无自理能力的特困人员以及父母不在身边的留守儿童给予照料。二是建立互助档案。遵循"自愿结对、就近帮扶"的原则，为特困群体合理确定护理人，并签订邻里互助帮扶协议。约定每天上门走访一次，定期帮忙送饭洗衣，帮助照看门户等，在力所能及的范围内帮助贫困户。村委会建立互助档案，实行动态跟踪，定期查看互助情况，确保"邻里互助"扶贫长效运行、群众满意。三是完善互助体系。在互助期间，由包村干部、村"两委"干部定期组织开展满意度测评，根据测评结果，对尽职尽责、护理态度好的，优先纳入"四德榜"评选。曹庄镇卫生院、村卫生室定期为被护理人提供上门诊疗、免费查体等医疗服务，实时跟踪特困群体健康状况。

三　成　效

在村"两委"和朱村人的共同努力下，朱村建起了现代农业示范园，包括葡萄科技示范园、九朱农业生态园、食用菌基地、寿桃园基地、沭河人家生态农家乐等六个园区项目。在《朱村村庄规划》的指引下，朱村结合现有红色文化纪念馆及明清古建筑群，将乡村旅游与生态农业有机结合，绘制了红绿蓝古、一年四季有花有果的"朱村景观"。如今，朱村村民的精神面貌和社会风气发生了变化，孝敬父母、爱护环境的多了，小偷小摸、打架斗殴、歪风陋习的少了。村民人均纯收入从 2013 年的 11160 元增加到 2017 年的 16900 元，增长 51%；村集体收入由 2013 年的 61 万元增长到 2017 年的 102 万元，增长 67%；全村贫困户 34 户，61 人全部脱贫。近几年，朱村先后获得"中国传统村落""全国文明村镇""山东省宜居村庄""山东省四型就业社区"等 10 余项荣誉。

四　思考与启示

朱村何以在不长的时间，实现由贫困村到美丽乡村的跨越？以下几点值得借鉴：

（一）强化基层党组织的核心领导作用

朱村坚持"以党建促脱贫"，建强村党支部和村民委员会两个班子，强化村党支部在村域经济发展和乡村社会治理中的核心领导作用。首先是党支部狠抓党员干部发挥带头作用，加强村务制度建设，完善村务公开和民主管理。其次是创建村级扶贫理事协会，充分发挥村民自治在扶贫开发中的主体作用，并将乡风文明建设与脱贫攻坚紧密结合。第三是为民办实事，完善基本公共服务体系。如加大朱村小学、幼教建设投入力度，让朱村及周边 6 个村的孩子教育上学无忧；建设村卫生室、留守儿童关爱室、农家书屋、四点半学校、心理咨询室等，提高乡村文明程度和社会治理水平。

（二）坚持"三个结合"的发展思路

朱村在脱贫攻坚工作过程中，始终坚持"三个结合"：（1）发展特色农业与发展乡村旅游业相结合，坚定不移地走具有朱村特色的农旅结合发展路子。（2）强村与富民相结合。无论是发展农业特色产业项目，还是发展乡村旅游项目，通过完善投入机制和利益联结机制，在立足帮助农民稳定增收的同时，也努力实现村集体经济发展壮大。村集体有稳定收入了，村里举办公共服务和扶贫济困，就有了财力支撑。（3）扶贫与扶志、扶智相结合。朱村十分注重对村民（包括贫困农民）进行老区精神传统教育、励志教育和科技文化培训，营造劳动光荣、孝善光荣的浓郁氛围，为脱贫攻坚、乡村振兴注入强大精神动力。

（三）注重带贫增收渠道多元化

朱村通过发展林果业、旅游业、扶贫车间、资产收益等多种形式，帮助贫困户增收脱贫。村里支持兴建柳编和纺织加工车间，把"扶贫车间"建到家门口，让 60 多名贫困农民足不出村就能务工增收。通过实施"旅游＋扶贫"，完善景区建设，支持开办农家乐，为近 30 名贫困劳动力提供护林员、导游、餐厅服务员等就业岗位。对无劳动能力的贫困户，村里利用产业项目集体资产收益，给予每人每年不低于 500 元的补助。

（四）大力弘扬孝亲敬老道德文化

村"两委"组织全村 244 名 70 岁以上老人与子女签订赡养协议，子女为 70 岁以上老人每月缴纳 100 元的孝心款，村委会每月按 10% 的比例进行补贴，实现老有所养，树立孝亲敬老的良好社会风尚。同时，由镇政府牵头，依托扶贫理事会，组成道德扶贫监督委员会，重点监督子女的赡养情况。针对村里部分贫困户子女不在身边的情况，扶贫理事会牵头组织全村 38 户贫困户的邻居与贫困户签订了邻里互助协议，在力所能及的范围内帮助贫困户，保障贫困户的日常生活。通过弘扬孝亲敬老道德文化，促进了乡风文明建设，提高了乡村治理水平。

编写执笔：谢从刚、邓洪洁

案例5　赤溪之变

——福建省福鼎市赤溪村"挪穷窝""拔穷根"的攻坚之路

30多年来，在党和国家扶贫政策指引支持下，福建省福鼎市赤溪村的干部群众艰苦奋斗、顽强拼搏，把一个远近闻名的贫困村建成了如今的小康村、文明村、生态村。

一　背　景

赤溪村位于福建宁德福鼎市东部大山深处，共有14个自然村，408户1806人，其中畲族少数民族人口802人。30多年前的赤溪村，集"老、少、边、穷"于一体，是有名的贫困村。

一是村民生活困难。多数人食不果腹、衣不遮体、房不蔽风雨。全年吃地瓜和苦菜，没米没肉。衣服鞋袜破烂不堪，有的买不起鞋子光着脚板，有的婆媳共用一条裤子。几乎家家住的是四面透风的竹木茅草房，夏天日晒雨淋，冬天天寒地冻，风雨中摇摇欲坠。

二是交通不便。赤溪村十分偏僻，山高路险，交通不便。下山溪村是构成赤溪行政村的14个自然村之一，它是整个赤溪村的一个缩影。盘踞山间穿越崇山峻岭的羊肠小道，是出入下山溪村的唯一道路。"早出挑柴换油盐，晚归家门日落西。"这既是下山溪村也是整个赤溪村出行难的真实写照。

三是致富无门。整个村子像"挂"在半山腰一样，后面就是上百米的悬崖，自然条件恶劣，耕地稀缺贫瘠，一方水土难养一方人。加之水、电、路、网、广播"五不通"，村民世代贫穷，致富无门。20世纪80年代末，赤溪村的下山溪自然湾年人均收入不足200元，而整个赤溪村贫困率高达90%以上。村民祖祖辈辈过着穷日子，一天天地熬日子。

二　做　法

经过 20 世纪 90 年代的"八七"扶贫攻坚和 21 世纪的两个十年扶贫开发，特别是党的十八大以来，在各级党委、政府的支持下，赤溪村扎实推进扶贫开发，发生了翻天覆地的变化。赤溪村干部群众在村党支部的带领下，充分发挥自身优势，因地制宜，因户施策，走出了一条以旅游为主导的发展之路。

（一）抓教育、转观念

造成赤溪村贫穷的原因是多方面的，但"精神贫困"是最大的桎梏。扶贫先扶志，治贫先治愚。多年来，赤溪村始终把扶贫开发与各类教育活动结合起来，以思想解放、观念更新来不断推进扶贫开发。党员干部带头"立志"，并进一步引导和带动广大群众开眼界、谋共识、兴文化、树新风、育精神，根除"安贫乐道""穷自在"等落后观念，树立"宁愿苦干、不愿苦熬"的正确导向，切实增强农民增收致富的内生动力，把"要我脱贫"变成"我要脱贫"。群众观念新了，人心齐了，干劲也足了。村民们主动求发展、提建议，主体作用得到充分发挥。例如建设杨赤公路福鼎段时，群众顾全大局、思想统一，全村仅用 17 天就完成测量、放款等征迁工作，使得工程顺利开工和完工。

（二）挪穷窝、夯基础

赤溪村民居住在贫瘠的山上，一方水土养不活一方人。据此，赤溪村提出了整体搬迁的扶贫工作思路，帮助群众"挪穷窝"。为让村民搬得出，并在新的地方能安居乐业，赤溪村大力开展交通设施、安全饮水、电网改造、溪沟清淤、河岸整治、污水排放、环境美化等基础建设，使整村搬迁顺利推进。经过 20 年持续推进，已有 356 户 1500 多人分三期搬迁至新村。新村住房宽敞、饮水安全、交通便利、环境卫生。易地搬迁实现了人口聚集，为赤溪村摘掉穷帽子奠定了坚实基础，同时也促进了民族融合。

（三）兴产业、保增收

对贫困人口，赤溪村也曾采取过送钱送物等输血式扶贫方式，可效果均不理想。授之以鱼不如授之以渔。后来，赤溪村转变扶贫发展方式，立足优美生态、畲族文化等资源，确立了"旅游富村、农业强村、文化兴村、生态美村"的发展思路，将旅游产业作为精准扶贫和科学扶贫的主导产业。首先，主动融入"环太姥山旅游经济圈"，通过引进万博华等旅游公司以及建设专业合作组织，进行休闲旅游观光景点的建设。其次，利用丰富的山林和淡水资源，以"公司＋专业合作组织＋基地＋农户"的模式发展生态农业，建立了优质水稻、生态有机茶、珍贵苗木、淡水特色养殖、高效毛竹、特色果园、特色禽养殖等农业示范基地，开发花卉观赏、果蔬采摘、农事体验等系列农业观光体验旅游产品，促进乡村旅游业与生态农业相互融合。再次，积极鼓励村民回村就业和自主创业，通过山地农业、农家体验、餐馆住宿、旅游产品、劳务服务等实现富余劳动力转移就业，加强政策引导、资金支持、技术培训等，鼓励自主创业。这种以旅游业为主导的产业发展路子，使村民们稳定地、多渠道地增加了收入来源。

（四）筑堡垒、提效能

"帮钱帮物，不如帮助建个好支部"。赤溪村始终把基层党组织作为扶贫一线的核心力量，筑牢堡垒，提升乡村治理水平。首先是选好配强村"两委"班子。班子成员敢担当善担当、愿做事能成事，并能和睦相处团结协作。加上上级党组织关心关怀，为村支部选派第一书记，对各项工作发挥了重要作用。其次是以政治建设为统领，突出加强作风建设，集中整顿软弱涣散基层党组织，切实转变工作作风，明显提高了工作效能。再次是深入群众开展工作，以"党建富民强村工程"为抓手，坚持深化"四下基层、四解四促"活动，采取"领导包村、干部包户"办法，为群众"雪中送炭"，解决具体困难和问题。通过一系列措施，切实做到扶贫开发在哪里，党建工作就跟进到哪里，发动群众就在哪里开展，扎扎实实为群众办实事、解难事。基层党建的加强，凝聚了人心，振奋了精神，广大干部群众自觉行动起来，依靠自身力量改变贫穷落后面貌，增强了扶贫开发效果。

三　成　效

赤溪村经过 30 多年持续的扶贫开发，取得了显著成效，结出了丰硕成果，发生了翻天覆地的变化。

（一）全面脱贫

2015 年，赤溪村实现全面摆脱贫困。习近平总书记曾就赤溪村全面摆脱贫困做出重要批示，并通过人民网视频连线赤溪村乡亲们，对他们表示祝贺，对赤溪村党员干部和广大群众在艰苦奋斗、顽强拼搏中把一个远近闻名的贫困村建成小康村给予充分肯定。

（二）产业兴旺

赤溪村旅游产业开发走上了快车道。"村在景中、景在村中、缘山近水"的景观格局基本形成，赤溪村日益成为宁德市旅游业新的聚宝盆。蝴蝶坪、杜氏生态农庄、天韵生态茶庄园、生态峡谷探险、CS 基地、竹筏漂流等，一个个生态休闲项目在这里落地开花结果。丰富的饮食文化、亮丽的多彩服饰、古老的美丽传说、独特的民族风情、优美的自然生态，一起构成了闽东畲族独特绚丽的民族文化。石墙石阶、篱笆古树、畲歌畲舞、畲族小吃、畲家民宿等，令人流连忘返。争相入驻的特产商店、往来穿梭的旅游中巴、纷至沓来的八方游客等，勾画出一幅生机勃勃的现代旅游村庄图景。2015 年，赤溪村被确定为"全国旅游扶贫试点村""中国乡村旅游模范村""中国最美休闲乡村"。2016 年，赤溪村共接待游客 20 多万人次，旅游收入近 3000 万元。赤溪村的乡村旅游发展，也大大地推动了当地第一、二、三产业融合发展。优质水稻、生态有机茶、珍贵苗木、淡水特色养殖、高效毛竹、特色果园、特色禽养殖等一批地标产品不断涌现，农产品加工产业链条不断完善，农产品电商快速发展。

（三）条件改善

赤溪村整体搬迁后的长安新街是现今村民的聚居地，街道宽敞而干净，徽派风格的民房整齐而气派，水电油气以及网络保障到位，教育医疗和文体娱乐等设施一应俱全。特别是道路交通十分便利，磻赤线四级公路、白磻线三级公路、杨家溪风景区至赤溪村的旅游公路、赤溪村连接太姥山景区的旅游公路、牙赤公路等先后建成通车，为赤溪村奔向全面小康插上了腾飞的翅膀。还有村道两侧绵延着一片片茶园和果树，又有九鲤溪和下山溪绕村而过，溪水清冽透澈。各种基础设施的完善和自然生态环境的改善，使长安新街适合村民安居乐业，吸引游客流连忘返。

（四）收入增长

2016 年，赤溪村农民人均纯收入 15696 元，其中旅游产业相关收入占村民人均可支配收入的 52%；村集体收入 50 万元。2017 年，赤溪村年人均可支配收入 16641 元，是 1984 年的 100 倍。

四　思考与启示

赤溪村 30 多年来的探索、实践和发展，积累了不少宝贵经验，对推进脱贫攻坚特别是旅游扶贫开发，有很强的启发和借鉴意义。

（一）全局谋划

扶贫开发是一项大的系统工程，三天打鱼两天晒网不行，东一榔头西一棒槌不行，头痛医头脚痛医脚不行，眉毛胡子一把抓不行，必须全局谋划，系统推进。要做好调查研究、科学规划、组织实施等一系列环节，通盘考虑人、财、物、天时、地利、制度等各种要素，充分调动和利用上下、内外等各种条件。赤溪村全局谋划，整体搬迁，并主动融入大旅游圈，着眼全局和长远发展，为扶贫开发工作和全村发展做好了科学谋划。这一步棋是高招，走得很关键。

（二）因地制宜

每一个贫困地方都有各自不同的致贫根源、不同的地域实情。需要根据当地的特点，走出符合当地实际和具有当地特色的脱贫道路。赤溪村结合本村实际，全面落实中央和省里各项扶贫开发政策，在扶贫的战略思路制定上，因地制宜地选择"挪穷窝""拔穷根"，注重发挥资源优势和特色，以旅游业为主导，走出了一条具有当地特色的扶贫开发路子，从而把"绿水青山"变成了"金山银山"。

（三）把握关键

扶贫开发工作千头万绪，必须抓住主要矛盾把握解决问题的关键。脱贫任务相对较重和扶贫开发财力投入不足一直是比较突出的问题。扶贫中搞大水漫灌既不科学也不经济，因而必须强化问题导向，坚持"靶向治疗"。在资源要素上，既要强调普惠公平，更要突出帮扶重点。赤溪村通过把整村搬迁这一"造福工程"作为推进扶贫工作的关键，为村民脱贫致富奠定了坚实基础。搬迁之后，又把稳定增加农民收入作为首要任务，千方百计增加村民收入，尤其是结合主导产业增加就业鼓励创业，让村民从产业发展中获得实实在在的利益。

（四）凝心聚力

冰冻三尺非一日之寒，贫困也是如此，因而扶贫开发和脱贫致富必定是个漫长的过程。一方面，没有贫困地区的党员干部群众以及贫困户自身的脱贫致富意愿和艰苦努力，政府一厢情愿开展扶贫开发工作，成效会大打折扣。另一方面，贫困地区一般来说是各种条件较差的地方，因而仅凭自身之力，脱贫致富之路必定困难重重。赤溪村既充分激发内生动力，又汇聚起社会合力，内力加外力，所以取得扶贫开发的成功。

编写执笔：李凯、黄昊森、熬芳

案例6　千年古镇再焕新颜

——云南省鲁甸县龙头山灾后重建与脱贫攻坚同步推进的探索

　　云南省昭通市鲁甸县龙头山镇 2014 年遭受严重地震灾害之后，在党和国家的关怀下，按照习近平总书记"恢复重建结束之时即是灾区脱贫之日"的重要指示要求，通过灾后重建和精准扶贫，创造了恢复重建与脱贫攻坚同步推进的"龙头山模式"。

一　背　景

　　地处乌蒙山深处的千年古镇鲁甸县龙头山镇，因境内龙头山而得名。辖 11 个行政村 56 个自然村 246 个村民小组，全镇 11708 户 51214 人。龙头山古称"朱提山"，源于"龙在这里起飞"的古老传说。春秋战国时期，境内八宝村开始采冶白银。龙头山白银大量开采兴起于汉代，清朝乾隆、嘉庆年间达到巅峰时年产白银 50 万两。清朝末年，朱提银停止开采，延续千年的喧嚣曲终人散。

　　千年古镇，在萧条和贫困中缓步前行。据近年来入户核查核实数据显示，全镇共有建档立卡贫困户 3538 户 11426 人，贫困发生率 22.3%。2014 年 8 月 3 日，突如其来的 6.5 级地震灾害让本就贫困的龙头山镇雪上加霜。龙头山镇是鲁甸县的三个重灾区之一，损失十分惨重，全镇中心龙头山老街被夷为一片废墟。甘家寨村地震之后又遭遇山体滑坡，整个村庄被掩埋，全村 89 户 270 人严重受灾。

二　做　法

针对龙头山镇的震后状况和贫困现状，鲁甸县抓住灾后重建和国家开展精准扶贫、精准脱贫政策机遇，摸清贫困户的基本情况，制定具体到户到人的帮扶措施，不断创新工作方式，积极争取各类扶贫资金，精心组织实施扶贫项目，扎扎实实地搞好灾后重建和脱贫攻坚工作。

（一）精准识别

精准识别是脱贫攻坚的"第一颗扣子"。为扣好"第一颗扣子"，龙头山镇制定工作方案，成立业务指导组，召开培训会议，组织实施全面调查核实工作。紧扣"两不愁、三保障"标准，对全镇所有农户进行全面摸底调查，查清年人均纯收入低于国家扶贫标准、安全住房无保障、因学致贫、因病致贫的对象，彻底摸清了底数。按照建档立卡贫困户脱贫的 6 条标准（贫困户人均纯收入稳定超过国家扶贫标准、有安全稳固住房、适龄青少年就学得到保障、基本医疗有保障、社会养老有保障、享受扶贫政策资金项目帮扶），对建档立卡贫困户开展全面调查核实。调查与核实的所有信息统一录入电脑系统。

为做实做细建档立卡，实现贫困人口动态管理，龙头山镇成立了贫困对象动态管理工作领导小组，印发了贫困对象动态管理交叉复核工作方案，并与各村（社区）和驻村工作队队长签订承诺书。全镇共组织各类培训 646 场，培训干部 9044 人次，组建贫困对象动态管理工作队 51 支 503 人，深入 11 个行政村，走访核查全部农户。在动态管理中，对现有建档立卡贫困户进行甄别，对违规纳入、识别不精准的建档立卡贫困户坚决剔除，做到应退尽退，确保无错评人口；将非建档立卡农业户籍农村常住人口中符合国家扶贫标准的纳入建档立卡贫困人口管理，做到应纳尽纳，确保无漏评人口；对 2014 年至 2016 年认定脱贫的建档立卡贫困人口再行核实，凡未实现"两不愁、三保障"的，标注为脱贫返贫人口，做到应扶尽扶，确保错评率、漏评率、漏退率、错退率 4 个指标为零。

（二）恢复重建

鲁甸"8·03"地震造成人民群众生命财产严重损失，基础设施严重毁坏。在党和国家的关怀下，龙头山镇集中精力做好灾后恢复重建工作。首先是做好"千年朱提银·锦绣龙头山"战略定位，做好整体规划，规划建设面积1163亩。其次是保障民生，大力实施民房、教育、卫生、道路、饮水、电力等生命线工程。经过3年的灾后恢复重建，该镇建成9个集中安置点，15748户重建户和531户修缮加固户的相关重建和修缮加固工作全部完成。基础设施及公共服务设施建设稳步推进，行政村通柏油路，村服务中心、学校、卫生室通了宽带网络，中小学、卫生院基础设施完备、功能齐全，环境卫生得到改善。再次是同步实施扶贫工作。恢复重建中，贫困户也是直接受益者，建档立卡户3538户11426人有安全住房，子女顺利就学，生病能到医院就医。

（三）发展产业

产业发展是脱贫致富的根本路径。龙头山镇充分挖掘资源优势，精心培育高原特色产业，提升产业的组织化、标准化和市场化。依据丰富自然资源、优越地理条件和良好市场口碑，龙头山镇将花椒、核桃确定为支柱产业。产业发展不搞一刀切，推行一村组一方案、一基地一规划、一农户一对策。根据贫困村需求，整合涉农项目，制定发展方案，进一步盘活存量资金，加快项目落地，强化要素保障，补齐农村发展短板。易地搬迁安置点建设立足实际，村庄规划、产业规划、就业培训等一并谋划，分步实施，让困难群众搬得出、稳得住、能发展、能致富。根据建档立卡户致贫原因，对症下药，分类解决贫困群众脱贫致富问题。目前，龙头山镇现有核桃种植面积达10.3万亩，花椒种植面积7万亩。

（四）百日会战

为确保2017年度全镇摘帽、贫困村出列、贫困户脱贫目标圆满实现，龙头山镇制定实施方案，开展脱贫攻坚百日会战。会战中对标对表，从户户安居、产业扶持、基础设施建设、社会保障、群众工作、责任落实、档案建设、组织保障、政策明确、工作要求等方面明确了任务，落实牵头领导、责任领导、牵头单位、工作内容、方法步骤、完成时限等，限时强弱项、补短板。

三　成　效

村民冯大哥家的土坯房在地震中垮塌了，政府为其补贴 4 万元，他们自己再出一部分钱，盖起了 130 平方米的平房，2015 年 6 月，他们一家 5 口住进了新房。他平时在建筑工地上做散工，花椒成熟季节就回来采花椒。当年花椒价格涨到每斤 50 元左右，最高时每斤可卖 52 元，冯大哥一家获得了不错的收成和收入。再加上外出打工收入，他们一家日子过得红红火火。冯大哥一家是龙头山人民群众的一个缩影。很多像他们在地震中失去家园的家庭都过上了崭新的生活。

2015 年初，习近平总书记到龙头山镇视察时便对这里的恢复重建和扶贫开发工作给予了肯定，尤其是谈到花椒产业时，对"小小花椒树，致富大产业"赞赏有加。这一年，全镇实现 526 户 1948 人脱贫。

2017 年，龙头山镇贫困群众达到"两不愁三保障"，实现整体脱贫摘帽。龙头山镇基础设施、民房重建、产业发展已经大大超过震前的水平，所有群众的居住条件，特别是一些偏远地区群众的居住条件比震前推进了约 10 到 20 年。作为支柱产业的花椒产业对脱贫摘帽起到了关键作用。通过提质增效，2017 年全镇花椒产值达到 3 亿元，农民人均从花椒产业获取约 6000 元收入，群众增收有了更可靠的保障。

四　思考与启示

龙头山镇围绕"扶持谁、谁来扶、怎么扶、如何退"等问题，牢牢扭住精准这一关键，构建全方位、深层次大扶贫格局，把恢复重建与脱贫攻坚同步推进，为灾区成功打开了脱贫的大门。

（一）抓精准找"穷根"，靶向治疗摘除穷帽

抓住精准这个要义，摸清贫困人口、贫困程度、致贫原因，因户施策、因人施策。2014年，全县通过入户核查核实，逐户审定公示，随后开展了三次"回头看"。以村民小组为基本单元进行了评议、审核、公示，进一步摸清了贫困状况。对照贫困乡镇摘帽、贫困村出列和贫困户脱贫标准，以户为基本对象、以村民小组为基本单元，一一制定贫困户脱贫致富措施、贫困村出列计划以及全镇摘帽方案，列出贫困乡（镇）、村、户脱贫退出项目需求清单、产业扶持方案，细化分解任务到部门。

（二）强组织明责任，健全机制推进脱贫

龙头山镇切实落实鲁甸县制定的脱贫攻坚责任制实施细则，认真落实乡镇主体责任、部门行业责任、信息精准责任、资金整合责任、项目推进责任、产业帮扶责任，压实压紧各级脱贫攻坚责任。严格执行督查通报机制，落实脱贫攻坚工作督查方案以及脱贫攻坚"找问题、补短板、促攻坚"专项纪律检查方案，实行一月一督查、一月一通报制度，确保了脱贫攻坚各项工作有力推进。

（三）强镇村扶农户，精准脱贫增收

把富民产业作为特色小镇的主流方向，鼓励农民创业，发展规模化、专业化、标准化的农特产业和庄园经济。大力推进农民专业合作经济组织发展，在贫困村新建、提升、发展农民专业合作社，实现了贫困村全覆盖。安排建档立卡贫困户户均不低于2000元的产业扶持资金，贫困村每村不低于10万元集体经济发展资金，助推到村到户产业发展。精准对接建档立卡贫困户信贷需求，发放小额扶贫贷款。推进劳务转移创收，抓好职业教育和技能培训，确保已脱贫户户均有1人接受技能培训。

（四）抓项目补短板，夯实基础推进发展

围绕"五网"建设，推进基础设施大改善。以灾后恢复重建为契机，新修

公路和硬化农村公路，兴建各类水利工程，开展中低产田地改造，推进高稳产农田建设，加快农村电网中低压配电网改造升级，改造农村农户电表，强化农村能源生态工程建设，推广节柴灶。围绕夯实村组发展基础，扎实推进扶贫工程。所有脱贫出列的乡村均达到了通水、通电、通广播电视等脱贫出列标准；围绕户户安居，有序保障贫困群众安居住房；对"一方水土养不了一方人"的贫困群众实施搬迁扶贫。

（五）强保障惠民生，汇聚行业综合提升

通过教育、医疗等社会事业条件的改善，有效减少贫困群众因学致贫、因病致贫等现象。改善困难群体的生活条件，努力实现幼有所育、学有所教、劳有所得、病有所医、老有所养、住有所居、弱有所扶。重视教育发展，积极阻止贫困代际传递，筹措资金重建中小学和幼儿园。关注健康卫生。积极动员贫困群众参加城乡居民医疗保险，实行先诊疗后付费，建档立卡贫困人口医疗保险报销提高5个百分点；进村入户对贫困群众进行免费健康体检，免费建档管理，让群众小病不出村，就近能医治，缓解了群众看病难的问题。实行社会保障兜底，把农村低保与脱贫攻坚有机对接，健全了应保尽保、应退尽退动态管理机制，对无法通过产业扶持和就业发展实现脱贫的特殊困难群体实行应保尽保。生态保护与扶贫工作共同推进，在退耕还林、良种补贴等政策方面对贫困群众给予优先和倾斜，使广大农民群众享受到国家强农惠农政策的实惠，天然林管护员、生态护林员等同等条件下优先聘用贫困群众。

（六）强党建抓帮扶，多方发力全面攻坚

强化基层堡垒，坚持"党建带扶贫，扶贫促党建"双推进，以村级换届为契机，以强化领导为核心、配强班子为重点，把致富能力强的党员群众吸纳进村级班子。深入开展"两学一做"学习教育，在"学"中找准问题，在"做"中解决问题，发挥基层党组织战斗堡垒作用和党员先锋模范作用，激励和调动村干部工作的主动性和积极性，提高基层党组织抓精准扶贫的能力。采取以机关、企业带村的方式帮助贫困群众脱贫致富，市、县部门选派驻村扶贫工作队长担任村（社区）

第一书记。强化包保帮扶、对口帮扶和社会帮扶，多方发力全面攻坚。坚持群众不脱贫、干部不脱钩的原则。抢抓东西部协作和对口帮扶机遇，主动加强与发达地区对口帮扶单位的沟通对接，制定对口帮扶工作思路、总体方案和具体措施。加强动员宣传，引导社会各界重视、关注、参与扶贫，引导群众艰苦奋斗、自力更生，主动思发展、谋发展。鼓励非公企业通过投资兴业、招工就业、投资助贫和技能培训等多种形式，参加村企共建、结对帮扶等扶贫工作。

编写执笔：李凯、贺娜、王钰、康忠寿、侯文斌

案例7 精准扶贫聚合力 黔江精神谱新篇

——重庆市黔江区精准扶贫探索

20多年前，国家级贫困县重庆市黔江区的各族干部群众，凭借"宁愿苦干，不愿苦熬"的斗志，自强不息，发奋图强，经过连续8年的卓绝努力，取得了"八七"扶贫攻坚的胜利，唱响了享誉全国的"黔江精神"。今天，黔江全区上下团结一心，打响了脱贫攻坚战，谱写了黔江精神的新篇章！

一 背 景

黔江区地处渝东南中心、武陵山区腹地，辖30个乡镇街道，国土面积2402平方公里，户籍总人口56万，其中少数民族人口占74.5%。黔江区巴楚文化交汇、土家苗汉交融，集革命老区、少数民族聚居区、边远山区、国家级贫困县于一体。

根据国家现行贫困标准，2014年黔江区共有农村贫困人口11430户、40641人，贫困村65个。致贫原因主要是因病、因残、因学、因灾、缺资金等。全区有15%以上的村道路为等外级公路，10%的村民小组不通公路，23%的农村人口安全饮用水未解决，10%的农户电网需升级改造，16%的村无卫生室，31%的村无农家书屋，12%的农村人口未实现广播、电视、互联网覆盖，18%的村无便民服务中心，15%的村无主导产业。所有这些，为打赢脱贫攻坚战提出了严峻挑战。

经过3年的艰苦努力，2017年7月，黔江区通过了国家贫困县退出第三方评估检查；2017年11月1日，国务院扶贫办召开新闻发布会，宣布包括黔江在内的全国28个国家贫困县通过国家专项评估检查；2017年11月9日重庆市政府正式批准黔江区正式摘掉贫困县帽子。

二　做　法

（一）重点抓好六大精准扶贫工程

1.实施产业扶贫工程。区政府要求全区各乡镇街道、各驻村工作队在每个村培育1—2个特色产业，真正做到"一村一品""一户一业"。目前，形成了全区以种养业为主的贫困村规模种养户数占45%以上；特色主导产业覆盖农户70%以上，其中建卡贫困户占40%；参加合作制、股份制等现代经营组织和独立经营家庭农场的农户占80%以上；以乡村旅游为主的贫困村发展农家乐占20%以上。如"武陵仙果星创天地"搭建新型农业双创平台，现已发展猕猴桃基地10000余亩，脆红李、杨梅等特色水果基地2000亩，带动了9个偏远山村221户建卡贫困户实现增收脱贫。现年53岁的钟世明是黔江区中塘乡中塘村四组的建卡贫困户，在2016年进入武陵仙果星创天地开始"创业"之后，不到一年时间便成功脱贫摘帽，如今的年收入可达4—5万元，像他这样的快速脱贫案例可不是少数。实施旅游产业扶贫，加快打造阿蓬江"一江两岸"休闲农业与乡村旅游示范带，构建以3A为重点的旅游格局，培育小南海镇新建村、白土乡三塘村、中塘乡兴泉社区、五里乡五里社区、石会镇中元村、黑溪镇改革村、沙坝乡三台村、新华乡钟溪村、水市乡水市社区等一批旅游扶贫示范村，打造一批精品旅游线路，带动了旅游村沿线的经济发展。

2.实施易地搬迁扶贫工程。2013年1月26日，重庆市政府印发《关于加快推进高山生态扶贫搬迁工作的意见》，标志着新一轮高山生态扶贫搬迁正式启动。黔江区政府采取三步走的搬迁安居扶贫工程：一是统筹搬迁对象、统筹规划安置、统筹产业发展和统筹工作力量，因地制宜、大力推进高山生态扶贫搬迁。3年投入5.2亿元，搬迁1.4万户、4.2万人，其中贫困人口4900余户、1.9万人，形成脱贫攻坚与生态环境保护相互促进的良好局面。二是坚持贫困人口优先搬迁原则，实施差异化搬迁建房补助政策。对25个生存条件恶劣、生态环境脆弱的贫困村组，实施整体搬迁，基本实现"搬迁一村、脱贫一村"目标。

三是鼓励引导群众集中安置。统筹抓好房屋及公共服务设施建设，整合各类资金 2.2 亿元建成集中安置点连接路 63.4 公里、硬化安置区道路 101.5 公里、修建供水管网 99.8 公里、供电线路 64.5 公里，改善贫困村基础设施条件。

3. 实施电商科技扶贫工程。电商扶贫是信息化时代背景下扶贫方式的一大创新。黔江区大力推动电商发展，努力实现 209 个村（社区）电商平台全覆盖。推进"互联网 + 扶贫"行动，引进京东、阿里巴巴等企业，建成渝东南电商产业园、区电商营运中心、30 个乡级电商服务站、209 个村级电商服务点，打通了"山货出山、网货下乡"的通道。积极引导科技人才下乡，探索"科技特派员 + 农业企业（合作社）+ 贫困村"的技术推广扶贫模式。选派 65 名驻村科技特派员，投入 250 万元帮扶资金，对贫困村开展"一对一"帮扶。"寻农记"精准扶贫电商平台就是一个经典的缩影：该平台以高于市场 20%—30% 的价格收购土鸡、土鸡蛋和腊味等农产品，通过品牌包装、营销策划等方式，在自营和第三方电商平台上进行销售。2016 年，该平台与黔江区 24 个乡镇的 3000 余家农户签订了合作协议，并为他们寻找到了重庆主城区的"一对一"稳定消费者，共销售土鸡 12000 余只、土鸡蛋 30 余万枚，为签约贫困户创收 400 余万元。

4. 实施健康扶贫工程。近年来，黔江区实施健康精准扶贫，通过多种保障政策的组合叠加，切实解决困难群众因病致贫返贫问题。在核准农村贫困人口因病致贫、返贫情况的基础上，坚持因地制宜、分类施策，对因病致贫重症患者制定集中救治方案，实时随访监测。加大财政对健康扶贫的投入力度，重点加强卫生健康基础设施建设、设备投入、人才培养培训和技术引进的投入。争取到重庆市卫生帮扶集团帮扶资金 2800 余万元，用于贫困乡镇医疗卫生设施建设、村卫生室改造等；争取到社会捐助资金 40 万元，用于贫困户白内障患者复明手术等。健全村、乡、区三级医疗网络体系，为全区 3293 户建卡贫困户 12189 名贫困人口建立健康档案，实行"一对一"签约服务。每年在区中心医院、区中医院抽调 15 名骨干医生成立 3 个医疗专家组，分片区到 30 个乡镇街道为建卡贫困人口进行全面体检。区财政设立 1400 万元专项资金，用于贫困人口大病、慢病医疗救助。

5. 实施教育培训就业扶贫工程。大力改善贫困村教学设施条件，每年选拔

80余名教师到农村基层支教。统筹"雨露计划"、新型职业农民培训等各类培训资源，按照"培训一人、就业一人、致富一家"的思路，开展"订单式""菜单式"培训。通过培训，支持鼓励7273户8809名贫困人口在外务工，新增930个公益性岗位全部用于解决贫困人口就业。

6. 实施生态保护扶贫工程。大力实施退耕还林、天然林保护、石漠化综合治理等林业重点工程，建成生态廊道9800亩，巩固完善城周生态屏障4600亩。为贫困户提供生态保护就业岗位，让贫困户在生态保护中获得收益，在绿水青山中分享生态红利。

（二）聚合各方资源助推精准扶贫

1. 聚合行业资源。全区共整合各类扶贫资金11.71亿元，重点用于落实贫困村基础设施建设和贫困户扶贫搬迁补助、产业扶持、医疗救助、教育资助等，使贫困村村均投入达1165.7万元。

2. 聚合金融资源。以重庆市金融扶贫示范区建设为依托，积极争取国家开发银行、中信集团、市级有关金融部门的大力支持，落实各类专债专贷资金24.4亿元。设立2000万元扶贫贷款风险基金，对贫困户扶贫小额贷款、搬迁建房贷款、教育助学贷款等提供风险补偿。建立资金捆绑使用机制。"多个口子进，一个口子出"，整合上级补助资金、本级发展资金、社会帮扶资金等各类涉农资金，按照"哪里更需要就投向哪里"的原则定向定点投放，精准使用资金，精准解决问题。

3. 聚合社会资源。争取中信集团、山东省日照市、重庆市卫生帮扶集团、重庆市永川区等对口帮扶资金2168万元。以"10·17扶贫日""武陵都市报助我上大学"等活动为载体，募集社会资金2100余万元，专项用于贫困家庭子女上大学。

三 成 效

通过近三年的艰苦努力，到2017年，全区已脱贫10306户40173人，贫困人口减少至 1434 户 5233 人（含动态调整新增加的贫困人口），贫困发生率降至 1.7%。贫困村公路通畅率、村民小组通达率均达 100%；安全饮水、安全用电、广播、电视、互联网实现全覆盖；村村建有 200 平方米以上的便民服务中心和标准化卫生室；基本形成"一村一品"的产业发展格局。全区 65 个贫困村全部脱贫销号。2017 年 11 月，经国家验收和重庆市批准，黔江区整体脱贫正式退出国家贫困县。

四　思考与启示

黔江区是一个地理条件并不优越、物产并不丰富、资源比较匮乏、基础条件较差的国家级贫困县，为什么能通过三年的努力，实现贫困县摘帽、贫困村全部脱贫销号呢？

（一）狠抓执行落实，有效解决责任主体问题

黔江区之所以能率先完成脱贫任务，一个重要原因就是切实落实"一把手"扶贫攻坚责任。黔江区成立由区委、区政府主要领导任"双组长"的脱贫攻坚领导小组，牵头抓总，统筹协调，挂图作战。从区级部门抽调 36 名同志组建领导小组办公室，区政府分管副区长兼任办公室主任，具体负责政策制定、项目规划、资金统筹、进度安排等工作。每名区级领导联系 2 个贫困村和 5 户贫困户。为把精准扶贫落实落地，黔江区建立了"区负总责、部门协作、乡（镇、街道）抓落实、任务到村、责任到人"的工作机制，层层签订目标责任书。全区抽调农村工作经验丰富、责任心强的 836 名干部，组成 209 支驻村工作队。区级部门和乡镇街道 6400 多名干部与全区所有贫困村、贫困户实行结对帮扶。

此外，建立健全督查督办机制，攻坚期内就地免职脱贫攻坚工作不力的乡党委书记 1 名，调整工作不在状态、执行力弱的扶贫干部 12 名，使全区干部受到明显触动，工作执行力显著增强，工作作风更加务实。

（二）科学决策指导，有效解决发展方向问题

过去的黔江是一个传统农业区域，人们习惯了传统的耕作模式。党中央做出打赢脱贫攻坚战决定后，黔江区委、区政府吃透党中央精神，总结经验教训，提出了"巩固三大传统产业、大力发展现代特色农业和乡村旅游业，把发展产业与政策帮扶、模式创新有机结合"的扶贫工作思路。实践证明，产业扶贫是最有效的扶贫措施之一。只有大力发展产业，才能变"输血"为"造血"，变"治标"为"治本"。黔江集"四区"于一体，是一个典型的欠发达地区，结合自身实际大力发展产业是摆脱贫困的重要途径，也是最有效、最快速的手段。正是依托于产业扶贫，黔江区用三年时间完成了脱贫攻坚任务，避免走弯路。

（三）统筹谋划缜密，有效解决资金匮乏问题

政府的最大优势就是手中掌握着大量的资源，涉及各行各业、各个部门。这些资源分散开来是看不出什么优势的，俗称撒"胡椒面"，但是一旦整合到一起，就会产生巨大的力量。例如林业、农业、交通等部门都有一些项目，但往往很分散，真正有困难或有实际需要的地方很难被安排到项目，有些条件比较好的地方反而又安排了项目。面对这种情况，黔江区委、区政府对所有项目、帮扶资金、社会资源等进行整合，集中优势力量克难攻坚，变过去的"大水漫灌"为"精准滴灌"，一个村一个村地解决问题，一件实事接着一件实事办，形成了"心往一处想、劲往一处使"的浓厚氛围，效果显而易见。三年来，该区共整合各类资金10多亿元，落实各类专债专贷资金20多亿元，还发动社会力量募集了数千万元资金用于扶贫。

（四）扶贫产业结构合理，有效解决市场供需矛盾问题

过去，大多数群众只会遵循传统耕作模式，一遇到天灾，连吃饱饭都成问题，更谈不上发挥土地最大潜能，如何适应市场。究其原因，主要还是供给侧结构不合理，生产的农产品要么过剩、多得烂在地里无人问津；要么农产品批量小、品质差，与市场需求无法对接。这种局面严重挫伤了老百姓的生产积极性，导

致大片的土地被荒芜,大量的资源被闲置。黔江区委、区政府充分认识到这一点,在产业结构、区域布局上进行了合理调整,既不放松传统产业,又适当安排特色效益产业,既不搞"一刀切",又不搞"遍地开花""千篇一律",而是将各地优势与市场需求有机融合,规模化、针对性、区域性发展产业,做到有需有供、供需基本平衡,从而让贫困户生产的产品发挥了应有的价值。

(五)扶贫工作因时因地而异,决不可千篇一律

黔江区正是充分立足自身的山区特色、生态特色、本土文化特色,实事求是地从自身特殊的历史地理条件和贫困状况出发,因地制宜,在长期实践中逐渐摸索出一条适合本地特点、能够产生实效的扶贫脱贫之路。实践证明,坚持一切从实际出发,科学决策、精准施策,不断创新符合本区域特点的扶贫措施,及时解决发展中碰到的新情况新问题,方能使精准扶贫精准脱贫保持持久动力、获得真正实效。

编写执笔:宋兰兰、李靖、高峻
课题组成员:黄晨、梅川

案例 8　共建共享共富

——湖北省大悟县金岭村脱贫攻坚之路

　　湖北省大悟县是革命老区，也是国家级贫困县，金岭村是大悟县 89 个重点贫困村之一。2015 年以来，金岭村在省委组织部驻村扶贫工作队的帮助指导下，立足金岭村实际，科学制定发展规划，始终坚持"中国共产党领导的，人民群众自己的，集体经济高度发展的，特色资源充分彰显的，社会主义的"正确方向，探索党组织领导下的"人民公司＋股份合作＋自主经营"的强村富民之路。三年多的时间过去了，金岭村集体经济发展壮大，村容村貌焕然一新，由一个贫穷落后的偏僻山村嬗变为"全国文明村""湖北美丽乡村示范村"，为其他地区的脱贫攻坚和乡村振兴提供了许多值得推广和借鉴的典型经验。

一　背　景

　　金岭村位于大悟县新城镇东北部，2015 年以前是当地有名的贫困村。省级非遗"钢镰大鼓"艺人、该村村民张清远在钢镰唱词中曾用"泥巴路，破瓦房，困难户穷得叮当响，单身汉要用火车装"来回忆贫困的过去。金岭之贫可概述为四个字：穷、空、破、弱。

　　穷。全村 545 户中建档立卡贫困户 206 户，贫困人口 610 人，贫困发生率达到 31.7%；村集体经济空壳负债，无主导产业；因家徒四壁，穷得叮当响，好多金岭汉一辈子打光棍。

　　空。村里土地贫瘠，山丘地以及沙石风化地较多。土地整治前，四成田地摞荒，七成山地因缺水而成为荒山；全村 85% 的劳动力外出，"年轻力壮外地忙，老弱病残留村庄"是其真实写照。

破。缺钱缺人，村庄破落衰败，房屋乱搭乱建，垃圾乱排乱堆，村里道路不好走，"晴天一身灰，雨天一身泥"是常态。

弱。基层组织缺乏凝聚力、战斗力，村干部说话没人听、办事没人跟，群众不好发动，可以说是"一盘散沙"。村委会几次组织修路，村民各打自家"小算盘"，最后无一落实。

二 做 法

（一）党建先行，以人带人

面对重重困难，县委、县政府和驻村工作队做的第一件事就是把党旗高高举起来，让党徽闪闪亮起来，以建设群众"生产离不开、生活离不开、感情离不开"的党组织为目标，大力加强村"两委"建设和致富带头人队伍建设。一是抓班子、带队伍，建强引领发展的"主心骨"。省委组织部高标准组建驻村工作队，选派厅级干部作为带队领导、处长担任工作队长、处级干部为工作队员，全脱产常驻金岭村。新城镇党委及时调整撤换不胜任现职的村干部，新选拔一名政治素质硬、公道正派的党员任村支书，新培养"80后"村干部4名，其中有大学学历的3名。把各级派驻到村的第一书记、工作队员、挂职干部和村组干部、专业技术人才、企业经营管理人员等捆绑起来，实行"组团帮扶"，在推进项目建设中提高引领发展的合力。二是抓载体、搭平台，激发广大农户参与，培育带头致富的"主力军"。大力推行党员领办项目制度，做到项目建设党员带队、环境整治党员带领、产业发展党员带动、服务群众党员带头，让党员在实干中体现先进性。通过建立"党组织＋公司＋合作社＋产业＋农户"的运营模式，从资金、项目、技术、信息和土地流转等方面鼓励和支持党员带头致富，引导流动党员回村领办专业合作社、创办经济实体。落实党员干部"一对一"包保责任制度，党组织号召有帮带能力的党员每人结对帮扶1至3户贫困户。在党员干部的示范引领下，金岭全村先后开办农家乐21家，从事农产品加工和商贸物流的个体经营户达32家，走上了以产业富家业，以家业壮产业的良性发展道路。

（二）盘活资源，以业留人

一是发展旅游业。坚守"鄂北民居特色小镇、大别山区乡村名片"的建设思路，重点挖掘大悟红色资源和金岭村颜氏文化。金岭村将村湾闲置废弃的农舍场院集中收储起来，严格按照"门楼砖墙山水檐，坐脊盘头布瓦顶"的鄂北民居建筑风格，进行"修旧如旧"式整体改造，保留古村落原始风貌，充分彰显地方特色和乡土韵味；依托良好的生态环境和秀美的田园风光，打造"田园故里·乡约金岭"旅游品牌；利用金岭村大多数村民为颜回后裔的渊源，打造颜回书院，开辟国学讲堂，提升景区文化品位和价值空间；利用新四军战地医院遗址和紧邻徐海东大将故乡、中原突围发源地等红色资源优势，构建红色记忆走廊，拓展大悟——红安红色旅游专线；完善了以小张湾民俗酒店、黄金沟喜宴世界、观星谷汽车露营地和乌柏广场游客接待中心为主体的"一心三区"旅游设施，形成了红色绿色古色相结合、自然资源与历史文化相协调的乡村旅游业态。2018年，金岭村接待游客约20万人次。二是发展特色种养殖业。2018年，引导农民种植水稻1500亩、油菜1200亩、蕲艾500亩、瓜果28亩、蔬菜15亩。坚守"绿水青山就是金山银山"，在荒山坡地种植经济林木300亩，发展苗木基地39亩，鼓励发展庭院经济和休闲观光农业，组织在房前屋后种植桃、梨、枇杷等各类果树4350余棵，补种青茶110亩，为可持续发展储备了永续利用的"绿色银行"。三是发掘传统手艺发展农产品加工业。以乡村旅游为产业引擎，组织开展市场经济、实用技术、电商物流等专题培训，深入挖掘民间传统手艺，按照"前店后厂、店厂一体"的生产经营模式，扶持农民生产孝感米酒、麻糖，开办酿酒、榨油、制酱、泡菜、卤鸡、腌腊肉、炒干货、打豆腐等特色旅游产品和地方美食产品。村里还通过定期举办旅游节、美食节、打年货节，扩大金岭特产的知名度。73岁村民颜为道凭借祖传的酿酒手艺，在酿酒坊技术入股，每月领取固定报酬，还可参与集体分红。截至2017年年底，全村有270多名在外务工人员陆续回乡创业，建设美丽家园。

（三）合理分配，以利励人

金岭村积极探索集体所有制经济的有效实现形式，2017 年 7 月 1 日成立村级经济组织金岭人民公司，村"两委"班子成员为公司管理人员，全体村民为公司股东，组建六个经营实体，即：旅游发展公司、商贸服务公司、景区服务公司、种植合作社、林果养殖合作社、劳务合作社。采取党组织领导下的"人民公司＋合作社＋农户"的机制运营，通过资金统一管理、集体"三资"入股、集体股份让利于民等方式推动资源变资产、资金变股金、农民变股东。目前，金岭在家 352 户 1320 人中，除 85 名智力障碍及丧失劳动力的村民外，其余 1235 名村民中，进入公司上班 48 人，合作社网络服务 1187 人，初步实现"应入尽人"目标。人民公司的股权由全体村民共同所有，由村集体代为持有和运营管理，集体经济收益坚持效率优先、兼顾公平的原则，实行"3+1"（即按股分红、按劳分配、按业绩取酬＋精准扶贫）的分配模式，鼓励多劳多得，发挥正向激励作用。2017 年，村集体实现营收 215 万元，经过村民代表大会集体讨论，由村"两委"制定了分配方案，决定将公司收益的 25% 用于建档立卡贫困户的托底保障，确保贫困户收入高于贫困线，不低于常住居民人均可支配收入；25% 用于扶持建档立卡贫困户之外的农户发展产业及合作社经营；50% 作为村集体留存发展基金，用于人民公司可持续发展和村级公益事业，改善群众生产生活条件。在普惠分配中，除一次为全体村民购买医保福利外，还对五保、失独、重病等特殊困难群体和全村 14 岁以下少年儿童、80 岁以上老人、在读大学生给予重点关照，共发放分红资金 23.5 万元。通过完善利益分配机制，确保全体村民共享集体经济发展的红利。高质量规划建造党员群众服务中心，改善村小学教学条件，免除义务教育阶段学杂费，对考取大中专院校的学生予以奖励；完善村卫生室医疗设施，组织村民全员加入"新农合"，为贫困群众统一购买医疗保险。

（四）智志双扶，以文化人

坚持扶贫同扶志、扶智相结合，强化脱贫光荣导向，着力培养贫困群众自主脱贫致富的意识，不断提高贫困人口自我发展能力。一是突出文化引领，开展"两扶"教育。弘扬"中原突围"精神，传承"颜氏家训"文化，举办金岭"农民夜校"，加强贫困群众思想、文化、道德、法律、感恩教育。充分挖掘地域文化，建设孝文化长廊、颜氏先贤名人堂，在颜回书院展示《颜氏家训》经典名句，发挥好优秀传统文化的道德教化作用。定期组织文艺演出，运用群众喜闻乐见的广播、电影和说唱、大鼓、皮影戏等方式宣传党的政策，弘扬社会主义核心价值观，培育自尊、自爱、自强精神，重塑村民文化自信。二是实施积分激励，鼓励自力更生。创建金岭"正气银行"，积极探索"积分改变习惯、勤劳改变生活"的扶贫助困模式。争取百步亭社区支持援建金岭"爱心超市"，鼓励群众自觉参与公益劳动，每月集中评定积分和兑换物资。通过以表现换积分、以积分换物品的自助式帮扶方式，引导广大群众树立自力更生、艰苦奋斗的观念，激发主动发展生产、传承优秀家风、建设美好家园的"精气神"，杜绝"花钱养懒汉"。三是树立宣传典型，示范带动贫困群众。坚持自治、法治、德治相结合，大力开展移风易俗活动，评选"十星级文明户""最美金岭"系列典型，宣扬自主脱贫标兵，用身边人身边事教育引导贫困群众弘扬传统美德、树立文明新风，营造"要幸福就要奋斗"的鲜明导向。

（五）全域景化，以景养人

在省委组织部驻村工作队的支持协调下，利用定点帮扶、对口帮扶、区域协作、城乡结对共建等多种渠道，积极争取资金项目扶持，解决制约金岭村经济社会发展的重点难点问题。一是全面改造基础设施。全域实施国土整治项目，加强农田水利基本建设，共改造低产田和撂荒地1200多亩，平整林特基地3000多亩，清淤河道4.8公里；全面整修沟渠、塘堰，在"当家田"和果园茶园铺设灌溉设施，大力推广生态农业、精品农业；启动水体综合治理和水污染防治工程，建成自来水厂2座，污水处理厂3座，人畜饮水安全得到保障；兴建100千瓦光伏发电站2座，完成13个自然湾电网改造；在基本实现"组组通"的基础上，硬化自然湾公路5公里，建成高标准景观绿道2.5公里、休闲步道10公里，夯实了全域景化的根基。二是专项整治村湾环境。实施"绿化、美化、净化"村湾整治行动，组织群众植树造林，绿化荒山7050亩，栽种湿地松等速生林80多万株，发展桃、李、杏、茶、山桐子、蕲艾等经济林木3000多亩。在公路、河流两旁和核心景区，农民在房前屋后种花植树，栽种各类花木18000余株；坚守鄂北风格，改造36户农户房屋立面，美化亮化道路沿线景观；推进"厕所革命"，拆除公共露天厕所，高标准建设旅游公厕，引导农家乐、家庭旅馆改造旱厕；建立公共卫生和农户个人"门前三包"相结合的保洁机制，对景区生活污水、生活垃圾集中分类处理，彻底改变过去"垃圾靠风刮、污水靠蒸发"的脏乱差状况。三是拓展综合功能配套。金岭村加速相关设施配套，已基本形成"一心三区"的总体格局——以颜回书院为主体，建成书院酒店、农家厨房、新时代农民讲习所、汉绣工作室等配套设施，形成了集民俗展示、国学研习、耕读传承等传统文化与现代文明相互交融的文化体验区；以黄金沟喜宴大世界为载体，打造前店后厂式手工作坊，承办各类喜庆活动和会议培训，形成了集农事体验、手工制作、特色美食和农产品销售于一体的农耕文明体验区；以观星谷汽车露营为主题，建成磨子山居酒店、岭上人家酒店、房车酒店、山谷帐篷等配套设施，打造集乡愁记忆、休闲娱乐、亲子互动、拓展训练于一体的运动休闲体验区；以乌桕广场为核心，建成了乡村大舞台、游客接待中心、农产品展销中心、电子商务服务站和村民自主经营的"农家乐一条街"，成为观新公路沿线重要的客流物流聚集区。

三　成　效

2016年，金岭村脱贫出列，短短几年的时间，金岭村由重点贫困村变为脱贫攻坚、美丽乡村建设的样板。截至2018年年底，金岭村盘活村集体资产4000多万元，集体经济收入达到520万元；村民人均可支配收入从2015年的7120元增加到11375元；贫困户人均纯收入由2015年的2180元增加到4632元；贫困发生率由2015年的21.2%降至不足1%；村里90%的党员回村领办项目、创新创业，400多名外出务工人员回村发展，党组织的凝聚力向心力显著增强。

金陵村脱贫攻坚之路得到社会各界的高度关注。湖北省委书记蒋超良同志、省委常委、常务副省长黄楚平同志等省领导给予了高度肯定。全国50多家媒体宣传推介"金岭经验"，先后有300多批次近万人到金岭参观考察或学习培训，金岭村的示范引领效应正日益显现。

四　思考与启示

（一）建好一个支部是保障

金岭村"人民公司"通过党组织领导下的股份合作和自主经营，把群众有效组织起来，奋力决战脱贫攻坚和致富奔小康，使经济社会在短期内发生了很大变化，巩固了党在农村的执政根基。这些成绩是在党组织的坚强领导下取得的。实践证明，农村要想富，选好党支部；农村要脱贫，党建要先行。

（二）稳住一批能人是关键

金岭村感召回乡的乡贤能人有的担任村党支部书记，有的进入"人民公司"带领村民孵化项目、开拓市场、创办企业，在推动乡村"五个振兴"和发展村集体经济中发挥了至关重要的作用。引得进、用得好、稳得住一批能人是乡村振兴的关键。因此，要进一步加大市场和政策吸引外出能人返乡创新创业的力度，注重新型经营主体及其人才的作用发挥，提高各类人才的政治经济待遇，充分发挥乡村各类人才的作用。

（三）建立一套制度是基础

金岭村"人民公司"的章程，金岭村制定的村规民约，以及在此之上的各类法律法规和规定，形成了较为完备的"规矩"约束，为乡村社会开出了"负面清单"，划定了行为底线。法人治理同乡村治理交叉并存、共同发挥作用，村级管理者和企业管理者兼职的情况现阶段还比较普遍，在这种体制格局下，注重在章程、规定等方面加强防范道德风险和制度风险是必要的，也是值得提倡的。

（四）搭建一个平台是重点

金岭村"人民公司"已经成为一个汇聚各方力量、协调各类资源、管理产业发展的重要平台。实践证明，坚持以人民为中心的发展理念，走党组织领导下的"人民公司＋合作社＋基地＋农户"的发展路径是符合实际的，是正确的。要进一步创新体制机制，健全企业制度，优化发展环境；要进一步发挥市场配置资源的决定性作用，盘活闲置资产，释放要素活力；要进一步探索发展集体经济的多种实现形式，不断提高公共服务和社会保障水平，确保发展成果更多更公平惠及广大农民。

编写执笔：张沈阳、魏长仙

课题组成员：戴辉、吕洁、李薇、尹薇虹、吴洪、

陈洁恒、徐宏宁、曾翔、董超、孙稳

案例9　因地制宜因户施策　让扶贫更精准

——辽宁省建昌县综合施策精准扶贫

地处辽西丘陵地区的葫芦岛市建昌县是辽宁省15个省级扶贫开发工作重点县之一，63万人口中有53万是农村人口，贫困人口达7万多。自开展脱贫攻坚以来，建昌县委、县政府带领全县群众不断创新扶贫开发工作模式，在"精准"上发力，因户施策，因人施策，分类攻坚，探索出可复制可推广的"建昌脱贫攻坚模式"，脱贫攻坚工作取得重大成效。

一　背　景

辽宁省葫芦岛市建昌县位于辽宁、河北两省和葫芦岛、秦皇岛、朝阳三市交界处的辽西丘陵地区，七山一水二分田，总面积3195平方公里，辖28个乡镇、276个村，1923个自然屯，总人口约63万，其中农业人口53万，是典型的农业大县。由于受历史、区位、资源、气候等因素的制约和影响，建昌县县域经济发展水平相对较低。

1986年，建昌县被国务院确定为国家级贫困县，历任辽宁省委书记相继重点帮扶过建昌县。在辽宁省委、省政府的大力支持下，建昌县于1998年成立了扶贫工作领导小组办公室，制定出了一系列扶贫开发方案，取得很大成效，截至2014年，农村居民人均纯收入从1615元上升到9424元，贫困人口下降50%以上。同时，辽宁省省直单位及葫芦岛市各定点帮扶单位齐伸援手，在政策、项目、资金、人才等方面鼎力相助，为建昌县脱贫攻坚做出了重要贡献。

虽然从1998年开始的建昌县扶贫工作取得了很大进展，但是因为底子薄贫困人口多，至2014年，贫困人口数量仍是辽宁省40多个县区最多的深度贫困县，被辽宁省委、省政府列为辽宁省 15 个省级扶贫开发工作重点县之一。2015 年年初，通过"建档立卡回头看"，最终精准识别出 126 个重点贫困村，共 76135 人，贫困发生率超过了 10%，是全国贫困发生率平均水平的 2 倍多，扶贫脱贫任务十分繁重。

二　做　法

2015 年，建昌县吹响了精准扶贫、精准脱贫攻坚战的号角，在中央和省、市政府指导下，建昌县不断加大扶贫攻坚的力度，把脱贫攻坚作为"一号工程"和首要任务，本着"因地制宜，因户施策，精准扶贫"的原则，积极探索适合自身特点的扶贫措施。

建昌县在精准识别的基础上，把现有 7 万多农村贫困群众按照劳动力水平分为强劳动力户、弱劳动力户、无劳动力户三种贫困类型，根据这三种不同类型分别采取"小额贷款＋到户脱贫项目＋强劳动力户"、"强党支部＋脱贫合作社＋弱劳动力户"、"县光伏公司＋光伏扶贫项目＋无劳动力户"这三种扶贫脱贫模式，目前这三种模式已经在全县进行推广，并初步形成可复制可推广的"建昌模式"，得到国家和省、市的充分肯定。

（一）"小额贷款＋到户脱贫项目＋强劳动力户"金融扶贫脱贫模式

金融扶贫，是建昌县脱贫攻坚工作中的一大亮点和特色。多年来，建昌县探索出了"金融贷款＋强劳动能力建档立卡贫困户"的精准脱贫模式。以农村金融体系为支撑，以扶贫小额贷款为载体，以金融部门支农贷款和扶贫贴息为杠杆，以防范风险为前提，建立了财政扶贫资金、金融信贷资金与贫困户生产经营相结合的有效方式，带动建档立卡的 2 万多贫困户找到了多种致富门路，由此引发了一场山乡巨变。通过到户扶贫资金撬动金融部门贴息贷款，为有劳动能力的建档立卡贫困户每户贷款 3 万—5 万元，支持他们自己发展适宜的种植业、养殖业等脱贫项目。早在 2010 年 3 月，建昌县扶贫开发办公室就成立了小额信贷进村入户"农户自立服务中心"，专门从事小额信贷业务，为农村贫困百姓提供有偿金融服务。截至 2014 年 3 月，服务中心向全县范围内 28 个乡镇的贫困农户累计发放小额扶贫贷款 1.218 亿元。2015 年 6 月，建昌县又出台了《金融支持精准扶贫工作实施方案》，明确采取自愿公平公正的原则，充分尊重建档立卡贫困户意愿，对有融资需求的建档立卡贫困户及带动能力强的扶贫龙头企业（农业合作社、种养大户），给予优先贷款。通过整合打包，建昌县与信用联社、农业银行、邮储银行等金融部门合作，采取由政府用扶贫资金设立"政府增信扶贫惠农贷款风险补偿基金"的办法，撬动各家银行按照放大 10 倍的金额，投放小额贷款。在建昌县扶贫开发办公室与农业银行建昌支行的《合作协议》中，建昌县扶贫办就出资 500 万元作为银行给贫困户贷款的"风险补偿金"，直接撬动银行 5000 万元贷款。从 2015 年底到 2018 年，建昌县已经撬动金融扶贫资金近 5 亿元。用扶贫资金撬动金融资本，改变过去的大水漫灌为精准滴灌，让贫困户自己劳动创收，把输血式的扶贫变成造血式的扶贫。

（二）"强党支部 + 脱贫合作社 + 弱劳动力户"农业产业化扶贫脱贫模式

"给钱，给物，不如给个好支部"。近年来，建昌县委通过抓党建兴扶贫，指导 21 个村党组织成立特殊专业合作社 22 个，探索出"强党支部 + 脱贫合作社 + 弱劳动力"模式，成为"建昌脱贫攻坚模式"最为闪光的亮点，也是近期最具有推广价值，远期最具有发展前途的脱贫致富模式。建昌县农户有养驴的习惯。驴肉细嫩味美，素有"天上龙肉，地上驴肉"的美称，颇受市场和消费者青睐。建昌县黑山科乡杨树底下村富民养驴合作社，就属于村集体控股，专门为贫困户脱贫成立的合作社。据了解，该项目总投资 400 万元、占地 18 亩，其中杨树底下村党支部以省扶持村级集体经济发展财政奖补资金为主投入 200 万元，占股 66.7%；首批入社建档立卡贫困户 33 户 86 人，以信贷资金方式投入 100 万元，占股 33.3%，2017 年村党支部以信贷资金方式追加投资 100 万元。目前，合作社存栏驴 210 头，其中种公驴 3 头、育肥驴 91 头、繁育母驴 116 头。该合作社以股份分红及效益分红两种形式进行经济效益分配。股份分红即入股 1 万元年底分红 1000 元，每户建档立卡贫困户每年可获得收益 3000 元。效益分红则是合作社按期足额归还贷款本金、利息及上级扶持资金后，以纯利润计算，50%用于扩大再生产，50%以原始股份份额为基础进行效益分配。如此一来，保证贫困户均能获得不错的收益，帮助其脱贫。2017年5月，该村级合作社已出栏肥驴62头，实现纯利润7.9万元，平均每头利润1275元。按照这个良好势头，到了年底，入股的33个贫困户每户将得到4000元左右的收入。从寻找脱贫项目、争取资金、办贷款、成立合作社、建驴舍、找销路，杨树底下村脱贫的大小事情，都是村党支部书记董秀森在张罗。养驴项目风险小、投资少、见效快，不仅是短期脱贫项目，更是长期致富项目，建昌县已大力推广这一农业产业化项目。

（三）"县光伏公司＋光伏扶贫项目＋无劳动力户"光伏扶贫脱贫模式

房顶上亮闪闪的太阳能光伏板，也是扶贫脱贫的中坚力量。光伏扶贫让阳光洒向了建昌县的每一个贫困角落。建昌县具有丰富的光伏开发资源，目前国内最大上市发电公司华能集团已在建昌县巴什罕村落脚。爬上山顶，映入眼帘的是漫山遍野的太阳能电池板。2016年4月，建昌县与华能国际电力股份有限公司签订战略合作框架协议，建设3个光伏扶贫电站，总装机容量55兆瓦，分别是巴什罕光伏电站20兆瓦一期、20兆瓦二期和小德营子15兆瓦光伏电站。继2017年6月28日小德营子光伏电站成功并网发电后，6月29日巴什罕光伏电站一期、二期发电项目同时并网发电成功。至此，建昌县已有140公顷荒山变成了脱贫致富的"金矿"。这三期光伏电站建成后的维护人员，就近解决了300多贫困户的就业问题，使他们一举永久脱贫。到2017年年底，建昌县入户式光伏扶贫已达到4500多户。一家无劳动力贫困户安置3150瓦的太阳能光伏板，每年收入在3000元左右，每年还去贷款本金，利息由政府贴息，每年纯收入在2000—2500元左右，再加上国家低保生活保障金，脱贫问题就解决了。

除此之外，县里还将建村集体经济电站，在每个村投入专项扶持资金30万元，届时每年每个村将得到5万元纯收入。有了这个收入，对于再次返贫的村民，村里自己就能够扶持救济解决。据介绍，仅巴什罕光伏电站的年平均发电量就达5344.36万千瓦时，年平均利用1214小时，年利润达4703万元。

建昌县作为一个省级扶贫开发工作重点县，扶贫脱贫攻坚工作远远不只做了上述三项工作，他们还创造了"政府＋知名大型企业集团＋青年劳动力就业培训"教育扶贫脱贫模式、"驻村工作队＋扶贫龙头企业＋贫困村"定点帮扶扶贫脱贫模式、"村民自愿＋政府引导＋多方筹资"移民扶贫等多种扶贫脱贫工作模式，还在2016年7月启动了建设"建昌古城文化旅游"精准扶贫项目，多措并举、综合施策攻坚脱贫。

三　成　效

自2015年打响精准扶贫、精准脱贫攻坚战以来，建昌县围绕党中央"四个切实、六个精准、五个一批"要求，推动脱贫攻坚工作连战告捷，超额完成脱贫攻坚任务。经过全县上下的不懈努力，截至2018年5月，已累计减贫50858人，减贫幅度达到66.8%，脱贫攻坚工作迈出坚实步伐。其中，2016年，全县完成17422人脱贫任务，重点贫困村由126个减少到89个，脱贫人口数占贫困人口总数的22%，全县28个乡镇均超额完成制定的脱贫任务计划。2017年，全县整体脱贫的贫困村有37个，脱贫人口约1.45万人。通过多方实践证明，该县探索的具有建昌特色的脱贫攻坚模式也取得成功。

（一）"小额贷款＋到户脱贫项目＋强劳动力户"的金融扶贫脱贫模式可复制可推广

金融扶贫使有劳动力的贫困户脱贫内生动力不断增强。自2016年开始，该县撬动农村信用社、农业银行、邮储银行、恒昌村镇银行等多个金融部门贴息贷款，在10个乡镇成立了扶贫专业合作社，累计发放互助金438.5万元，落实杂粮种植、牛驴养殖等精准到户项目10776个，基本实现了贫困家庭户户都有精准的脱贫项目做支撑。

（二）"强党支部＋脱贫合作社＋弱劳动力户"精准脱贫模式也可复制可推广

通过黑山科乡杨树底下村、梁杖子村、石佛乡梅杖子等村的实践证明，该模式已在全县各贫困村进行推广，并得到了国家和省、市领导的充分肯定，阜新、朝阳等市相继到建昌借鉴学习。

（三）光伏扶贫取得重大进展

建昌县被国家能源局、国务院扶贫办正式列入第一批光伏扶贫项目名单。2016年全县完成光伏发电项目土建工程1001户，石佛乡梅杖子村已经率先实现并网发电；农发行光伏扶贫贷款完成审批2亿元，按照资本金比例已发放3740万元。

四 思考与启示

从1998年到2013年，建昌县的扶贫开发工作虽然取得了一定进展，但是成效不够显著，脱贫速度较慢。那么，建昌县为什么能在短短的3年时间内脱贫攻坚取得重大突破呢？

（一）打赢脱贫攻坚战必须建强社会主义新农村党支部

"建昌脱贫攻坚模式"取得初步成功的重要一环是抓党建促扶贫。这说明，只要发挥我党的组织优势，把精准扶贫精准脱贫与农村基层党建工作深度融合，按照"抓好党建促扶贫、融入扶贫抓党建"的思路，通过健全组织体系、建强骨干队伍、完善制度机制，全面强化农村基层党组织的战斗堡垒作用，就可以为农民脱贫致富提供坚强的组织保证。一是健全组织体系，建强支部引领精准扶贫。建昌县的事实表明，哪个村的支部强，农民脱贫就快，集体经济发展就有好势头。要适应农村综合改革和农村新型合作社经济结构、产业布局调整等新情况新变化，按照便于开展活动、发挥作用的原则，创新农村基层党组织设置方式。可以打破按行政村设置党组织的单一模式，依托各种特色产业，以党员致富带头人为骨干，把支部建在产业基地、产业协会、专业合作社和农产品加工企业上，推行支部＋合作社（基地）＋农户"三位一体"党建促发展模式，充分发挥党组织和党员致富能人在产业发展中引领示范作用，切实推动农村产业发展、农民增收。二是建设骨干队伍，发挥作用带动精准扶贫。打赢脱贫攻坚战，素质过硬的村级带头人队伍是关键。要打好优选、优育、严管三套"组合拳"，采取"征、引、召、推、派"等多种方式，拓宽渠道选人才，选拔村"两委"主要负责人。还要建立分级负责、分类施教、全员培训的村级干部教育培训机制，实施农村党员干部学历教育工程，不断提升村干部领富带富、依法办事和促进和谐的能力。三是完善制度机制，民主管理保障精准扶贫。精准扶贫是一项系统的民生工程，各项惠农、扶贫政策的落实，都需要健全的村级民主决策和管理制度来保障。要从理顺村级领导体制，健全决策机制和监督机制入手，大力推行村"两委"联席会议制度和"四议两公开"工作法，细化明确村民监督委员会的监督重点、权限程序、工作方法以及村务公开的具体内容、范围方式等，不断提高村级组织民主管理和依法办事水平。

（二）乡村弱无劳动力户建立脱贫专业合作社要科学规划、因地制宜

发挥农业产业化扶贫的带动效益，实现定向"滴灌"，就要坚持因地制宜、精准施策并兼顾长远。一是要抓好农业产业化规划引导。要充分考虑市场因素，结合当地水、土、气候、劳动力和人才优势以及群众传统种养能力和习惯，有针对性地引导和帮扶贫困群众规模发展适合当地实际、周期短、效益高的产业。二是要创新农业产业化扶贫模式。将发展前景好、风险较小、效益明显的产业项目纳入脱贫创业"孵化库"，让贫困户择优选择，并采取直接帮扶、委托帮扶和股份合作等办法，实现贫困户与产业项目、新型农业经营组织的精准对接。三是要指导农户合理选择产业项目。项目对了头，发展才有奔头，脱贫才有准头。在产业选项上，要结合乡村实际情况，量体裁衣。比如，处于山上交通不便的农村，可以开办发展中药材种植加工、荒山绿化、农家乐旅游、土特产种植和劳务输出等；处于山下交通便利的农村，可以发展经济林规模化种植、规模化牲畜养殖、电商经营、农贸市场、手工加工等。四是要组织好合作社的日

常运营管理。组织农户按照相关标准搞好产品的产前、产中、产后一条龙服务，促进市场发育完善和产业链的成熟。在合作社的收益分配上，监督企业、村集体和农户按照契约化、合同化管理商定比例，合法合理分配利益。五是要注重以点带面，引导推广。在推行过程中，可以选取不同类型的乡村先建示范点，以点带面，有序推行。在选建示范点时，主要是选好有头脑、有精力、有闯劲的优秀村党支部书记，让他们组织村民第一个"吃螃蟹"，尝到甜头，总结经验，不断改进，再适情推广。

（三）发展农村新型集体经济要牢固树立市场导向的理念

这些年，党中央先后出台了《农民专业合作社法》《农民专业合作社税收减免政策》，充分体现了对发展农村新型集体经济的高度重视。在坚持"所有权、承包权、经营权"三权明晰、权责明确的基础上，发展农村新型集体经济，要以市场需求为导向，以效益为中心，立足农村、用好资源、依法经营，宜农则农、宜林则林、宜殖则殖、宜工则工，各打各的优势仗，各走各的致富路，各有侧重，综合发展。在发展体制上，立足于完善企业、村集体（合作社）、农户三层经营体制，积极发展效益农业，推进农业产业化经营，促进农民增收脱贫致富。在发展方向上，坚持以服务农民为根本，充分利用金融资本和产业资本的杠杆作用，自主经营、滚动发展，不断促进农村集体经济保值增值，持续提升农户的可支配收入。在发展格局上，坚持集体经济和多种所有制经济共同发展，民主监督、科学管理，促进强村与富民有机结合。在发展空间上，有条件的可融入区域经济体系，推动城乡联动、外向发展。在发展方式上，因村因户制宜，多业并举、自力更生、动力内生、自主发展。建昌县巴什罕村的"汇源万亩扶贫桃园"就是由北京汇源集团投资兴建的。预计总投资 2.8 亿元，规划面积 1 万亩。项目分两期建设，目前一期流转土地 3000 亩，正在栽植桃树苗，管路铺设和电力安装正在进行中。二期计划完成 7000 亩种植面积。项目建成后，将成为东北地区最大的集种植、养殖、加工、生态体验、旅游观光、休闲养生为一体的现代化生态农业示范基地。预计年创造产值 15 亿元，解决 3500 人的就业，在深化新型土地流转制度改革和农业产业化创新发展中起到极大的示范作用。

（四）服务型法治政府是农民实现脱贫致富的重要保障

自 2012 年以来，建昌县委、县政府在中央、省、市三级出台各类扶贫政策法规的基础上，自行制定和细化了《建昌县委关于贯彻落实中央"八项规定""六项禁令"的实施意见》《关于创新机制扎实推进农村扶贫开发工作的实施意见》《建昌县扶贫移民实名制度》《建昌县扶贫项目资金监督管理制度》《建昌县认定扶贫龙头企业办法》《建昌县定点扶贫工作考评方案》《建昌县扶贫政策落实及资金使用情况检查实施方案》《建昌县互助式扶贫试点工作实施方案》《建昌县乡镇成立扶贫办及配备专兼职扶贫干部办法》《建昌县金融支持精准扶贫工作实施方案》《建昌县扶贫龙头企业贷款贴息资金管理办法》《建昌县扶贫开发工作一把手责任制度》《贫困劳动力技能培训工作管理制度》等 10 多项服务农村经济发展的制度和措施，有效促进了扶贫开发工作。

在促进县域经济发展和新农村建设的过程中，建昌县还提供了多项综合服务。比如，组织兴修道路、电力、水利、信息等基础设施，通车通水通电，通网通话通视。农业、防疫、气象等部门，做好防涝抗旱、防虫防害防灾等服务指导工作。力图打造肉驴"产学研"深度发展产业链，组织好农村劳动力培训，定期邀请专业技术人员入户传授技能。工商部门指导统一注册商标，进行产品包装，创制品牌，帮助打开市场销路。金融部门提供金融服务，法律部门提供法律咨询、维权服务等等。

编写执笔：杨帆、胡静

第二篇　特色产业增收脱贫

扶贫不是慈善救济，而是要引导和支持所有有劳动能力的人，依靠自己的双手开创美好明天。对贫困人口中有劳动能力、有耕地或其他资源，但缺资金、缺产业、缺技能的，要立足当地资源，宜农则农、宜林则林、宜牧则牧、宜商则商、宜游则游，通过扶持发展特色产业，实现就地脱贫。

——习近平在中央扶贫开发工作会议上的讲话

（2015 年 11 月 27 日）

案例10　小香菇撑起产业扶贫一片天

——河北省阜平县食用菌产业扶贫

2012年12月29日、30日，习近平总书记到河北省阜平县考察扶贫开发工作，指出："全面建成小康社会，最艰巨最繁重的任务在农村、特别是在贫困地区。没有农村的小康，特别是没有贫困地区的小康，就没有全面建成小康社会。"① 总书记的谆谆教导激励着阜平县广大干部群众齐心协力、奋力拼搏，决心在脱贫攻坚战中撸起袖子加油干，蹚出一条符合阜平实际的脱贫致富路子。

一　背　景

河北省保定市阜平县，著名的革命老区，抗日战争时期晋察冀边区政府所在地。全县辖5镇8乡、209个行政村，人口22.8万。阜平县是国家扶贫开发工作重点县、燕山—太行山片区特困县。2013年农民人均纯收入3913元，仅为全国平均水平的44%。2014年有建档立卡贫困户4.4万户、贫困人口10.81万人，贫困发生率高达54.4%；建档立卡贫困村164个，占全县行政村总数的78.5%。脱贫攻坚任务相当繁重。

"只要有信心，黄土变成金。"这是习总书记在阜平县骆驼湾村考察扶贫开发工作时提出的殷切希望。2013年，在国务院扶贫开发领导小组办公室指导下，阜平县编制了《燕山—太行山片区阜平县区域发展与扶贫攻坚实施规划》，立足县情确定了"三年大见成效、五年稳定脱贫、八年建成小康"的奋斗目标。一场声势浩大的脱贫攻坚战正式打响。

---

① 中共中央党史和文献研究院编：《习近平扶贫论述摘编》，中央文献出版社2018年版，第4页。

实现贫困人口精准脱贫、稳定脱贫，必须要有确保稳定增收的扶贫产业。从 2015 年开始，阜平县把食用菌产业作为最重要的支柱产业来培育。经过三年的努力，小香菇撑起了阜平县产业扶贫一片天，成为带动贫困人口脱贫的一项重要收入来源。2017 年，全县优质食用菌生产基地面积达到 3.2 万亩，实现产值 28.8 亿元，增收 9.6 亿元。

二 做 法

阜平县委、县政府对本县的气候、环境、地理位置及劳动力现状等进行综合分析论证后，将食用菌产业列为"三年脱贫、五年致富、八年小康"的重要产业支撑，重点打造、重点扶持、重点推进。

（一）科学谋划产业布局

阜平县依托本县的自然生态条件和适宜气候，结合贫困人口多的现实情况，分析食用菌发展前景和市场需求，制定了以发展食用菌产业为重点的扶贫产业发展规划。建立"六位一体"（政府＋金融＋科研＋企业＋园区＋农户）的产业发展组织机制；推行"六统一分"（统一棚室、品种、菌棒、技术、品牌、销售，农户分户经营）的菌菇产业管理经营模式；形成"政府规划设计、金融机构贷款支持、科研院所引进技术、龙头企业统一产销管理、贫困户在园区集中种植"的一条龙"产业联盟"。

（二）加大政策扶持力度

阜平县出台了《关于食用菌产业发展的若干扶持政策（试行）》，加大政策扶持力度。一是金融保障。由政府建立风险基金，贫困户无须抵押即可获得 5 万元扶贫贴息贷款，解决贫困户后顾之忧。二是基地建设扶持。对农户参与率达到 80% 以上且流转土地超过 100 亩的香菇生产基地，给予水、电、路等基础设施配套。三是生产补贴。政府对小拱棚给予每平方米 1 元的补贴；对砖混、钢筋结构，配备棉被、卷帘机或岩棉及提温设备自动化程度较高的设施暖棚，给予每平方米 20 元的补贴。四是财政融资支持。对年设计生产能力在 1500 万棒以上的菌棒加工厂且日生产 5 万棒以上，政府给予全部资金投入的 40% 的财政性资金融资支持，这些财政性资金所形成的经营性资产，折股量化到贫困村、贫困户。五是保鲜库补贴。对年内基地内新建砖混、钢筋结构标准化冷库给予每平方米 150 元的补贴。六是菌棒补贴。2016 年 8 月 31 日之前生产的菌棒给予 0.5 元 / 棒的补贴，2016 年 9 月 1 日至 2017 年 8 月 31 日的给予 0.4 元 / 棒的补贴，2017 年 9 月 1 日至 2017 年 12 月 31 日的给予 0.3 元 / 棒的补贴。

（三）聘请专家技术指导

为降低技术风险，阜平县聘请 10 位省内外知名专家成立食用菌产业专家委员会，负责规划制定、培训指导、关键技术支持等工作。对于一期栽培规模 100 万棒左右的园区，政府出资聘请技术员，通过培训、考核、试用正式上岗，负责逐棚逐户、手把手地教菇农栽培管理。县财政出资 2000 万元设立科研基金，并每年拿出财政收入的 1% 用来充实科研基金。县里筹备成立了太行山食用菌研究院，聘请全国范围内具有深厚理论基础和丰富实践经验的优秀专家担任研究员，从设施设备、精深加工、栽培基料、栽培技术、菌种选育、文化餐饮等六个方面，研究开发和引进推广一流的创新技术，培养当地技术人员，支撑引领全县食用菌产业创新发展。

（四）发挥龙头企业作用

经过多方考察，阜平县从北京等地引进了 10 家具有较强经济技术实力和市场开拓能力的菌种繁育、生产加工龙头企业，为阜平食用菌产业发展提供了市场保障和技术支撑。一条由农户负责食用菌生产、龙头企业负责菌棒生产和产品销售、科研院所提供种植模式和技术指导的食用菌产业链，联通了从生产到销售的各个环节。到 2017 年年底，阜平县建成高端大棚 6300 亩。贫困户承包 1 个棚可放置菌棒约 3 万个，单棚收入 6 万元。

（五）发展电商拓宽销路

为拓宽食用菌产品销售渠道，阜平县投资兴建了电商创业园，积极推行"互联网＋特色农产品"农村电商产业模式。目前，阿里巴巴集团与创业园达成合作，建成了淘宝"特色中国·阜平馆"——河北省首家"O2O"农村电子商务体验馆。同时还与京东集团进行合作，建立了京东服务中心，共同促进物美价廉的特色农产品下乡。

三　成　效

到 2017 年，阜平县食用菌产业覆盖了 13 个乡镇、96 个行政村，建成百亩以上园区 54 个，出菇棚 4000 余栋，培育了 8 家龙头企业，辐射带动了农户 8650 余户，其中贫困户 3200 户，实现户均增收 2 万元以上。优质食用菌生产基地面积达到 3.2 万亩，生产总值达到 28.8 亿元，食用菌产业增收 9.6 亿元。以顾家台村为例，仅 2016 年，该村农户依靠食用菌产业户均增收六七千元，村里的贫困户由 68 户减少至 5 户。

在食用菌产业带动下，经过几年的脱贫攻坚，阜平县农村贫困人口从 2014 年年初的 10.81 万人下降到 2017 年的 2.66 万人，贫困发生率由 54.4% 下降到 13.8%。其中，习近平总书记考察过的龙泉关镇骆驼湾村、顾家台村人均收入分别为 4600 元、5000 元，在当年 950 元、980 元的基础上翻了两番多[1]。

四　思考与启示

以前阜平人民对于香菇种植，可以说是"想种不敢种，种了怕亏损"。现在不光种了，而且还成了脱贫致富的门道，其奥秘到底是什么？关键在于，阜平县的干部群众时时刻刻把总书记的嘱托牢记在心中、落实在行动上。在食用

---

[1] 胡印斌等：《阜平之变：积极践行总书记的嘱托》，长城网，2018年10月8日。

菌产业发展过程中，阜平县的干部群众不盲从、不守旧，吸取其他地区食用菌产业发展的经验教训，走出了一条适合阜平实际的发展之路。

（一）探索适宜的经营模式

针对在主产期菌菇种类较多，价格较低的问题，阜平县采用避开主产期的做法，以科技为支撑，着力在非主产期生产菌菇，错季生产，增加收入。针对菌菇生产企业和产品众多的问题，阜平县充分利用良好的菌菇生产生态环境，打造品牌效应，把生产高档优质菌菇作为重点，供应大中城市和高收入群体消费，提高单位产品价值。针对食用菌主产区分散栽培或企业独立经营，没有充分发挥企业和农户优势的问题，阜平县采用"六位一体、六统一分"模式，提高了产业的专业化、标准化、集约化水平。

（二）打造完整的产业链条

在种植方面，有强大的专家团队，通过开展多层次、全方位的培训提高菇农素质；通过依托省内科研力量加强栽培技术和深加工技术研发，为产业发展提供技术支撑，带动食用菌产业提档升级。通过产业龙头企业的引领带动，充分调动农户参与产业发展的积极性，解决了与市场的对接问题，保障了农民的切身利益。在销售方面，农村电子商务拓宽了食用菌销售渠道，让种植户无后顾之忧，从而形成了产加销一条龙的产业链条。

（三）完善益贫式带动机制

阜平县贫困人口多、发展能力差，普遍担心"技术学不会、出菇卖不掉"的心理。为消除贫困群众的后顾之忧，阜平县逐步探索了几种带贫方式和利益联结机制。

1.贫困户自主经营机制。通过政策宣传等方式，让一些思想相对开放的贫困户敢于探索，与政府和龙头企业合作，政府给予小额贷款，企业给予技术指导，由贫困户自己进行管理，让农户自己做老板，增强脱贫致富的信心和勇气。

2.企业与贫困户合作生产机制。针对那些思想保守、不敢探索的贫困户，实行企业与农户合作机制：即由企业进行大棚建设，后期成本由企业和贫困户按各自一半进行分担，同时企业还给予贫困户一定的管理费用。贫困户在得到销售分成的同时，还可以用自己的辛勤劳动获得企业提供的管理费用。这种机制收益稳定、风险较小，使思想保守的贫困户解除了后顾之忧，积极参与进来。

3.贫困户劳动力务工就业机制。整个菌菇产业链形成后，企业在菌菇种植、加工、销售等方面需要大量务工人员，通过雇工形式吸纳当地贫困劳动力就业，增加了贫困群众的务工收入。

同时，贫困户的土地租给企业，还可以获得一定的租金，采取资产收益扶贫方式，在一定程度上解决了没有劳动能力贫困户的收入问题。

（四）重视激发内生动力

从阜平县以小香菇撬动大产业的成功案例中，还可以得到一条重要启示，这就是在推进产业扶贫过程中，一定要注重扶贫同扶志、扶智相结合。激发群众内生动力是脱贫攻坚的力量源泉，要通过思想教育和合适的利益联结机制，激励贫困群众的劳动积极性，提升其自我发展能力，着力改变"等靠要"思想，帮助贫困人口牢固树立"好日子要不来、等不来，只能靠双手、靠奋斗才能得来"的观念。这是打赢脱贫攻坚战的关键所在。

编写执笔：刘娟、王群峰、陈鲁莉、王丙龙、曹晓伟

案例11　三大扶贫产业引领脱贫奔小康

——河北省张北县德胜村产业扶贫

2017年1月24日，丁酉年春节来临前，习近平总书记专程前往河北省张家口市张北县小二台镇德胜村考察脱贫攻坚工作。总书记强调说："打好脱贫攻坚战，是全面建成小康社会的底线任务。做好这项工作，不能眉毛胡子一把抓，而要下好'精准'这盘棋，做到扶贫对象精准、扶贫产业精准、扶贫方式精准、扶贫成效精准。"[①]牢记总书记的殷殷嘱托，近年来，德胜村遵循村情民意，依托资源优势，充分整合各类扶贫要素，大力实施产业扶贫，探索了一条符合本地实际的产业扶贫之路。

一　背　景

张北县是国家扶贫开发工作重点县，也是河北省10个深度贫困县之一。德胜村2013年被确定为贫困村，全村共413户1176人，其中贫困户212户445人，贫困发生率高达37.8%。该村气候干旱，降雨量稀少，自然条件十分恶劣。干旱的土地长不出鲜活的植株，烈日的炙烤养不了肥硕的牛羊，种植业和畜牧业发展十分艰难。在以前，村民种点玉米、莜麦、胡麻，每年收入很低，只有在春节和中秋节才能吃上肉。村里的路是土路，坎坷难行；农民房屋大多年久失修。年轻人基本上都外出打工，留在村里的多为老人，"空心化"严重。

这几年，德胜村充分发挥自身优势，大力推进产业扶贫，给村里的贫困户带来了脱贫致富的希望。54岁的村民徐学海，原本生活环境较好，后因患心脏

[①] 中共中央党史和文献研究院编：《习近平扶贫论述摘编》，中央文献出版社2018年版，第74页。

病做手术，欠下沉重的债务，无法干重体力活。2017年，徐学海通过村合作社承包种植了3个微型马铃薯大棚。据测算，一个大棚大概可以种植7万株微型薯苗，每株苗能长2—3颗薯种，而薯种的价格一般是每颗3毛钱到5毛钱，算下来，一个大棚的保底收入大概在4.5万元左右，除去建设成本和承包费，每年纯收入在2.5万元上下。按这个收入计算，脱贫不成问题。

种植微型薯，是德胜村充分发挥自身优势，以产业扶贫为突破口，致力于给贫困群众培育可持续发展产业的一个缩影。

二 做 法

火车跑得快、全靠车头带。在村党支部书记叶润兵的带领下，德胜村充分发挥党支部的战斗堡垒作用，带领群众因地制宜发展马铃薯育种、光伏发电和民俗旅游三大特色产业，为贫困群众找到了脱贫致富路子。

（一）遍地种上"金蛋蛋"，传统优势产业带动脱贫

马铃薯是德胜村的传统产业。过去的种植都是零散的，家家户户粗放经营，规模小，且收益低，拿出去都是论斤卖。而微型薯虽个头小，价格却不低，在市场上都是按个卖，收益较高。

于是，德胜村在瞄准马铃薯种植优势这个传统产业基础上，推广经济效益较高的微型薯，即无土栽培微型薯育种，集中精力打造马铃薯全产业链，建立"龙头企业＋基地＋村集体经济合作组织＋农户"的扶贫模式。村里建成了先进的栽培网棚，统一技术，统一管理，使薯种品质更好、级别更高。依托大农种业公司和河北农大试验站，投资558.9万元，在徐家营、马鞍架和德胜自然村建成规模达300亩的德胜马铃薯微型薯育种园区，建育种大棚280个，每个占地0.6亩。完成园区内砂石路、配套灌溉及水电设施配套和停车场、观展室和组培室等设施。其中，大棚及相关配套设施属村集体所有，村委会委托合作社统一管理，村民承包自主经营，所得租金用于补偿租赁土地费用以及无能力经营大棚的贫困户。

在推进农产品品牌建设方面，通过注册"德胜"牌马铃薯商标，提高了农产品的市场竞争力和占有率。积极创新营销模式，大力开展"农企对接"，实施"互联网＋农业"工程。德胜村同中国薯网合作，建立了薯网张北＋聚合农业德胜村微型薯栽培基地，组织专家为农户进行培训、指导，推广运用马铃薯种植新技术、方法，提高种植农户的科学种植技术水平。通过与沽源县3个贫困村（东辛营村、五合庄村、羊库伦村）和中国薯网"联姻"，形成"1+3+1"精准帮扶模式，德胜村负责繁育优良薯种，3个贫困村使用德胜村的薯种种植商品薯，中国薯网利用专业平台分别推广、销售德胜村薯种和3个贫困村生产的商品薯。以此形成4村齐抓共赢、共同脱贫致富的良好局面。

（二）敢向太阳要钱花，光伏产业助力脱贫

德胜村全年日照时长达3000多小时，太阳能资源比较丰富，适宜发展光伏发电。德胜村充分利用太阳能资源，推行"光伏产业＋基础农业＋贫困户"的扶贫模式，全力推进乡村光伏扶贫电站实施项目，着力解决脱贫人口的补助和兜底问题。德胜村的光伏发电业实施项目由亿利资源集团投资建设，坚持"政府政策性支持、企业商业化投资、农民市场化参与"的合作机制。总投资约400万元，建设占地面积24亩、装机容量500千瓦光伏电站（100千瓦和400千瓦电站各一座），现已全部并网发电。项目设计年发电量75万度，按目前的上网电价标准，年度总收益预计为81万元，20年可实现效益1365万元。在前期德胜村光伏电站的建设过程中，共有4000多亩土地被流转，村民可从每亩流转的土地中获得每年400元的承包费。建成后，光伏扶贫电站项目资产和收益均经由集体进行分配，优先帮扶重大疾病、重度残疾、无劳动能力人群等深度贫困户，每年人均可增收3000元，实现了产业"兜底"。脱贫户（即人均年收入在3200元附近徘徊的边缘户）每人每年增收1000元。另外，这些收益还被用于为村民提供营养保险和农业保险。

（三）草原天路迎客来，特色旅游引导脱贫

被誉为"中国66号公路"的草原天路，因其壮阔的美景和独特的气候条

件吸引大量京津冀及附近的游客前往。这条路现在正在被积极打造成一条引导村民们脱贫致富的小康之路。德胜村距离张北草原天路15公里，距中都草原10公里，属两者连接线中端，临近草原天路及张库大道遗址，作为旅游集散地地理位置优越。德胜村抢抓张北县国家全域旅游示范县机遇，强化"旅游＋扶贫"理念，把旅游扶贫作为一种最直接、最持续、最生态的发展措施来抓，把发展扶贫产业与绿化、治山、治水结合起来。聘请专业的城市规划设计公司对德胜村美丽乡村建设进行总体设计和科学指导，引进亿利集团投资900万元参与美丽乡村民居改造等重点项目的建设，新建宜居、宜游、宜业的特色民居，同步发展现代观光农业、光伏发电和吃、住、购、娱等乡村旅游服务，全力打造"光伏风情小镇"，让贫困村变成"四季有花开、四季有果摘"的美丽乡村，逐步形成集生态、休闲度假、作物采摘、民俗体验为一体的现代农家旅游格局。在德胜村的示范带动下，目前，草原天路周边已建成农家乐300多家，惠及沿线9个乡镇47个贫困村，人均年增收1万—2万元。

三 成 效

几年来，德胜村紧紧咬定精准两字，下足绣花功夫，通过一系列的产业扶贫行动，实现了农民增收、农业增效、农村增绿，效果显著。

（一）贫困人口大幅减少

经过3年多的精准扶贫工作，截至2017年7月，德胜村198户426人摆脱贫困，贫困发生率由2013年的37.8%下降至1.6%，只剩余贫困户14户19人，其中大部分是基本丧失劳动力或年长的村民，村里光伏项目的收入会划出一块用以补贴给这部分人群。2017年，德胜村村民人均年收入达到6000元以上。

（二）现代农业发展势头向好

德胜村将分散的土地进行科学流转，将低产低效的传统种植进行改造，实现了规模化经营和高效种植。德胜马铃薯微型薯育种园、光伏电站项目建成后，可直接为当地村民增收，还能有效带动旅游、商贸、物流等相关产业发展。项目后续将以专业化合作社和"公司＋基地＋农户"的模式运作，开展产品深加工，可以进一步推进产业化，延伸产业链。

（三）人居环境切实改善

如今的德胜村，庭院干净美化，村民言语文明，呈现出一派文明富裕和谐的新农村气象。下一步，德胜村按照"科学规划布局美、村容整洁环境美、创业增收生活美、乡风文明身心美"的目标要求，规划在马鞍架、徐家村原地上建成可容纳 220 户的德胜新村，倾力打造安居乐业美丽乡村，约占地 440 亩，其中二层小楼 189 套，共 33000 平方米，平房 31 套，3600 平方米；另外还有村委会、幼儿园、幸福院、展览室等公共事业管理占地 80 亩，建筑面积 10500 平方米。

四　思考与启示

为什么"十年九旱"的德胜村能够点石成金，成功脱贫？

德胜村之所以能变不利为有利，短短几年时间就实现了脱贫，就是因为想明白了路子、走对了路子，牢牢抓住了发展产业这个治本之策，真正激发贫困地区和贫困人口的内生动力，变"输血"为"造血"，从根本上挖穷根、堵穷路。主要做到了"三个力"。

（一）精准发力

德胜村根据自身实际，结合当地的传统优势产业和自然资源，精准找到马铃薯种植、光伏发电和特色旅游三个着力点，对症下药，靶向治疗，坚持"人无我有、人有我优"，精准发力，"三驾马车"齐头并进，让扶贫工作达到了事半功倍的效果。

（二）善借外力

德胜村坚持"专业人做专业事"，在微型马铃薯种植和光伏发电发展过程中，积极邀请高校和科研院所的专家教授进行技术指导，定期组织村民开展技能培训，按照科学的方法发展产业，按照市场规律进行产品销售。在美丽乡村建设中，聘请专业的城市规划设计公司进行设计和指导。同时，充分发挥政府引导、组织、服务功能，为三大产业的有序发展提供了强有力的支撑。

（三）形成合力

德胜村有效运用各方面力量，依托龙头企业，引导新型农业经营主体、非公企业、社会组织参与扶贫，与大农种业合作，借助这家龙头企业的市场网络推销德胜村的薯种，还与中国薯网建立了合作基地，引进亿利资源集团投资建设光伏发电项目以及美丽乡村民居改造等重点项目，在大扶贫格局中寻求支持和合作机会，也进一步增强了村民脱贫致富的信心，激发了脱贫致富的内生动力，构建了脱贫攻坚的强大合力。

德胜村根据本村实际情况，综合考虑资源优势、产业基础、市场需要、技术支持等因素，立足资源环境承载能力，因地制宜选准产业，着力扶持马铃薯、光伏和特色旅游三大产业，打好产业组合拳，形成了产业突出、多业并举、各具特色的产业扶贫发展格局。这也启示我们在推进产业扶贫的道路上，要综合分析自身资源情况、贫困户的经营能力和脱贫意愿，遵循市场和产业发展规律，合理确定产业发展方向、重点和规模。在产业发展过程中还要强化企业与农户的利益联结机制，充分调动农户的积极性。同时要注重把技术服务用到产业发展刀刃上，牵住农产品外销的"牛鼻子"，牢固树立"保护生态就是保护生产力、改善生态环境就是发展生产力"的理念，精准发力、善借外力、形成合力，推动产业发展的有效性和可持续性。

编写执笔：刘娟、解晶迪、贲腾、魏晓剑、陈波

案例 12　打造冷凉蔬菜品牌　创新产业扶贫模式

——宁夏回族自治区固原市姚磨村蔬菜种植产业扶贫

宁夏回族自治区固原市原州区彭堡镇姚磨村地处"苦瘠甲天下"的西海固地区，属于深度贫困地区的一个村庄。2009 年以来，姚磨村根据当地高海拔气候条件，以发展冷凉蔬菜种植为支柱产业，建成了几万亩集育苗、生产、加工、试验、示范、冷藏、销售于一体的蔬菜基地，带动辐射周边 10 多个村组共同脱贫致富。2016 年 7 月 18 日，习近平总书记冒雨来到姚磨村视察冷凉蔬菜基地，与当地干部群众共话致富经，留下一段佳话，给姚磨人以巨大鼓舞。

一　背　景

姚磨村是原州区 68 个贫困村之一。全村 3 个居民小组 280 户共 1110 人。其中，建档贫困人口 53 户 118 人，低保对象 42 户 92 人。姚磨村属于黄土高原暖温半干旱气候区，雨量偏少，灾害性天气多，昼夜温差大，冬季漫长寒冷。在实施精准脱贫之前，当地村民也从事蔬菜种植，但因品种落后、种植规模小、缺少技术支持、抗灾能力差等原因，村民们长期挣扎在贫困边缘，只能基本维持温饱。

2002 年，在国家政策的支持下，原州区政府和区农牧局经过反复研究，最终确定在姚磨村进行西芹规模种植试验，获得了巨大成功。当年西芹产量达到了 1 万斤，1 亩地毛收入基本能达到 3000 多元。投入 1000 多元纯收入超过 2000 元，这让整个姚磨村看到了脱贫致富的希望。同时也让当地政府进一步坚定转变思维方式，变气候劣势为资源优势，坚持走发展冷凉蔬菜产业的脱贫致富路子。

二　做　法

自 2009 年开始，姚磨村全村发展冷凉蔬菜种植，积极把冷凉蔬菜种植作为全村主要支柱产业，坚持以市场为导向，以党支部为引领，以科技为支撑，以合作社为依托，以协会为载体，按照规模化、标准化、品牌化、产业化发展思路，全力打造蔬菜种植基地。

（一）政策扶持，提升产业档次

在海拔上千米的高原腹地，"隐藏"着 4 个万亩冷凉蔬菜基地，这 4 个万亩冷凉蔬菜基地是姚磨村村民辛勤苦干、当地党委政府真帮实干、干群共同努力的劳动成果。2013 年，姚磨村建成原州区首个万亩冷凉蔬菜基地，成为姚磨村发展冷凉蔬菜产业的里程碑，从此走上了规模产业之路，一发不可收拾。2014 年至 2015 年，姚磨村通过流转土地的方式，又新建万亩冷凉蔬菜基地 2 个，自此，姚磨村的土地基本全部流转用于蔬菜种植。2016 年，依托姚磨村冷凉蔬菜产业成立的瑞丰合作社，在邻近的曹洼、石碑两个村流转土地 1 万亩，再造 1 个万亩冷凉蔬菜基地，该基地带动辐射周边 10 个村组也投入到发展蔬菜产业的队伍中来。通过这几个示范基地的建设，不仅提高了蔬菜的产品质量，拓宽了蔬菜的销售市场，还增加了产业附加值，大幅提升了产业档次。从播种到育秧，从滴灌技术运用，到智能化生产，全部实行集约化规范化操作。每天多达数十吨的西兰花等各类高品质蔬菜，源源不断运送往北上广及香港等地。

（二）创新模式，提高组织化程度

姚磨村先后成立了蔬菜产业协会和瑞丰蔬菜产销农民专业合作社，建立健全财务管理、盈余返还等制度，实行统一规划、统一管理模式，为种植户提供产前、产中、产后一条龙服务，提高了组织化程度，促进了蔬菜产业规模健康发展。

2016 年，姚磨村还开始实施"土地股份合作社"试点工作，凡是村民以土地入股的区域，全部实行统一标准化采购和作业，不仅节约了种植成本，调配了种植品种，也提高了蔬菜的品质。第一批参股的1600亩土地喜获丰收，而且全部销售一空，这让村民们对种菜致富更有信心了。

（三）强化培训，提高种植水平

姚磨村贫困户周永昌在蔬菜基地边打工边接受培训，现在已经掌握了种菜技术，经营菜地40亩，年收入过10万元，一举脱贫并过上小康生活。像周永昌这样的脱贫农户在姚磨村不算少数，而这些都得益于科协、科技、农牧等部门的技术帮扶。如宁夏农科院农业技术推广总站选派以冯海萍为领队的十几名技术人员在姚磨村实验田长期蹲点进行育种技术帮扶，解决当地种植品种单一的问题。试验田一共选育甘蓝、大蒜等300多个蔬菜品种，这些菜种里每个菜种又分为五六个品种，品种选得好就能产得多销得快。近几年村民们都尝到了科学种菜的甜头，很多村民主动要求技术培训，为此，当地政府部门多次举办培训班，派技术员进村入户、深入田间地头进行现场技术指导。姚磨村村支书姚选介绍，姚磨村依托蔬菜育种试验田，建设了智能化育苗中心，解决了该村4个万亩冷凉蔬菜种植基地的种苗繁育生产成本大的难题。

（四）品牌带动，提高蔬菜知名度

姚磨村独特的气候和水土造就了高品质的冷凉蔬菜。一方面昼夜温差大，蔬菜白天光合作用产生的养分在夜晚低温条件下得到最大程度的保存；另一方面当地独特的富硒黄色土壤，为蔬菜的生长提供了足够的营养物质。再加上当地工业企业少，水土植被几乎未受污染，生产的蔬菜绿色健康环保，品质较高。姚磨村先后申报了8个无公害蔬菜品种，注册了"六盘清水河"冷凉蔬菜著名商标，主打宁夏冷凉蔬菜独有的地域特色。2016年7月18日习近平总书记到姚磨村考察之后，全村上下大受鼓舞，进一步在冷凉蔬菜产业提质增效上下功夫，打造姚磨冷凉蔬菜知名品牌。村支书姚选言语中充满了对他们蔬菜品质的自信："我们的蔬菜品质好，都是直接发往广东、香港，其他地方一般见不到的。"

（五）工农一体，延伸产业链条

2012 年，村民姚国发投资 3 万多元将 15 亩地都种上西兰花和西芹，结果秋后由于无法及时卖掉，三分之一的菜都喂羊了。当年全村共有 230 户种了3500 亩共计 2 万吨的供港蔬菜，然而当时村里只有 600 平方米的冷藏库，每天只能储藏 30 吨菜，冷藏库建设十万火急。在村支部书记姚选和全村村民的共同努力下，姚磨村在 2013 年筹资扩建冷库，至 2017 年，建成了占地 1.2 万平方米的蔬菜保鲜预冷库，延长了蔬菜在运输、贮藏、贩卖等过程中的保鲜时间。同时新建蔬菜分拣精包装加工厂 1 座，包装泡沫箱加工厂 1 座，并配套物联网可追溯一体化系统，真正实现了集生鲜蔬菜采摘、预冷、分拣、包装及销售等一体化的生产线。姚磨村还建成了 6 栋智能化育苗温室，每栋面积 5000 平方米，进一步打造现代农业全产业链，这 6 栋育苗温室全部实现智能化育苗，可为周边数万亩蔬菜基地提供种苗，一个温室一年纯利润有 50 万元左右。

三　成　效

姚磨村通过一系列行之有效的举措，不断激发群众的内生活力，用好用足产业扶持政策，进一步提高精准扶贫、精准脱贫成效。

（一）人均收入再创新高

2015 年，姚磨村冷凉蔬菜产业创收 1400 多万元，全村农民人均纯收入达到 9500 元以上，比 2008 年的 2800 元增长 2.4 倍。2016 年，全村农民人均纯收入达到 1.2 万元以上，位居原州区前列。2017 年，村民人均可支配收入再创新高，达到 1.35 万元，其中 85% 来自冷凉蔬菜产业，高出原州区农民人均可支配收入 4500 多元。

（二）销售网络全面建成

姚磨村充分利用国家提出的"互联网＋农业"思路，结合冷凉蔬菜产业发展现状，建设"物联网＋农业项目"，打造"互联网＋支部＋电商平台＋农产品销售"模式，大力发展农村电商，把传统销售和网络销售相结合，形成了农产品销售的互联网体系。

（三）打响特色产业品牌

姚磨村积极推广"党总支＋合作社＋基地＋农户"模式，把合作社作为当地的龙头企业，充分发挥其在发展冷凉蔬菜产业方面的主导作用。冷凉蔬菜基地被国家农业部认证为"固原市永久性蔬菜种植基地"，西芹、娃娃菜、西兰花等8个蔬菜品种被农业部认证为"无公害有机农产品"，"六盘清水河"蔬菜商标2016年被评为宁夏第十届著名商标，瑞丰蔬菜产销专业合作社被评为"国家级示范社"。

（四）产业带动提档升级

姚磨村积极配合固原国家农业高科技示范园项目建设，提出蔬菜全产业链建设方案。如全力打造"一心两园三区"建设项目，积极改造提升周边水域基础建设，力争打造集休闲、娱乐等为一体的公园式开心农场建设，大力推广农业采摘经济模式。同时，跨村连片开发建设休闲观光农业，发展生态观光旅游产业，全方位发展产业增收致富。

四　思考与启示

姚磨村，一个不起眼的小村庄，一个曾经穷得娶不上媳妇的小村子，是如何一步步走上冷凉蔬菜种植脱贫致富之路的呢？

习近平总书记在姚磨村考察的时候指出，好日子是通过辛勤劳动得到的。发展产业是实现脱贫的根本之策。要因地制宜，把培育产业作为推动脱贫攻坚的根本出路。

产业扶贫是帮助贫困户脱贫的突破口，是确保贫困户脱贫的重要途径，也是确保贫困户脱贫不返贫的最有效方法。姚磨村精准扶贫案例，给予我们以下启示：

（一）以强带弱，实施"两个带头人"工程

"我们村里的党支部、合作社，就是带头人，带着我们一月挣两千四五，一年就能挣个三万块钱。"姚磨村村民用最朴实的话描述他们的"两个带头人"工程。

过去，姚磨村是原州区的贫困村之一。新一任的村委当选后，带领党员在村里种起了蔬菜。当时，7 名党员流转了 800 亩土地，靠种菜成了姚磨村第一批富起来的人。姚选既是姚磨村党支部书记，也是村里的致富带头人。随后，在他的带领下，7 名党员带领 7 个村民小组利用土地入股成立的瑞丰蔬菜合作社，采取"党总支 + 合作社 + 基地 + 农户"的办法，带动群众发展蔬菜产业，建成了万亩冷凉蔬菜基地，逐步把姚磨村打造成了专业冷凉蔬菜村。这个合作社从育苗培育、蔬菜种植、采摘、加工到销售，产业链很成熟，姚选就是通过这个产业链让村民逐步从贫困中走了出来。除了本村致富，姚磨村还推行"组织跨村建、能人跨村带、产业跨村育"模式，带动相邻的彭堡村、吴磨村、曹洼村、闫堡村成立了联合党支部，带领 1747 户贫困户、7000 多人共同发展冷凉蔬菜产业。

（二）因地制宜，发展产业扶贫

产业扶贫，关键在精准定位，难度也在精准定位。如何"嗅出"根植于这片土地上的特色与优势，因地制宜地发展？这就需要深入本地农村实际，进行深度市场调研，否则只会形成盲目跟风之势，与扶贫初衷相背离，最终"一哄而上、一拍而散"。结合姚磨村依靠特色产业脱贫致富的实践经验，我们从发挥区域优势、选准产业脱贫项目、将扶贫产业与市场无缝对接以及保持扶贫产业可持续发展三个方面来探寻姚磨村成功的原因。

1. 区域优势分析。扶贫工作如何有效？关键在于找准优势，独辟蹊径，宜农则农，宜游则游，宜商则商，推动特色产业发展。如何找准其区域优势成为解决脱贫致富问题的关键。姚磨村地处六盘山东麓，海拔高，气候凉爽，光照充足，昼夜温差大，远离工业污染。如此气候环境特点，成为姚磨村选择发展

冷凉蔬菜产业得天独厚的自然优势。

2.产业选择分析。冷凉蔬菜的特性及其独特优势决定了其市场竞争力。冷凉蔬菜，又被称为喜凉蔬菜、高原夏菜、错季蔬菜和反季节蔬菜，适宜在气候冷凉地区夏季生产，其最适宜生长温度在17℃—25℃范围，品种主要有甘蓝、大白菜、萝卜类等十几种。姚磨村所处地域的工业化、城市化程度相对较低，"三废"污染源极少，空气、土壤和灌溉水中有害物质含量低，是无公害农业的最佳生产基地。这样大背景下的环境条件，为大范围、大规模的高品质无公害蔬菜、绿色食品蔬菜和有机蔬菜的生产奠定了优越的先决条件。

3.市场前景分析。每年进入7、8、9月，北京周边、中原以及南方大部分地区的蔬菜生产就进入了淡季，而我国西北、正北、东北等气候冷凉地区此时正处于冷凉蔬菜生产旺季，可以在7—11月份持续大量供应北京和全国市场，成为北京乃至全国"菜篮子"中的主力军。就目前全国的冷凉蔬菜基地规模以及生产情况来看，原州地区错峰供应的冷凉蔬菜，已成为全国夏秋蔬菜重要的生产基地和菜篮子。巨大的市场需求，给姚磨村发展冷凉蔬菜产业提供了广阔的前景。

（三）创新产业发展模式

找准了有市场的特色产业后，如何啃下脱贫攻坚这块硬骨头？关键就在于要做精做细扶贫规划，创新发展模式和运行机制。

1.统一规划，推动种植规模化。姚磨村按照原州区委、区政府的统一部署，以打造原州区最大冷凉蔬菜基地为目标，按照"政府组织、政策引导、项目支撑、科技带动"的发展思路，积极引导群众流转土地，打破村界地界，统一规划，统一布局，水、电、路综合配套，建成了以河东村为中心辐射彭堡村、别庄村的高效节水灌溉供港蔬菜基地。如今，姚磨村80%的人口都从事与冷凉蔬菜相关的工作。

2.金融扶贫，破解资金难题。姚磨村在蔬菜种植初期虽有口碑，但资金难题一直制约着冷凉蔬菜产业的规模化发展。宁夏金融机构在助力精准扶贫中创新打造"固原经验"，积极破解农户单打独斗发展的难题。农业银行固原分行通过村民互保方式，为姚磨村提供贷款333万元，扶持该村建成原州区首个冷凉蔬菜种植基地和蔬菜产销专业合作社。固原农村商业银行把对贫困户的精准扶贫政策嫁接到龙头企业，既通过龙头企业带动了贫困户脱贫致富，又可以促进地方特色产业和贫困地区的共同发展。

3."互联网＋农业"，破解销路难题。如何解决冷凉蔬菜的销路问题？如何使冷凉蔬菜不仅长得好，更要卖得好？这就需要在市场销售上下功夫。从2015年开始，姚磨村根据国家提出的"互联网＋农业"思路，结合冷凉蔬菜产业发展现状，建设"物联网＋农业项目"，进一步探索"互联网＋支部＋电商平台＋农产品销售"的模式，把传统销售和网络销售相结合。探索线上线下销售方式，通过互联网不断挖掘农产品销售有益信息，致力于扩大当地农产品销售。

4.扩大影响，打造知名品牌。2013年，姚磨村成立瑞丰蔬菜产销专业合作社，建成原州区首个万亩冷凉蔬菜基地，被国家农业部认证为"固原市永久性蔬菜种植基地"，西芹、娃娃菜、西兰花等8个蔬菜品种被农业部认证为"无公害有机农产品"。成功注册了"六盘清水河"著名商标，将其打造成为具有宁夏地域特色的冷凉蔬菜品牌。

5.龙头带动，提高组织化程度。如何破解农民"种什么，养什么，怎样种，怎样养，如何卖，如何卖个好价钱"的难题？这是实施产业扶贫的难点，也是着力点。把一家一户农民与大市场进行对接，需要注重发挥新型农业经营主体、龙头企业的领军作用，需要提高贫困农民的组织化程度。姚磨村能够顺利走上蔬菜产业之路，正是因为组建了瑞丰合作社及陆续成立的20多个合作社，这些合作社的龙头带动作用，把零散的贫困农户组织起来，实现了与大市场的有效对接。

6.多措并举，走共同致富之路。为了带领全村村民共同致富，帮助村里占总人口8.6%的贫困户顺利脱贫，从2014年开始，姚磨村就为贫困户争取到了扶贫小额信贷政策、农业灾害性保险补贴政策等，大大调动了贫困农民参与冷凉蔬菜种植的积极性。充分发挥致富带头人的带动作用，帮带贫困户通过参与蔬菜种植生产，实现脱贫致富。

编写执笔：黄旭、胡静

案例 13　民族特色助推产业脱贫

——吉林省延边朝鲜族自治州和龙市光东村脱贫攻坚之路

党的十九大报告指出，要坚决打赢脱贫攻坚战，让贫困人口和贫困地区同全国一道进入全面小康社会。2015 年 7 月 16 日，习近平总书记视察了吉林省延边朝鲜族自治州和龙市东城镇光东村，实地了解农业生产和村民生活情况，鼓励村民打出大米品牌，发展休闲农业，为光东村快速脱贫致富注入了强大的内生动力。如今，光东村群众牢记习近平总书记的嘱托，光东村实现了华丽蜕变，成为创业增收生活美、科学规划布局美、村容整洁环境美、乡风文明和谐美的美丽乡村。

一　背　景

光东村是典型的朝鲜族村，它位于和龙市东城镇中北部，海兰江中游，北界龙井市，南滨海兰江，延和一级公路横贯而过，现有 6 个自然屯，7 个自然小组，共有 317 户人家，898 人口，其中朝鲜族人口 882 人，占全村人口的 98%。现有耕地面积 411 公顷，其中水田 171 公顷，主要以种植绿色有机大米为主。

昔日，隐于延边州西南角的光东村，落后又贫穷，不仅是和龙市的经济薄弱村，更是东城镇的"老大难"村，垃圾靠风刮、污水靠蒸发、雨天泥泞路、环境脏乱差。村庄危房林立，2014 年光东村还有贫困户 112 户 238 人，其中国家级贫困户 71 户 170 人。朝鲜族擅长种水稻，光东村虽然素有"稻谷之乡"美名，通过发展水稻种植业，增加了收入，但经济结构单一，缺乏其他增收渠道，大部分村民还处于贫困状态，脱贫难度较大。

近年来，光东村依托朝鲜族民俗风情和绿色、有机大米品牌优势，大力发展集体经济，打造集朝鲜族民俗旅游、观光体验、风味餐饮等功能于一体的现代农村田园旅游新区，大力发展休闲农业与乡村旅游，旅游产业规模不断壮大，产业特征更为明显，基础设施不断完善，行业品质不断提升，品牌影响不断显现，旅游经济充满生机和活力。如今的光东村村庄面貌和村民生活水平发生了天翻地覆的变化，村容整洁，道路两旁鲜花盛开，一栋栋漂亮的白墙黑瓦、飞檐翘角的朝鲜族民居和一家家朝鲜族特色风味农家餐馆、旅馆规划如一、整齐干净，村民生活更加方便了，村民的腰包也鼓起来了，个人和集体收入均有很大的提高，走出一条产业振兴的新路。

二 做 法

（一）改善生活环境

"输人不能输阵"，村容村貌就是村民精气神的最直观体现。致富信心与产业扶贫一样重要，改善村民居住环境是第一步。为了激发大家改善环境卫生的动力，"驻村第一书记"郭文圣带着村干部和一些村民去其他村容村貌整洁的村庄参观、取经。看着别的村庄干干净净，再想想自己的村子，村干部和村民们都触动很大。回来后就付诸实践，开始每天早晨，都能看到村干部在街道上清理卫生的身影。不仅街道清理得干干净净，就连村民们的房前屋后，也成了村干部的"责任地"。后来，那些原本不在意自家环境卫生的村民，也开始自觉打扫了。"现在，我们村的环境卫生非常好，村民也都跟着精神起来了。"说起如今的村容村貌和村民的精神面貌，光东村村干部娄长青说起来格外自豪。另外一件"轰动全村"的大事就是"厕所革命"。2015年7月16日，习近平总书记在光东村考察调研的时候曾提出"厕所革命"的要求，让农村群众用上卫生的厕所。对此，和龙市委市政府积极响应习总书记的号召，总共投资332万元用于光东村厕所改造计划，对全村203户村民家中的厕所进行了升级改造。从2015年到2018年，和龙市在全市范围内进行厕所改造共计4139户，主要采取了集中式和分散式两种方法。其中集中式厕所改造是和龙市也是吉林省的亮点，通过铺设地下管网，将污水和雨水分流、收集，最后汇集到小型污水处理站处理，按照国家标准进行排放。新建成的厕所既干净又环保，深受村民们的喜爱。对此，和龙市住建局乡建科科长陈新表示："2018 年，厕所改造的任务指标是再改造 2000 户，预计到 2020 年，在和龙市全市范围内，凡是符合厕所改造标准的农村厕所，将全部改造完成。"如今，无论是街道、广场以及各种活动场所，都可谓是一尘不染。街边种植着各种景观树和果树，房屋与房屋之间的花坛里也栽种着品种不一的花卉，令人耳目一新。

（二）以集体经济为载体

改革开放以来，农村统分结合的双层经营体制中，农户分的这部分相对充分，但集体经济统的部分则比较薄弱。为加快光东村富民强村的步伐，以金淳哲为首的新一届村"两委"班子积极发展村集体产业。一是"支部 + 企业"的经营模式。光东村凭借开展"三项工程"活动的春风，紧紧围绕光东村绿色水稻基地，由村党支部牵头将和龙市光东淳哲有机大米专业合作社升级为专业农场，并注册了和龙淳哲有机大米农场有限公司、延边东城无公害农特产品有限公司。从 2015 年到 2018 年，和龙市东城镇淳哲有机大米农场有限公司由一个 350 平方米的小作坊变成了现在 2500 平方米的现代化厂房。大米的日加工量也由原来的 40 吨变成了现在的 120 吨，成为该村农民脱贫致富的支柱产业。二是民营企业参与深度扶贫。2017 年 5 月，时任十二届全国政协委员、全国政协社会和法制委员会委员、中国扶贫开发协会副会长、知名民营企业家郭文圣，多次到民族边疆地区和连片贫困地区调研，最终落户延边朝鲜族自治州，深入开展公益精准扶贫工作。在经过两个村全体村民的选举后，郭文圣分别担任和龙市光东村、安图县文昌村驻村第一村主任并正式上岗。从此，开启了他每个月不少于 15 天的驻村时间的扶贫经历。为了让贫困群众脱贫增收，郭文圣投入 2000 万元注册成立了"我想健康实业发展有限公司"和"延边你好健康实业有限公司"，由光东村、文昌村集体各无偿占 30% 股份，团队占 10% 股份，预留了 30% 股份给另一个贫困村集体。他采用村集体交叉持股的方式，光东村靠河，水稻好；文昌村靠山，适宜种植蒲公英、松茸和木耳，因地制宜开发有机大米、矿泉水、蒲公英茶和土特产品加工项目，壮大集体经济，带动村民致富。2017 年底，企业为两个村集体分红 30 万元。三是依托特色发展休闲农业，因地制宜发展朝鲜族特色民俗风情乡村文化旅游产业。光东村属延边朝鲜族自治州，是典型的朝鲜族村，民俗风情、房屋结构带有浓郁的朝鲜族风情。依托朝鲜族特色主导产业，先后投资建设窖藏辣白菜体验园、"稻田养鸭"有机水稻园，组织游客参观有机大米生产基地，亲身体验稻田养鸭的水稻种植模式，现场参观有机大米的生产加工过程；参观体验朝鲜族辣白菜制作过程，让游客充分感受到光东村农业的科技化与现代化，打造集民俗旅游、观光体验、风味餐饮等功能于一体的现代农村田园旅游新区，大力发展休闲农业与乡村旅游。在驻村第一村主任郭文圣看来，农村土地经营权、林权、宅基地使用权都是好资产，农村能人是宝贵的人力资源，通过运营专业合作社、股份合作社、集体企业、混合所有制企业等多种集体经济形式，可以持续、有效地增加农民财产性收入。"我认为最好的、能从根本上解决贫困的方法，就是帮助贫困村发展集体经济。只要集体经济收入增加了，就能可持续地帮助那些在村里已经丧失劳动能力的人，解决贫困问题。"郭文圣认为，成功的民营企业都有丰富的经营经验、成熟的经营模式和庞大的资源优势，如果将这些带到贫困村，并且将理念扎根下去，肯定比单单送钱送物要好。有了可持续的发展方式，农村资源变资产、资金变股金、农民变股东不愁不能致富。

（三）政治、经济优势互补

一是国家、省、州相关部门主要领导多次到光东村调研考察，在项目、资金等方面对光东村各项建设工作给予倾斜性支持。和龙市制定了《吉林·和龙光东民俗旅游村修建性详细规划》，大力支持光东村打造以朝鲜族特色饮食文化为主线，包含参观展览、民俗体验、田园观光、精品民宿等多种旅游体验于一体的民俗度假村。在各级政府的支持下，光东村形成了各项工作稳步推进的良好局面。尤其是 2015 年 7 月 16 日，习近平总书记的到来，让这个美丽乡村更显灵动。之后，吸引了大量的旅客前来观光学习，极大地带动了光东村休闲旅游产业的发展,也提升了光东村的发展水平。同时,依托政府的各类托底政策,光东村对确实由于身体残疾、因病致贫、孤寡老人、五保户等特殊贫困户做好政策托底工作,确保特殊贫困户生活有保障。二是充分发挥基层党组织脱贫攻坚中的战斗堡垒作用和农村党员的先锋模范作用。光东村村委书记金淳哲是全国劳动模范,光东村多年来作为和龙市政府扶持的残疾人扶贫就业基地,得到政府大力支持,把光东村建设成为社会主义新农村,也是全州最具朝鲜族民族特色的村庄之一。三是国家大力推进的第一书记、驻村工作队机制,为乡村振兴提供了强大的组织保障和思想保障。企业家担任第一村主任,既能发挥他们懂市场、善整合、会运营的优势,又能带动一大批想干事、能成事的年轻基层干部的工作积极性。两者结合,就能发挥 1+1>2 的作用。另外,驻村第一书记利用企业资本、技术、信息等优势,广泛联系民营企业,发挥长白山旅游资源、生态优势,结合地理优势、文化优势。村民以土地、劳动力等形式入股,既能调动参与者积极性、整合资源,又能助力经济发展增加农民收入,有效实现公平与效率的平衡。

三　成　效

（一）村民富裕了

2016 年光东村农村经济总收入 1278.4 万元,与申报前相比增加 454.34 万元,人均收入实现 8800 元,增加 2700 元。2016 年,光东村农民人均纯收入 11689 元,较开展示范村前人均增加 2000 余元。

（二）乡村变美了

光东村宜居建设进展顺利,全村公共服务配套设施不断完善,生态环境质量显著提高。村主干道路通畅,水泥路面硬化率达到 100%,主要村屯全部实现了绿化、净化和亮化。全村村屯面积 18.54 公顷,绿化面积增加至 6.5 公顷,绿化覆盖率 35.1%,增长 2.2%;村民饮用水全部达标,饮用水卫生合格率持续保持 100%;卫生厕所普及率提升至 100%;其他生态指标保持不变。生活垃圾处理初步形成户分类、村收集、村转运、县（市）处理的模式，定点存放清运率达 100%。

（三）农业规模上去了

如今，光东村已有较大规模专业合作组织 2 家，全村 171 公顷水田全部种植有机、绿色大米。2016 年，该村绿色大米和有机大米产量达到 1111.5 吨、产值达到 504 万元，占全村经济总收入的 43%。

（四）旅游产业发展了

开展示范村创建工作以来，1 家旅行社入驻光东村发展旅游，还有 100 多家旅行社把光东村纳入旅游行程中，年接待旅客人数达 27 万人次，实现旅游相关收入 250 余万元。

（五）村集体经济有钱了

2016 年年底，光东村集体资产 92.5 万元，集体积累 11.58 万元。截至 2018 年 12 月，光东村农民人均收入达到 1.3 万元。村集体经济上升到 20 余万元。如今，光东村以开发民俗旅游、开发民俗餐厅、休闲农业等形式增加村集体收入，成效明显。

四 思考与启示

光东村从和龙市东城镇的"老大难"村，一跃成为和龙市脱贫致富的先进典型，主要是采取了"政府扶持＋企业家参与扶贫＋集体经济"的脱贫模式，其经验主要可以总结为以下三个方面。

（一）脱贫要有好带头人

一是选举了坚强有力的村"两委"班子，提高了基层党组织战斗力。自2004 年，村"两委"换届选举金淳哲为村党支部书记兼村委会主任。以金淳哲为首的新一届"两委"班子集体，能够立足岗位，凭借个人创业经验，充分挖掘光东村水稻栽培和朝鲜族民俗特色，采取绿色主导产业与休闲旅游农业相结合，民族文化特色相融入的模式，大力发展休闲农业、生态农业和乡村文化旅游产业。二是有个好"驻村第一村主任"。郭文圣创业以来，他积极参与社会公益事业。捐钱修路建水窖，扶危济困助学子。2005 年，郭文圣担任中国扶贫开发协会副会长后，参与扶贫面更广、更深，观察、思考也更远。"给钱给物的授人以鱼，不如激活内生动力的授人以渔！"郭文圣总结说。2015 年以来，他先后担任六个村的驻村第一村主任，为实践自己的扶贫理念提供了广阔天地。2017 年年初，他开始在光东村和延边安图县文昌村帮扶。一年多后，成绩初显。年底，每个村集体经济分红超过 30 万元，来光东村旅游的人数超过 30 万人次。在郭文圣看来，当地干部和群众是很想尽快脱贫的，但是苦于没有方法和资源，而这些正是企业家的优势。企业家给村子带去了先进的经营理念，而且可以影响当地的一些村干部和年轻人，并带动其中的一些人创业，激发他们自力更生、有志者事竟成的"精气神"。

（二）引导村民树立发展创新思维

光东村以前之所以贫困，就是因为村民思想不解放，思路狭窄，眼界不开阔，存在着等靠要的消极不作为思想，单纯以种植水稻和外出打工为生，不能因势利导发挥朝鲜族民俗风情和绿色、有机大米品牌优势，导致长年守着金山讨饭吃。金淳哲为首的村委班子就挨家挨户做思想工作，积极引导村民转变思想观念，不断开拓村民的眼界，用实际行动一步步引导村民发挥村庄优势特色，带领村民最终走上脱贫致富路。一是积极争取当地政府在政策、资金、技术、宣传等方面的支持，充分发挥政府在扶贫致富中的引领作用和筑牢政策的托底线作用。二是依托朝鲜族特色主导产业，打造集民俗旅游、观光体验、风味餐饮等功能于一体的休闲农业与乡村旅游。三是采取绿色主导产业与休闲生态农业相结合、与民族文化特色相融的发展模式，大力开展民俗旅游项目，优化旅游基础设施，打造生态宜居的人文环境。四是依托村民对绿色大米、有机大米生产具有丰富的技术和经验的优势，大力打造"吗西达"牌有机大米，积极推行品牌战略，提升无公害、无污染的绿色有机食品开发力度。习近平总书记在视察光东村时，就指出光东村要打出大米品牌。五是以改革发展思维延长农业产业链条，提升农产品的附加值。

（三）大力发展村集体经济

光东村 2004 年以前基本上没有村集体产业，村集体经济收入低，没有财力为村民提供必要的服务，直接影响到村"两委"班子在村民中的威信不高，没有财力建设村基础设施，村容村貌脏乱差。2004 年以后，以金淳哲为首的新一届"两委"班子集体，在引领村民依托朝鲜族民俗风情和绿色、有机大米品牌优势，积极发展休闲农业与乡村旅游来脱贫致富的同时，大力发展村集体产业，不断提高村集体经济收入，用于引导村民发展产业，改善村庄基础设施，美化村容村貌，兴办社会福利院照顾本村无劳动能力、生活无人照料的孤寡老人和智障人员。2017 年，由郭文圣拿出 1000 万元开办公司，光东村和文昌村各持一部分股份，并预留出股份给以后再加入的村庄。这些贫困村中，集体收入最高的不过一年 8 万元，少的一年只有 4 万元。公司成立后，可以帮助村民把这里的土特产重新进行加工、包装和销售。预计可以解决 500 个就业岗位，每亩地为农民增收 3000—5000 元，村集体收入能达到 50 万元。随着光东村集体经济的壮大，现在光东村的物质基础有了明显改善，村民的生活质量有了很大提高。

过去很长一段时间里，扶贫的模式就是"给钱"，虽然能解决一些眼前的问题，但从长远来说，效果并不好。近些年，随着经济的发展，农村的结构也在发生改变。外出打工的年轻人越来越多，农村劳动力流失严重，很多村子成了空心村。从吸引劳动力回乡就业入手，发挥企业参与深度扶贫的优势，利用自身的经验和优势，帮助贫困地区把产业做大做强，形成品牌。村办集体企业的壮大，不但可以给村民带来可观的收入，更重要的是给当地创造大量的就业机会，能吸引外出打工的人回村就业，缓解空心村现象。

民营企业家担任"驻村第一村主任"的扶贫模式是可以复制和推广的，但需要政府政策的有效引导和支持。让那些愿意投身深度扶贫的企业家，了解国家扶贫政策。国家可以为愿意参与扶贫的企业提供一些金融、政策上的支持，同时地方政府和党委也应和当地工商联、行业协会、商会加强联系，主动邀请企业家参与扶贫开发工作，并为他们提供优质、便捷的服务，吸引和鼓励更多有经营经验的企业家到农村促进精准扶贫、乡村振兴。

编写执笔：宋兰兰、申逸
课题组成员：张利分、胡燎原、雷安华、王正

案例 14　小龙虾蹦跶出大产业

——湖北省潜江市小龙虾产业扶贫实践探索

　　油焖的、清蒸的、卤制的、蒜香的……今天，小龙虾俨然已成为美味佳肴中不可或缺的"明星"。每逢初夏，上至高档餐厅，下至街边排档，各类秘制龙虾的菜品已成为商家招徕食客的特色招牌。作为一名食客，你可能知道小龙虾有多少种做法，却未必知道餐桌上的小龙虾和米饭原来可以一起"种"在地里，被丢弃的虾壳虾头也可以被加工成化妆品和医药品。这些看似异想天开的场景，如今却在号称"中国小龙虾之乡"的潜江实践多年，生出了6家亿元企业，解决了数十万人的生计与就业，帮助当地人民走上了脱贫致富的快车道。

一　背　景

　　潜江市地处湖北江汉平原腹地，国土面积 2004 平方公里。"十二五"期间，潜江市有省定插花贫困镇 3 个（竹根滩镇、杨市办事处、渔洋镇），重点老区镇 3 个（老新镇、龙湾镇、熊口镇）。2014 年建档立卡贫困村 51 个，贫困人口 22108 户 64052 人，贫困发生率为 9%。

　　潜江贫困村、贫困人口的致贫原因是多方面的：一是资源禀赋。潜江市是江汉平原最典型的平原水网湖区地貌，而以左场村为代表的贫困村多位于江汉平原低洼湖区。这些地方地势低、易涝灾，是典型的"水袋子""虫窝子"，土地条件很差，对农田水利排灌设施配套要求高，因此大量农地被抛荒。二是经济结构。贫困户基本都是"传统农业为主、打工经济为辅"，主营农业由于地理条件限制，多半规模小、分散、效益低，而外出打工人员大多从事简单的体力劳动，收入低、且不稳定、极其脆弱。三是因病致贫。贫困户大多是脆弱性群体，一人患大病、重病，对家庭几乎是灭顶之灾。由于多方面原因，这些村都是癌症、血吸虫病的易发区、多发区，因病倾家荡产、因病丧失劳动能力或因病人财两空，可谓屡见不鲜。

二　做　法

（一）"虾稻共作"，逆转"水窝"变"金巢"

潜江市白鹭湖因白鹭翔集而得名，2015年，潜江市白鹭湖农场关山分场建起了万亩"虾稻共作"基地，引全市瞩目。殊不知，作为"虾稻共作"发源地，关山分场三面环水，现在看来是有着得天独厚的区位优势，但在2009年以前，却是被农民大量抛荒的"水窝子""穷袋子"。关山分场党委书记胡文斌介绍，多年前，分场13000多亩耕地抛荒严重，900多个劳力中有300多人在外打工谋生。2008年总产值1100万元，户均不到3万元，是白鹭湖农场最穷、最差的分场。2009年开始的"虾稻共作"试验，点亮了白鹭湖致富的火炬。在稻田里养殖小龙虾，被称为"虾稻共作"，这种生态种养模式利用低湖撂荒的稻田开挖简易围沟，放养小龙虾。每年6月到10月种稻，10月至第二年5月养虾。在"虾稻共作"模式下，一块田地一年可以养两到三茬龙虾，一茬水稻，小龙虾疏松表层土壤而不损坏水稻根系，排泄物补充稻田养分；稻茬、杂草、败叶滋养幼虾。稻虾共生，稻香虾肥，减药减肥达50%以上。

2009年，白鹭湖关山分场十队党员彭宣华率先流转耕地100亩进行"虾稻共作"试验，结果当年亩平增利200元，100亩试验田很快扩展到1500亩。2011年，试验田的收益比传统种植收入高出2倍以上，昔日闲得发慌的分场突然门庭若市，迎来大批前来学习的农民。2013年，关山分场"虾稻共作"种养面积达到5500亩。这一年，该模式在全省得到推广。至2016年，关山分场已发展"虾稻共作"面积11000亩，每亩平均纯利可达6000元，总收益超5000万元。将人人弃田的"水窝子""穷袋子"变为人人称羡的"财窝子""金袋子"。仅以"虾稻共作"为例，2016年潜江共有9102名贫困户因养殖小龙虾实现了脱贫致富，该地农民跳出了"种粮不挣钱"的怪圈。

（二）农企合作，农民增收企业增效

"虾稻共作"模式极大提高了农地的综合收益，但分散经营下小龙虾产量不足、标准不高则是其进一步发展的主要障碍。熊口镇赵脑村通过农企共建"华山模式"，促成"虾稻共作"从试验走向规模生产，实现农民增收、企业增效、整村脱贫。

赵脑村位于熊口镇最边缘，基础设施条件差。2013 年，潜江市小龙虾加工龙头企业华山水产公司与赵脑村合作，开始共建万亩"虾稻共作"基地。第一，流转整治，打造高产高效农业基地。由华山公司以 666 元 / 亩的价格租赁农户土地经营权，进行大规模连片整治。赵脑村全村 1.2 万亩土地按 40—50 亩为标准，共整治为 220 个标准养殖单元。第二，"反租倒包"，农户成为二级经营主体。华山公司将整治后"虾稻共作"标准单元以公司向农户租赁的价格再向农户发包，期限五年，共发包 189 个标准单元，其余由华山公司自己经营。第三，统分结合，形成协调高效的新型经营体制。在农户反租倒包基础上，实行"公司＋合作社＋农户"的经营体制：华山公司主要负责土地整治和基地建设、建设虾苗育种基地和育秧工厂、统一标准化生产指导、统一收购稻谷和小龙虾、发展小龙虾深加工和品牌经营。合作社负责统一生产服务。当地组建了两个合作社：一个是"服农"农机合作社，由华山公司、村集体与当地拥有农机的农户共同组建，华山公司提供稻谷育秧服务但不占股份，农户以农机折价入股，村集体出资入股，主要为承包农户提供种子和农机服务。另一个是"绿途虾稻连作"合作社，由反租倒包农户组成，统一采购肥料、农药，并开展技术培训等服务，不求盈利，收支平衡即可。农户则负责在自己反租倒包的田块上直接生产经营。

与过去分散的家庭承包不同的是，反租倒包的土地规模更大，质量更高，同时，它又是在"六统一"（统一整治基地、统一种养标准、统一供应生资和种子种苗、统一生产管理和机械化服务、统一收购产品、统一经营品牌）经营体系下的承包，劳动强度和经营风险大大降低。顿时激活了一池春水，实现了"六增"：地增多——赵脑村流转土地中原有耕地面积为 7550 亩，经过规模

化、标准化整治后，耕地面积达到10942亩。粮增产——原有耕地只有2400亩左右在种植水稻，单产1500斤，总产360万斤。新"虾稻共作"种植单元水稻种植面积稳定在9300亩，总产达到1364.5万斤，每年多产1000万斤。田增效——"虾稻共作"标准单元每亩可稳定产出350—400斤小龙虾，一季普通中稻，两者相加毛收入在6000元左右，每亩至少可得纯收入3000元以上。农民增收——以40亩为单位，反租倒包农户保守估计年纯收入在10万元以上。没有反租倒包的农民，可到华山公司务工，月平均收入2500—3000元。合作社增利——服农合作社机械化作业虽然以折扣价收费，但每亩平均利润仍可达80元，2017年总利润为76万元，按股分红。村集体由于参股合作社，也可获得收益。2017年农民合作医疗个人缴纳部分总计2.3万元，就由村集体统一支付了。企业增效——华山公司每年可稳定获得400万斤左右的小龙虾、960万斤稻谷，拥有一批稳定的工人，发展精深加工业有了保障。

（三）政府扶持，当好"引路人"做好"勤务兵"

小龙虾产业扶贫中，潜江市委市政府引导产业发展方向，优化产业扶贫机制，牵线搭桥，既做好"引路人"，也甘当"勤务兵"。

1. 引导龙虾养殖实现标准化规模化。自然繁育下，30克以下的小龙虾超过五成，而科学繁育下，70%的小龙虾能长到30克以上。近年来，潜江市积极与高等院校和科研院所开展合作，攻破虾苗繁育技术关，建立种业体系，制定小龙虾无公害养殖地方标准，为潜江市龙虾产业的壮大打下了基础。

2. 资金、技术、服务送到家。针对贫困户大多缺乏养殖起步资金，潜江采取财政支持＋信贷扶持的方法解决资金问题。市扶贫办按每亩虾池（含稻田养虾）200元的标准对贫困户给予补贴。承贷银行按每亩虾池1000元的标准予以扶贫小额信贷，最高贷款额度为20亩2万元，并由财政扶贫资金全额贴息。针对贫困户缺乏技术的问题，潜江市成立了专门的技术推广中心，定期举办培训班，将养殖技术送到田间地头。市水产技术推广中心自2016年在全市范围内开展小龙虾精准扶贫养殖技术培训，在全市12个区镇处共举办培训班25期，参加培训的贫困户达731户、8000多人次。除了养殖技术培训外，潜江市政府还回应贫困户不同需求，定制专业培训。由劳动部门为有意愿到小龙虾加工企业工作的贫困对象免费培训加工技能。由商务部门为有意愿到小龙虾餐饮企业从事烹饪服务等工作的贫困对象免费培训烹饪技能。政府还与江汉艺术职业学院合作组建了"潜江市龙虾学校"，提供短期技能培训和长期大专学习，专业培养小龙虾餐饮烹饪师、小龙虾养殖技师等系列高级技能人才，并推荐就业。近两年来，全市通过技能培训后进入小龙虾餐饮行业的贫困对象达 875 人，不少村民觉得获益匪浅。

3. 牵线搭桥力促贫困户就业优先。由市人力资源社会保障部门会商相关企业，常年为建档立卡贫困对象提供就业岗位 2000 个。贫困对象在培训合格并签订用工合同后到加工、运销、餐饮企业就业，企业免费提供食宿，平均月工资 3000 元以上（保底工资 2000 元）。两年来，潜江市通过优先安排贫困户就业的方式，共安排贫困户劳动力 2173 人。熊口镇新林村贫困户李传美，因长期慢性病导致家庭困难，虾皇公司优先录用其媳漆世兰从事剥虾工作，月收入达 3800 元。

三 成 效

从脱贫数据来看，经过全市上下的共同努力，2014 年全市脱贫 6484 人，2015 年脱贫 6749 人，2016 年脱贫 10647 人。在 2016 年脱贫的贫困户中，共有 9102 名贫困对象通过"虾稻共作"养殖实现了脱贫致富，占当年脱贫人数的 85%。2017 年，潜江市建档立卡的贫困人口中，共有 2809 户 7139 人直接从事小龙虾产业，其中：1666 户养殖小龙虾，养殖面积 21618 亩；在小龙虾餐饮企业就业 875 人，在小龙虾加工企业就业 983 人，从事小龙虾运销物流 315 人。

2016 年，潜江市小龙虾产业产值超过 180 亿元，是潜江农业经济的支柱产业、特色产业，有力促进了农业供给侧结构性改革，拓展了农民增收空间，取得了显著的经济、社会和生态效益。潜江市一举成为"中国小龙虾之乡""中国小龙虾加工出口第一市"和"中国虾稻之乡"，成就了"世界龙虾看中国、中国龙虾看湖北、湖北龙虾看潜江"的美誉。

四　思考与启示

潜江小龙虾产业的发展，首创在农民群众，得益于政府支持，在精准扶贫大背景下，潜江市通过多项措施，从根本上解决了贫困户无技术、无资金的问题，确保了政府引导下的小龙虾产业发展与精准扶贫的深度结合。

（一）因地制宜选择特色产业

产业选择是产业扶贫开发的核心要素。"橘生淮南则为橘，生于淮北则为枳"，各地的产业基础不一样，决定了产业模式的选择也不可能千篇一律，要根据当地的资源禀赋来进行深度挖掘和发展。潜江地处江汉平原腹地，气候及地理条件十分适宜小龙虾的生长繁殖。潜江是"虾稻共作"模式的发源地，在全产业推广之前，农民自发养殖也占有一定比例，选择小龙虾产业作为脱贫攻坚的主导产业充分吻合了当地资源禀赋优势。

（二）久久为功优化政策环境

作为外来入侵物种，小龙虾曾一度被认为是"害虫"，但潜江历届市委、市政府始终致力于将小龙虾产业打造为富民强市的第一特色产业、转型升级的第一示范产业，最终成功养大了这只"虾"。自2007年开始，潜江市出台了扶持虾稻产业发展的政策，对从事"虾稻共作"的农户，按照10元/亩的标准予以奖励。至2013年，该市又出台了对"虾稻共作"模式的奖励标准，将补贴标准提高到40元/亩。近三年，围绕小龙虾产业的相关政策出台尤为频繁，对"虾稻共作"基地开展保险补贴、支持打造虾稻种植的示范基地等。精准扶贫工作开展以后，潜江市委、市政府经研究，迅速找到将繁荣发展的小龙虾产业与精准扶贫工作有机结合的方法，印发《潜江市小龙虾产业精准扶贫实施方案》，又由相关部门成立小龙虾产业扶贫工作专班，配套制订《潜江市小龙虾养殖精准扶贫技术培训实施方案》，由政府部门主导小龙虾产业扶贫工作，出台强有力的政策，在技术、资金上予以保障，在发展方式上予以引导，从根本上保证了小龙虾产业精准扶贫工作的有效开展。

（三）做大做强产业链条

潜江市小龙虾养殖几乎完全不用担心后续的销售。事实上，近几年潜江市小龙虾一直处于供不应求状态，这得益于潜江市小龙虾全产业链条的发展壮大。目前，潜江市小龙虾产业已形成集科研示范、良种选育、苗种繁殖、健康养殖、加工出口、餐饮服务、冷链物流、精深加工、节庆文化等于一体的产业化格局。

1. 攻破虾苗繁育技术难题建立种业体系。在"产学研"战略的推动下，潜江成为全国率先开展小龙虾苗种人工繁育并取得成功的县市。中国科学院水生生物研究所桂建芳院士专家工作站、湖北省克氏原螯虾工程技术研究中心在潜江市相继组建成立，小龙虾繁育科研资源初步整合。《克氏原螯虾与中稻轮作技术》《克氏原螯虾人工诱导繁殖技术》《小龙虾综合利用加工技术》等多项技术获得湖北省重大科技成果奖。2008—2012 年，潜江市依托湖北莱克水产，投资近亿元建起了全国规模最大的标准化小龙虾工厂化育苗基地。目前，潜江为全省提供 60% 以上的优质虾苗，是全国最大的小龙虾虾苗输出基地。

2. 龙虾养殖实现标准化规模化。潜江市在全国率先制定了《稻田养虾技术操作规程》《池塘养虾技术操作规程》《虾稻共作技术规程》等小龙虾无公害养殖地方标准，绿色、安全、无污染，成为全国小龙虾标准化养殖示范市。2015 年年底，全市稻田养虾面积达到 35 万亩，"虾稻共作"面积 20 万亩，建成 5 个万亩集中连片和 26 个千亩"虾稻共作"示范基地，小龙虾产量 6 万吨。潜江华山公司、莱克公司生产出口的小龙虾产品，在欧美多次"苛刻"的检测中，无一例超标。

3. 发展精深加工延伸产业链条。小龙虾虽然美味可口，但是整个虾身能吃的部分只有 20%。过去，潜江每年产生废弃虾壳 5200 吨左右。为此，潜江华山水产公司与武汉大学合作研发，投资近 5 亿元，建成甲壳素深加工中心，成功从虾壳中提炼出氨基葡萄糖盐酸盐、壳聚糖、壳寡糖等产品，将小龙虾虾壳开发成了保健品、化妆品等产品，受到国内外消费者热捧。目前，潜江依托全市 13 家小龙虾加工企业，其中国家级农业产业化龙头企业 2 家，加工能力 30 万吨，整合全市虾—稻企业，深度开发甲壳素、休闲食品、米制食品等延伸产品。潜江小龙虾系列产品出口欧美 30 多个国家和地区，连续 12 年位居全国第一，被称为"中国小龙虾加工出口第一市"，在世界淡水小龙虾产品市场拥有绝对话语权。

4. 菜品开发助推小龙虾餐饮发展。小龙虾餐饮品牌发展迅猛，"虾皇""小李子""味道工厂""小二上虾"等发展为潜江龙头餐饮企业，"油焖大虾""蒜茸虾""清蒸虾""卤虾"等菜品受到老百姓的喜爱，规划建设的潜江龙虾美食街，将潜江龙虾以连锁餐饮方式向外推广。潜江市还大力推进"互联网 + 小龙虾"经营模式，打造了全国首个小龙虾鲜活产品电商平台——中国虾谷网，涌现出了"霸气龙虾""虾小弟""虾尊""虾滋味""虾皇"等线上名牌。潜江组建了小龙虾餐饮协会，加强小龙虾餐饮行业监管，规范行业标准，开展技能培训，引导小龙虾餐饮企业有序竞争。

5. 文化建设打造"潜江龙虾"金字招牌。2009—2017 年，潜江市成功举办了八届"中国潜江龙虾节"，龙虾节期间，同时举办湖北（潜江）电商创业大赛高峰论坛、招商推介暨项目签约、湖北省农产品质量安全荆楚行、优质农产品展示、小龙虾产业发展高峰论坛等活动，将龙虾节打造成为集"美食盛宴、文化盛典、经贸盛会"于一体的文化品牌。旺季，潜江日均消耗小龙虾 50 吨，日均外销 400 吨；一年可卖 25 亿尾，拉动产值 180 亿元；2016 年，来潜江旅游人数 68.9 万人次，同比增长 8.86%。

（四）多措并举探索产业扶贫机制

潜江市在不断实践中探索出"整村推进引导生产、企业结对支持生产、资金政策帮扶生产"的扶贫思路。一是联系企业帮扶。由政府联系有条件的小龙虾生产加工企业，与村委会签订整村推进发展"虾稻共作"帮扶协议，贫困户获得小龙虾养殖的资金、技术、销路保障，企业又能保证小龙虾的质量和收购渠道，形成"风险共担，利益共享"的利益联结机制，实现"双赢"。二是提供技术支持。潜江市水产、劳动、工商等部门以多种形式开展科技入户工作，通过现场培训、集中培训、有针对性地指导等方式，为贫困户提供养殖、加工、餐饮等多方面的培训，建立长效培训机制，贫困户技术有了支撑、服务有了保障、发展有了信心，真正做到"扶贫先扶志、治穷先治懒"。三是引导成立合作社。引导村集体成立小龙虾养殖专业合作社，完善"企业 + 合作社 + 农户"的联结机制，实现管理科学化、农民组织化、服务社会化，有效引导贫困户参与到基地建设和产业发展中，实现了"小群体""弱群体"与"大龙头""大市场"的有效连接。

编写执笔：魏长仙、李立

课题组成员：肖昶、李树松、张荣海、许祖斌、

包艳忠、严石林、孙勇

案例 15　发展特色产业是精准扶贫的重要载体

——湖南省江华瑶族自治县特色产业扶贫

湖南省永州市江华瑶族自治县，是一个集"老、少、边、穷、库"于一体的国家级贫困县。2013 年以来，该县依托良好的生态环境和丰富的农业资源，在发展特色农业产业扶贫方面进行了有益探索，加快了脱贫攻坚步伐。

一　背　景

江华瑶族自治县位于岭南山区湘、粤、桂三省（区）结合部，分别与广东、广西各三个县（市、区）相邻，是全国瑶族人口最多、聚居最集中、地域面积最广的瑶族自治县，被誉为"神州瑶都"。江华县辖 16 个乡镇，312 个村、居委会，总面积 3248 平方公里，总人口 51 万人。2014 年初，全县有贫困村 112 个，农村贫困人口 27976 户 104296 人。贫困人口普遍存在收入低、就医难、上学难、饮水不安全、社会保障水平低等困难，精准扶贫任务十分艰巨。

导致江华县贫困的主要原因：一是远离湘、粤、桂三省区经济政治中心，水、电、路、通讯等基础设施普遍滞后。全县公路总里程 1853.5 公里，公路密度为每百平方公里 57.07 公里，比全省每百平方公里 82.82 公里低 25.75 公里，特别是高寒山区范围大，公路等级低，畅通状况差，有四级及等外公路 1722.1 公里，占总里程的 93%。全县尚有数十个自然村组不通电，农村饮水不安全人口达 10 万人，旱涝保收面积只占全县耕地总面积的 50%。二是生态环境、生存条件恶劣，自然灾害频繁。江华县全境山高坡陡，属亚热带季风性湿润气候，是湖南省三大暴雨中心之一，雨雪冰冻、低温阴雨、旱涝灾害等天气极易发生，有"十年九灾"之说，广大农民因灾致贫、因灾返贫现象严重。三是人口素质较低。全县人均受教育年限为 7.8 年，一些贫困家庭子女因贫辍学失学，加剧了贫困代际传递。四是因病致贫现象突出。部分贫困农民因长期罹患大病、慢性病，导致劳动能力丧失或半丧失，加重了家庭经济负担。

如何摆脱困境，打赢脱贫攻坚战？这几年，江华县委、县政府在突出抓好基础设施建设、改善基本公共服务、提高民生保障水平的同时，审时度势，调整思路，立足传统农业大县的县情特点和资源优势，在特色产业扶贫方面狠下功夫，走出了一条"政府引导，产业支撑，龙头带领、贫困户跟随发展"的特色农业产业扶贫新路子。

二　做　法

（一）发展特色农业，打造品牌带贫增收

江华县是一个传统农业大县，水稻种植面积大，还出产水果、茶叶、食用菌、烤烟、药材等特产，但是都没有形成品牌，市场渠道不畅，价格低，经济效益差。近年来，全县着力培育了"瑶珍"牌系列大米、瑶山雪梨、纽荷尔脐橙、玫瑰香柑、水蜜桃、江华苦茶、江华毛尖、无公害蔬菜、姬菇、厚朴等特色种养殖业。2016 年年底，全县已发展水果 10 万亩、茶叶 4 万亩、蔬菜 12 万亩、以厚朴为主的木本药材 15 万亩、油茶 18 万亩，年种植食用菌 5000 万袋，江华相继成为全国蔬菜产业重点县、湖南省茶叶生产优势区域县。全县创建以"瑶山雪梨""江华苦茶"等为主的"三品一标"产品 97 个，其中无公害农产品 32 个，绿色食品 50 个，有机食品 10 个，国家地理标志产品 5 个。"瑶珍红水晶米""瑶山雪梨""江华苦茶"入选《全国名特优新农产品丛书》。通过规模优势、品牌优势，形成了市场竞争优势，实现了从传统农业向现代特色农业的华丽转身。

江华县重点培育了六月香果业、富隆果业、九龙井茶叶等一批国家、省、市级龙头企业。这些龙头企业按照"公司+基地+农户"的产业化经营机制，推进江华县特色产业发展，对贫困人口的辐射带动能力日渐增强。如省级农业产业化龙头企业——江华县同丰米业公司，通过提高品质，打造品牌，形成

了市场竞争优势。同丰公司生产的"瑶珍"牌系列大米有7个产品获得绿色食品认证，被评为"全国放心粮油企业"，2016年实现销售收入过亿元。2014年以来，同丰公司采取"龙头企业+农户"的直接帮扶方式，支持桥头铺、界牌乡、大圩镇、桥市乡等乡镇的165户贫困户发展优质稻1745亩（其中2014年36户81人；2015年51户203人，2016年78户315人）。贫困户以每户种植5—10亩的规模参加"公司+农户+基地"的运行模式，公司向贫困农户提供优质水稻种子和农资，提供技术指导，并由公司统一实行机械化耕作和田间管理，按保底价回收贫困农户稻谷，人均年增收达1500元以上。

江华瑶族自治县六月香果业有限公司生产的江华特产瑶山雪梨蜚声南北，远销全国各地，并成功进驻沃尔玛、家乐福、麦德龙、新一佳等大型超市热销。公司在大路铺镇兰下村种植规模7000亩，带动全村1450名村民脱贫致富，实现了整村脱贫。在尖山村发展玫瑰香柑9000亩，带动全村2100名村民脱贫致富。

白芒营镇红山村是一个远近闻名的贫困村。2015年引进国家级农业龙头企业广西富川富隆果业有限公司发展水果种植，建设红山果业基地，生产纽荷尔脐橙、玫瑰香柑、水蜜桃等水果。村里的老百姓土地转让金每年收入46万多元，全村300多人到红山果业基地做工，每年可增加收入150多万元。2016年该村已实现脱贫。

（二）发展生态旅游，拓宽带贫增收新渠道

近年来，江华县着力打造"神州瑶都"旅游品牌，创建"瑶族生态旅游胜地"，把旅游产业作为县域经济新的增长点进行重点扶持和培育，逐步走出了一条乡村旅游精准扶贫的新路子。全县乡村旅游开发项目27个，2016年上半年全县乡村旅游接待游客170万人次，实现旅游收入3.24亿元。江华县创新了旅游脱贫模式，通过政策引导、鼓励村民参与旅游餐饮、住宿等经营业务，开发瑶浴包、香草香囊等具有当地特色的旅游商品，制作了瑶家腐乳、腊味、织锦、干笋、野菜、香菇、蜂蜜等土特产品，成为游客竞相购买的特色商品，大大提高了当地村民农产品生产的积极性，增加了农民收入。

江华县湘江乡千年瑶寨庙子源村在政府扶持下，成立了香草源旅游合作社。

该社依托旅游资源优势，发展了"民俗表演，经营餐饮、乡村民宿，特色种植、产品收购"等项目。合作社收购村民种植的香草、厚朴、冰糖橙、橘子、梗梗茶、香菇等产品，统一包装、统一销售。村民加入合作社后，开设民宿、餐饮、种植瑶药、加工旅游商品等，全部纳入合作社统一管理、销售。通过电视片《新春走基层·直播香草源》新闻宣传，把精准扶贫与挖掘瑶族文化完美结合，向外界展示了一个"宜居、宜业、宜游"的人间天堂。现在，香草源火了，乡村旅游热兴起。香草源精准扶贫的模式基本上是一社带三业：一部分农户开餐馆，另一部分农户养鸡养鸭供应餐馆，再一部分农户开客栈。村主任游建民说："现在周一到周五每天有 200 人左右，双休日至少有 800 人以上来村里旅游。"庙子源村有农家乐 28 家，其中 18 家建立了家庭旅馆，带动创业、就业 500 余人，农民人均年收入达 2 万元以上。

绿健生态农业旅游休闲观光园是一个以种植大棚蔬果为主的现代农庄。在农庄内通过有机种养业带动村民致富，农民到农庄务工，从事种植或者到生态酒店当服务员，每个月最少有 2600 元的工资。另外，周边村民按农庄的技术要求种植的有机蔬菜、养殖的家禽全部供给绿健生态酒店，产品不愁销路。观光园项目还辐射带动了桥头铺镇上宅洞村和东田镇水东村村民一起劳动增收致富。

（三）改造传统手工业，提高产品附加值

瑶香制作是江华县农村的传统产业，被列入永州市第五批市级非物质文化遗产名录，其传统的小作坊式生产工艺至少有 300 多年历史。独特的工艺传承和当地丰富的天然香草原料灵香草、紫苏、菖蒲、艾叶以及作物秸秆等，使江华制香产业历久不衰。但传统小作坊式生产经营分散，手工操作，规模不大。近年来，江华县委县政府把制香业作为产业扶贫的重点加以扶持，在政策、资金、产业发展环境等各方面给予大力支持。经过技术改造和提升，全县制香业从几个小作坊，变成了大产业。

江华白芒营镇云田村村民周益翠是当地有名的"制香王"。云田村是大山里一个典型的瑶山村，以前，周益翠和丈夫因家里太穷，去广州打工，靠打工

积累了一点资金后，回乡创业。在政府优惠政策支持下，购买了一台加工机器，开始制香。之后不断扩大生产规模，还研发了盘香小时香、五福金钱香等20多个瑶香新产品，注册成立了鑫禄福香业有限公司。现在已发展到拥有制香机器11台，用工近100人，全是当地农民，产品销往国内10多个省份，年产值达2000多万元，成为江华最大的制香老板。在周益翠的支持带动下，白芒营镇、涛圩镇近年来陆续开办大大小小的制香厂数十家，成了名副其实的制香镇。为当地农民就地就业创造了条件，实现了"挣钱顾家两不误"，一批贫困户也因此脱贫。

截至2016年年末，全县已创办制香业260家，有制香设备860余台，年生产香制品5.2万吨，实现销售收入6.8亿元；制香从业人员7600余人，其中贫困人口约占50%，年人均务工收入1.8万元以上。制香产业已成为江华1.2万个家庭的主要收入来源。

三 成 效

通过三年的努力，江华县农业农村经济生机勃发，亮点频现，农产品生产加工企业发展到343家。这些龙头企业充分发挥资金和技术优势，全面带动江华县农业产业快速提质增效，建成了一大批具有地方特色的"万字号"规模（1万亩以上）的农产品基地，并通过"企业（合作社）+贫困户"的带贫方式，带领贫困户稳定增收脱贫。2014—2016年，全县共减少贫困人口6.5万人，贫困发生率由2014年年初的24.1%降至2016年年底的8.7%。

四 思考与启示

江华县以发展特色农业产业为抓手，以土地流转和就业务工获得经济收入的方式，通过分享现代农业产业发展的成果，实现了使贫困户脱贫的目标。其扶贫效果引起了各方面的注意，《新华网》《湖南日报》《永州日报》等媒体都作了报道。然而，更值得我们认真思考的是，为什么发展特色农业产业就比传统农业有如此不同的效果？特色产业特在哪里？江华县是怎样把特色农业产业发展起来的？

（一）统一思想，探寻新增长点

经过多年的探索，江华县各级干部深刻认识到，在山多地少的江华县，靠传统农业脱贫很难。搞传统农业，只能是维持生计、自给自足解决温饱问题，它难以形成收入持续增加的增长点。这是因为，普通的水稻、玉米、蔬菜、水果总量基本上是供大于求，销售困难，价格不高，即使增产也不增收。目前，一些大路农产品市场价格（包括国家收购价格）已是"头顶天花板"了，而种田成本（人工和生产资料投入等）却逐年攀升，传统农业纯收益空间进一步被压缩。而通过发展特色农业，推进规模经营，打造名优品牌，可以获得更大的利润空间。生态资源、旅游资源是江华县的特色优势资源，但长期没有被挖掘和利用。通过发展生态旅游产业、民俗旅游产业，唤醒了沉睡的资源，可以形成新的经济增长点。经过多年实践，江华县各级干部达成共识，坚定了发展特色产业的信心和决心。

（二）理清资源，选准产业优先发展项目

发展特色产业，必须梳理清楚本地的优势资源，如自然资源、特产资源、文化资源、旅游资源等，分析国内外市场需求，找准消费群体定位，做到有所为、有所不为，选准产业优先发展项目，不搞"跟风赶"。江华县在传统产业的升级上，充分利用了当地优良的生态环境资源，生产优质农产品，形成品牌优势，提高附加值。在利用瑶家文化资源方面，打造了民俗旅游业和制香业。江华县的制香业虽然每一个企业规模都不大，但大量的小微企业，照样形成了一个具有生机和活力的大产业，成为当地最具特色、能吸纳更多贫困人口参与的农村产业。

（三）突出重点，培植龙头企业

贫困地区往往工业不发达，市场不完善，信息不灵通，农民普遍缺技术、缺市场、缺资金，因此靠一家一户农民来发展特色农业是不现实的。只有靠龙

头企业（包括专业合作社），才能把农户与市场进行对接，才能把特色农业做大做强。正是因为有同丰米业、六月香果业等公司的成功运作，才有瑶珍大米、瑶山雪梨等品牌和市场；正是因为有鑫禄福香业等公司的新产品和市场开发，才有制香业的发展壮大。因此，发展特色产业必须培植好龙头企业。

（四）政府引导，激励和完善带贫机制

贫困户是弱势群体，单纯的输血，虽然能应付一时之急，但解决不了稳定脱贫之需。江华县将政府扶贫项目、扶贫资金、土地优惠等相关政策与带动贫困户增收的效果挂钩，通过政策引导，激发企业帮助贫困户脱贫的积极性。在实践中探索成功了三种企业（合作社）与贫困户紧密联系的利益联结机制：一是鼓励企业直接为贫困人口提供务工岗位，增加贫困户收入；二是支持企业进行土地流转，并为贫困户创造短期劳务机会，增加贫困户收入；三是利用企业的优质农产品品牌和销售渠道，帮助贫困户种植、养殖的农产品找到出路，通过分享其附加值，增加贫困户收入。江华县通过政策引导，激发企业（合作社）带动贫困户脱贫积极性，实现产业发展、企业兴旺、贫困户脱贫的成功经验，为湖南省探索"四跟四走"（资金跟着贫困户走，贫困户跟着能人走，能人跟着项目走，项目跟着市场走）的扶贫模式提供了成功样本。

编写执笔：林先明

课题组成员：郭建辉、樊光正、杨厚新、

王斌、李鹏飞、简仕军

指导教师：高鸥

案例 16　硒产旅游双引擎　恩施扶贫谱新篇

——湖北省恩施州推进产业扶贫的实践探索

党的十八大以来，党中央把贫困人口脱贫作为全面建成小康社会的底线任务和标志性指标。2017 年 6 月 23 日，习近平总书记在山西省太原市主持召开深度贫困地区脱贫攻坚座谈会，强调"深度贫困地区是脱贫攻坚的坚中之坚"，要求加大力度推进深度贫困地区脱贫攻坚，湖北省恩施州作为 11 个全国深度贫困地区代表在会上分享产业扶贫的成功经验。以恩施州为例，分析其在产业扶贫中的实践探索，可为全国贫困地区产业扶贫提供一定的参考借鉴。

一　背　景

恩施州是湖北省下辖 13 个地级行政区之一，现有人口 405 万人，2015 年建档立卡贫困人口 108 万人，全州 8 县市均为国家级重点贫困县，是全国 14 个集中连片贫困地区之一。精准扶贫工作开展以来，恩施州坚持因地制宜、特色发展，把培植产业作为推动脱贫攻坚的根本出路，截至 2017 年年底，恩施 59 万脱贫人口中有 53.4 万人通过产业发展脱贫，占脱贫总人口的 90.5%。

二　做　法

恩施州开展扶贫攻坚也面临着诸多现实困境，这些现实困境是由恩施州自身的区域位置、地理环境、自然资源等综合因素交织形成的，在湖北全省范围内具有极强的代表性。针对存在的问题，恩施州将产业培育作为脱贫的关键之举，围绕打造全省特色产业发展增长极目标，用产业链思路谋划产业，加快特色产业转型升级，将绿色生态资源转化为经济财富，探索出一条绿色生态产业之路。

（一）因地制宜，针对特色资源，推进特色产业发展

恩施州山多地少，而且除恩施市外其他地方均属国家限制性开发区域。针对这一实际情况，恩施州在推进产业扶贫的过程中立足自身的地域特点、资源禀赋、产业基础以及市场需求，推动山地农业产业结构转型、升级、换代。

一是打好"富硒种植牌"。恩施享有"世界硒都""烟草王国""华中药库"等美誉，恩施依托本地生态富硒资源和产业基础，积极调整农业产业结构，举全州之力推进恩施硒茶、道地药材、高山蔬菜等特色产业发展，编制完成了州、县、乡、村四级《精准扶贫产业发展规划》，建成富硒特色产业基地300多万亩，富硒产品产值382亿元，其中茶叶种植面积150万亩，产值110亿元。

二是打好"生态旅游牌"。恩施的森林覆盖率极高，被誉为"鄂西林海"，恩施州大力推进长江一级支流清江的修复与保护，严格落实县、乡、村三级"河长制"，持续推进"山更青、水更绿、天更蓝、土更净、城乡更美"五项环境专项治理，严格执行州城大气污染防治十条，城乡生态环境不断优化，被新华网友票选为7个"中国最佳洗肺城市"之一，跻身全国长寿地区之列。在此基础上，积极探索"旅游＋扶贫"模式，建成5A级景区2家、4A级景区16家，恩施成为全国全域旅游示范区和全国休闲农业与乡村旅游示范州，旅游产业带动10多万群众脱贫。

（二）加强基础设施建设，降低企业进入成本

恩施州现有的贫困人口，大多集中在深山、高寒山区和省际交界处，水、电、路、通信等基础设施十分脆弱，自我发展能力严重不足。"十二五"期间，恩施州累计投入交通建设资金540亿元，建成恩来、恩黔等6条短距离高速公路；根据生态文化旅游需要，维修提档国省道983公里；全州88个乡镇有81个通达国省道二级公路，全州交通条件明显改善。

（三）建立利益联结机制，让产业发展普惠贫困村民

恩施州坚持以农产品加工业为龙头的现代农业发展之路，发展市场农业、科技农业、工业农业。以做强加工业助推种养业、带动服务业稳定增收，将贫困户资源加扶贫政策一并纳入一二三产业融合发展体系。目前，全州已发展农业龙头企业4249家，专业合作社8026家，其中729个重点贫困村已建立或引进专业合作社1031家，对接540家龙头企业，基本建立起明确一个主导产业，对接一个产业合作社、一个金融互助合作社，联结一个龙头企业的"121+X"产业扶贫模式，让贫困户通过利益联结机制实现流转土地得租金、投入劳务得薪金、出售产品得现金、政策配股得股金等多渠道增收。

（四）针对总体投入不足的问题，建立针对产业扶贫的金融惠民机制

以恩施市龙凤镇建设全国综合扶贫改革试点为契机，围绕"以龙凤为点、恩施为片，探索连片特困地区以及少数民族地区综合扶贫新机制"的工作要求，先后探索建立"两社两司一卡一库一平台"（两社：专业合作社扶贫互助联合社、村级扶贫互助社；两司：小额贷款公司、担保公司；一卡：农民信用卡；一库：信用体系库；一平台：农村产权交易平台）融资机制，有效缓解了贫困地区农村农民融资难、融资贵、融资时间长的问题。比如，恩施市开心休闲农业合作社因资金周转困难，于2015年向联合社申请担保贷款500万元，用于2000吨马铃薯深加工改扩建项目建设，不仅解决了资金难题，项目上马后还解决了周边30户贫困户的就业问题。再如，吉心村村民周贤江通过吉心村扶贫互助有限公司担保贷款10万元，购买200多只山羊发展畜牧养殖业，不仅增加了自己的收入，还成了当地创业致富带头人。

（五）针对劳动力资源不足的问题，加强技能培训，让贫困户"致富有方"

截至2017年年底在恩施州贫困人口中无劳动能力和丧失劳动力的共有26

万人，占全州贫困人口的53%；16岁以下和60岁以上的贫困人口有20万人，占40%；成年人小学以下文化程度的20.6万人，占55.5%。劳动力资源不足致使产业发展缺乏后劲，进而给产业扶贫工作带来很大难度。

恩施州以提高农民的素质和技能为重点，完善公共就业创业服务体系，拓展农民的创业和就业渠道。2018年，恩施州出台《关于进一步做好扶贫培训就业工作的实施方案》，要求恩施州人力资源和社会保障部门2018年和2019年每年筹集1亿元以上的就业补助资金用于扶贫培训就业各项工作，实现农村劳动力技能培训"应训尽训"全覆盖，确保有劳动能力的贫困户参与产业发展或每户至少有1人稳定就业，引导"市民下乡、能人回乡、企业兴乡"，推进"扶贫合作社""就业扶贫车间"建设，扶持农业专业合作社、农业产业化龙头企业等经济实体发展。

三　成　效

结合本地山区特色，恩施州的产业扶贫取得了可喜的成绩。

（一）以"硒"为特色的农产品做出规模，做出品牌，做出效益

恩施州2017年新增和改造硒农产品基地83万亩；恩施硒茶成功入选第一批中国特色农产品优势区名单。国家富硒产品质量监督检验中心（湖北）正式成立。恩施州硒研究院升格为省级产业技术研究院。成功主办了2017年国际茶业大会、第四届硒博会、第三届全国民宿大会等重大活动，恩施影响力和美誉度不断提升。共计4个有机农业基地、8个绿色食品原料基地通过国家有机绿色认证，总量居全省首位，成为全省唯一获得国家有机农产品基地认证的市州。新增地理标志商标2件、"三品一标"农业企业17家；农产品质量安全监管不断强化，宣恩县和鹤峰县被列为"国家级农产品质量安全县"创建单位。

（二）以生态旅游为特色的休闲旅游业蓬勃发展

恩施州认真落实《恩施州山体保护条例》，城区山体划线定界全面完成。

严守水资源管理"三条红线"，四级"河长"体系全面建立，江河水库围栏围网全部拆除，所有监测断面水质全部达标。大力推行大气污染防治"三禁三治"，2017年州城空气质量优良天数达到317天，7个县市空气质量稳居全省前10位。实施环境综合整治114个村，新增省级以上生态乡镇11个、生态村104个，城乡环境明显改善。创建省级农村三产融合发展示范乡镇4个、省级休闲农业示范点7个，被授予"全国休闲农业与乡村旅游示范州"称号。生态文化旅游业加速发展。2017年新增4A级景区1个、湖北旅游名镇2个、湖北旅游名村2个。腾龙洞—大峡谷国家地质公园加快创建。民宿旅游、度假旅游、乡村旅游等旅游新业态蓬勃发展。2017年累计接待游客5133万人次，增长17.6%，实现旅游综合收入367亿元，增长22.3%。

（三）基础设施建设日益完善，既便利群众出行也助力地方发展

2017年恩施州着力农村基础设施建设，统筹整合资金累计70亿元，硬化农村公路4977公里，解决了14万贫困人口饮水安全问题，完成了781个村电力基础设施建设，实现了1689个村4G网络全覆盖。实施省州级重点交通项目171个，完成投资270亿元，利万高速、巴野二级公路建成通车，巴东清江大桥基本建成。郑万高铁、黔张常铁路、建恩高速、宣鹤高速、351国道咸丰段进入投资高峰期，渝鄂直流背靠背联网工程全面开工，来咸高速、宜来高速鹤峰至五峰段即将开工建设。

（四）村出列，户销号，民生领域享实惠，精准脱贫出实效

坚持以人民为中心的发展理念，2017年恩施州财政民生支出占比达到83.8%。教育办学条件持续改善，教育信息化建设加快推进。新（改、扩）建校舍37.3万平方米，20人以上的教学点及所有中小学全部接入互联网。坚决化解城区超级大班问题，6个县市义务教育起始年级班额控制在55人以内。招录农村教师864名，定向委培农村教师400人。医疗卫生服务体系不断完善，信息化水平不断提升。乡镇卫生院"四化"达标56个，村卫生室"五化"达标1975个。218家医疗机构完成了远程医疗系统建设。定向培养农村医生200名。

公共文化服务体系加快建设，"百千万文化扶贫工程"深入实施，州八届运动会等一大批文体活动相继举办，人民群众文化生活日益丰富。城镇新增就业 4.5 万人、再就业 8719 人，各类社会保险参保人数达到 609.9 万人次。建成保障性安居房 9880 套，改造棚户区 7570 户、农村危房 10728 户。

"五个一批"分类扶持成效显著。1.6 万户贫困户与 602 家龙头企业、1257 家专业合作社建立了利益链接机制，直接带动人均增收 1500 元。"1+5" 医疗保障体系基本建立，贫困人口住院报销比例达到 87% 以上；兜底保障全面覆盖，20.6 万人纳入城乡低保、1.8 万人纳入农村特困供养。2017 年恩施州又有 140 个重点贫困村顺利出列，3.9 万户 12.2 万人脱贫销号，7.4 万人易地扶贫搬进新居，贫困发生率由 14.8% 下降到 11.6%。

四　思考与启示

2012 年 12 月 29 日，习近平总书记在河北省阜平县考察扶贫开发工作时指出："贫困地区发展要靠内生动力，如果凭空救济出一个新村，简单改变村容村貌，内在活力不行，劳动力不能回流，没有经济上的持续来源，这个地方下一步发展还是有问题。一个地方必须有产业，有劳动力，内外结合才能发展。"这为产业精准扶贫指明了方向，提供了遵循。通过梳理恩施州产业扶贫的现实困境和具体实践，可以得到以下几点启示：

（一）产业扶贫的关键在于因地制宜发展特色产业

产业扶贫作为脱贫攻坚的重要抓手，关键是精准，重在找准路子、因地制宜。"十里不同风，百里不同俗"。将产业扶贫落到实处，必须充分考虑地域、人力、资源、市场等因素，谋划产业、打造特色品牌，切忌陷入盲目跟风的陷阱。

（二）产业扶贫的核心是发展农业新型经营主体、完善利益联结机制

深度贫困地区脱贫难度较大，缺乏大产业支撑，农业发展相对滞后。在这

样的条件下，依靠产业扶贫就必须转变传统产业路径，培植新型经营主体。农业合作社、农业大户等组织是农业经营的主体，在一定程度上能克服小农分散生产的弊端，增加农业附加值，增加农业综合生产能力，优化资源配置，增强抵御风险的能力。在此基础上，形成合理的利益联结机制，引导贫困户通过各种方式进入由企业、合作社和家庭农场等新型经营主体主导的产业体系中，由有竞争力的经营主体带动贫困户发展。此外，还要通过改革促使资源变资产、资金变股金、农民变股东，用多种模式和利益联结机制将现代经营主体与贫困户连接起来，实现资源的合理整合和利益共享。

（三）产业扶贫需要发挥农民主体作用

农村人才持续外流，不仅导致农村脱贫进展缓慢，还导致农村发展主体日益不足。必须依托农业产业化和现代农业发展，加速培育新型农民，为农村精准扶贫工作储备足够的脱贫主体。针对部分贫困村"守贫"、贫困户"等靠要"的现状，开展新型农民培训班，从政策法规、农业技术、文化体育、卫生健康、公民道德等方面，抓好思想文化建设，提高劳动者的素质，增强自我发展能力，大力培养有文化、懂经营、会管理的新型农民。

（四）产业扶贫必须与地区发展能力提升相结合

当前精准扶贫的目标不再仅仅是解决贫困人群的基本生存问题和贫困地区的经济发展问题，而是要解决包括经济、文化、政治等内涵更为丰富的发展问题。湖北省各地包括恩施州在推进产业精准扶贫的过程中，坚持"三产融合"理念，使得产业扶贫与经济社会发展相结合，主要表现在，不仅注重经济脱贫，更注重向人文历史传承开发、生态环境保护、生态农产品开发等诸多领域扩展，注重贫困农户的综合发展，也注重贫困地区的多维发展，促使产业扶贫的方式向"扶智""扶志"意义层面深化。

编写执笔：余志强、姜晓晓

案例17　做强茶叶品牌　盘活特色资源

——湖北省十堰市武当道茶产业扶贫实践与探索

武当道茶产自世界闻名道教圣地、中国茶叶主要发源地、南水北调中线工程核心水源区的鄂西北秦巴山区。茶园主要分布在海拔500—1000米的崇山峻岭之中，生态环境良好，自然条件优越，是国家农业部确定的优势茶叶产区，也是湖北省著名高香型绿茶基地和有机茶产区。近年来，十堰山区围绕打造"武当道茶"品牌，充分利用生态环境和历史文化优势，整合资源，创新机制，依靠科技，综合开发，实现了良好的生态经济效益与社会效益，带动了农村大批贫困户脱贫致富。

一　背　景

十堰市位于湖北省西北部，与豫、陕、渝交界，南望神农架、西依大巴山、北屏秦岭，属典型"山水人家"。下辖5县1市3区，"十二五"末有国家级贫困县市6个（郧西县、竹山县、竹溪县、郧县、房县、丹江口市），贫困村456个，贫困人口83.3万人，贫困发生率高达37.22%。

造成十堰市贫困人口较多的主要原因：一是山区多，路难行，致富成本高。目前剩余的贫困人口，大部分集中在高山远山区、深山石山区和边远库区，交通信息相对闭塞、文化教育比较落后、经济发展缓慢、自然灾害易发频繁，全都是"难啃的硬骨头"。对照脱贫标准，这些贫困人口要实现脱贫存在诸多待解难题：群众住房条件差；不少偏远乡镇山大、谷深、地少，农民因病致贫、因灾返贫、因教致贫的现象比较突出；发展差距仍然较大，2015年农村常住居民人均可支配收入仅为7779元，是全国人均11422元的68.1%、全省人均

11844元的65.7%，城乡居民收入比为3.1:1，高于全国2.7:1和全省1.7:1的水平。二是生态恢复与移民重建压力大。十堰市是移民城市，几十万移民要面对重建家园、缺少资源、发展困难、因移民而返贫的难题。水源区生态建设、环境保护、污染治理任务繁重，为脱贫致富增加了难度。

二　做　法

（一）扶企业育品牌，打造富农产业头牌

十堰茶文化厚重、生产历史悠久，气候环境适宜，是全国优势产茶区，茶产业开发具有得天独厚的比较优势。十堰成为全省四大茶叶主产区之一，被农业部确定为国家优势茶叶产区，被省农业厅确定为"鄂西北高香型绿茶基地"。武当道茶生产核心区涵盖了十堰的5县1市3区、47个乡镇街办。2009年，在省农业厅的大力支持下，十堰市委、市政府将武当道茶品牌打造纳入全市农业重点工作，明确品牌打造总体思路和具体运作机制，制订武当道茶品牌工作方案，开创全省统一打造茶品牌的先河。紧接着，从创新运作机制入手，组建工作专班，成立全市品牌打造工作领导小组和技术指导小组，成立全省首家省级茶叶产业专业协会，创新"政府引导、市场主导、企业主体、协会运作、双牌经营、分步实施"的品牌打造运作机制，组织全市最具实力的龙王垭、圣水、梅子贡、八仙观、阿里山等5家茶叶龙头企业作为品牌打造的核心企业，形成品牌的强大合力。2013年，省委、省政府启动茶叶品牌整合示范区建设，重点支持"武当道茶"品牌整合，带动企业重组抱团发展。自2009年以来，十堰市每年投资200万元用于武当道茶品牌宣传推介，品牌知名度不断提高，先后获得国家农产品地理标志、中国驰名商标、第八届中国农交会金奖、十堰城市名片、最具影响力区域公共品牌等一系列荣誉，品牌价值已突破40亿元。

（二）创新政府引导方式，推动龙头带动扶贫

针对山区农业基础脆弱，经济总量偏小，贫困农户在市场经济中的竞争能力非常有限的问题，十堰市通过创新"政府＋企业＋银行＋保险＋贫困户"五

方协作模式，推动龙头企业、专业合作社、家庭农场等成为扶贫排头兵。实行政府贴息、银行贷款、保险担保、企业使用、贫困户分红的发展模式，加大对茶叶龙头企业和农业产业化经营主体的扶持力度，引导龙头企业、专业合作社、家庭农场与贫困户建立利益共同体。全市开展了"龙头带动户，扶贫助致富"活动，从农业产业化龙头企业中筛选 56 家企业，作为产业扶贫的重点企业，每个企业直接联系帮扶 50 —200 个贫困农户。企业通过技术信息服务、产品回收、安置贫困农户劳力在企业打工等多种方式，带动农民在产业开发中增收。据不完全统计，全市农业产业化龙头企业直接辐射带动农户超过 2 万户，汇聚了民间资本，招来了产业带头人，农民投身生态产业的信心更足了。

（三）创新资金整合机制，聚焦产业扶贫增收

针对发展茶产业缺乏资金，贫困户自身投入不足等问题，积极探索扶贫资金整合使用办法，引导社会资本共同投入精准脱贫。据不完全统计，近年来全市农业共引进境外资本和非农资本达 200 多亿元，有效缓解了山区生态茶园开发投入不足的矛盾。市政府每年安排产业发展基金 3 亿元，捆绑秦巴片区产业基金 9 亿元，各县市区统筹涉农资金 26.5 亿元，让农村脱贫发展有方向、有动力、有支撑。发挥资金"以奖代补"激励作用，对购买种苗、达到一定规模，当年人均收入 4000 元以上并经过验收的，给予 2000 元至 8000 元不等的奖励，调动贫困户自我发展、自主发展的积极性；引导社会资本投入产业扶贫，以当地外出创业成功人士、能人大户为主体，组建乡亲扶贫协会，通过捐资、出资、筹资等形式筹集资金，成立茶叶专业合作社，建设示范基地，带动贫困户发展增收。截至目前，全市共组建乡亲扶贫协会 301 个，覆盖 260 个村，撬动社会资金 2 亿元，帮扶 1.5 万贫困户 4.2 万人，脱贫 7000 户 2.1 万人。

（四）创新利益联结模式，提高产业扶贫效率

针对贫困农户经营能力有限，组织化程度低，应对市场风险能力弱的突出问题，优化生产要素配置，创新利益联结机制，确保农业产业发展、农户增收脱贫。一是"租金（股金）+ 薪金"联结模式。贫困农户通过土地租赁或入股

收取租金或股金，同时在基地为企业务工取得薪金，增加了农民财产收入，拓展了就业增收门路。房县神农贡茶业有限公司在房县军店镇流转土地 800 亩建设绿色食品茶叶生产基地，政府注入资金 100 万元，以集体名义入股，通过股金分红增加农民和集体收入，200 余贫困户户均实现增收 1.5 万元。二是"订单＋底金"联结模式。由农户与企业签订产品收购订单，并由企业承诺最低保护价，确保农户放心种茶。丹江口市圣和生态农业开发有限公司与茶叶种植农户签订长期的种植收购合同，按照不低于市场价和保底收购的方式对农户基地鲜茶叶进行收购，同时开展种植奖励机制和扶贫帮扶机制，对特困户除免费提供农资外，同时按照每公斤鲜叶增加 2 元的价格予以补贴。三是"龙头企业＋合作联社＋基地＋贫困户"的模式。通过龙头企业成立行业合作联社，为贫困户提供全产业链服务，分享产业发展收益。湖北圣水茶场公司先后流转宝丰镇车家沟村、小堰村和竹坪乡新荣村贫困户土地，发展茶叶产业，统一规划，标准管理，帮助 1000 多贫困户户均建设 1 亩高效茶园，使之每年获得固定收入。此外，该公司采取订单模式，与 24 家茶叶专业合作社签约，统一提供技术标准、统一收购茶叶，让贫困户春季投入秋天就有收获，实现了"产业富民、科技兴茶、质量兴企"的美好愿景。四是"包技术、包融资、包帮扶、包销售"四包发展模式。通过包技术指导、包资金供给、包帮扶发展、包市场销售的方式，着眼解决贫困户缺技术、缺资金、缺劳力、缺市场"四缺"问题，帮助贫困户发展致富。郧西县槐树茶场筹资 200 多万元，提供种苗，发展专业户 86 户，开发优质茶园 300 余亩，走出了山区脱贫致富的好路子。

三 成 效

通过创新"政府引导、市场主导、企业主体、协会运作、双牌经营、分步推进"的品牌打造运作机制，激活了企业盘大做强的内在动力，提高了茶产业开发效益。截至 2017 年年底，全市茶叶种植面积达 77.57 万亩，产量 1.59 万吨，实际生产产值 25 亿元，产业综合产值达 70 亿元，分别比品牌整合前的 2008 年增长 85%、87%、188%、252%。茶叶鲜叶收购价由 45 元提高到 80 元以上，全市 60 多万茶农直接受益，茶产业对农民收入贡献率达 13.5%，位居特色产业首位，茶叶产业已成为十堰贫困地区农民增收的主导产业。截至 2018 年上半年，全市贫困人口总数从 2014 年的 83.3 万人减少到 34.1 万人，贫困发生率从 37.22% 降到 15.24%。

四　思考与启示

贫困地区多位于偏僻山区，这是其发展的天然区位劣势，但丰富的特色山地资源同时又是其获得突破发展的比较优势。因此，如何盘活特色资源、推动特色产业发展是实现精准扶贫、加快农民脱贫致富的有效途径。十堰市以武当道茶品牌培育为主轴，充分调动企业、协会在品牌创建中的支柱作用，积极创新帮扶机制，提升科技支农水平，从而探索出了一条将茶产业比较优势转化为发展优势，将茶产业发展与精准扶贫工作无缝对接的新路子。

（一）科学选择产业，提升品牌价值

从产业发展的角度看，一个县、一个镇、一个村组不能面面俱到搞"小而全""百花园"，必须集中力量，彰显特色，明确主业，实现一区一业、一村一品。十堰市是中国高香型生态绿茶之乡，武当道茶又是"中国四大特色名茶"之一，历史底蕴丰厚，品牌价值无穷，值得大力发展。多年来，十堰市咬定"茶叶富民"目标，持之以恒推进茶叶产业发展，按照"建基地、扶龙头、抓项目、打品牌、拓市场"的思路，有力推进了茶产业转型升级，用茶产业推进大扶贫战略落地。为充分发挥武当道茶经济优势，十堰市还提出了茶产业"三百"工程目标，力争用 5 年左右时间将茶产业培育成 100 万亩基地，100 万从业人员，100 亿综合产值的支柱产业，把十堰建成全国有影响力的"中国茶都"。

在精准扶贫大背景下，十堰市统一思想认识，明确技术创新方向，通过发展茶叶深加工产业，延长产业链，促进产业增效，实现农民增收。利用资源优势，在做优做精绿茶的同时，大力开发了茶多酚、儿茶素、茶饮料、茶食品、茶保健品等茶产业深加工产品，提高了产业利润率，为农户增收拓展了上升空间。

（二）创新帮扶机制，提升扶贫质量

十堰市以武当道茶产业链为纽带，通过创新帮扶机制，将生产企业、贫困户密切联系起来。一是创新了利益联结模式，按照"企业＋合作社＋基地＋农户"模式，指导建立起企业与贫困户利益联结机制，企业和茶叶专业合作社与建档立卡贫困户签订脱贫协议书，每个有基地的茶企在实施茶园冬管用工时优先雇用建档立卡贫困户，优先收购加工区域内贫困茶农交售的鲜叶，免费提供茶叶种管技术服务，大大减轻了贫困户资金投入成本，开拓了入股分红增收渠道。二是建立了生态模式示范茶园，以推进有机茶叶标准园、示范园、精品园建设为抓手，积极做好有机茶园培管，大力推广使用生物肥、饼肥、人畜绿肥，茶园实现了无公害栽培。推进生产标准化，建成覆盖产前、产中、产后的红、绿茶标准体系，先后通过无公害农产品、绿色食品、有机食品认证茶叶企业36家，实现了产品分级、价格分档，实现了经济效益最大化。同时注重本土优质资源开发利用，建成茶叶试验示范基地5个，开展良种选育与无性系繁殖、种植技术研究与推广、产业融合试验示范。

（三）强化人才支撑，提升科技支农水平

十堰市每年聘请省级茶叶专家担任产业发展顾问，与华中农业大学、中国农科院茶叶研究所紧密合作，建立产、学、研相结合的技术创新体系。同时，打开涉茶高级人才引进"绿色通道"，在住房安置、工资待遇、提拔重用等多个方面给予优惠政策。通过激发内在活力，提高参与感，创新基层农技推广机制；以基层农技人员为主体，培育建立经合组织，再结合每个乡镇实际，因地制宜地为每一个乡镇农技中心拟定农技推广公益项目或技术、品种等，通过实体建设，达到基层技术力量身体力行推广各类技术，提高了茶产业行业整体技术水平。

编写执笔：杨远通、李涛、张丹

案例 18　小庭院做出大文章

——农村庭院经济助推新疆喀什地区精准扶贫

2014 年 4 月 27 日至 30 日，习近平总书记到新疆考察，对做好新疆维护社会稳定、推进跨越式发展、保障和改善民生、促进民族团结、加强党的建设等工作进行指导。习近平总书记在考察期间强调，要紧密结合改善民生推动发展，教会农民先进生产技术和市场经营方式，发展第二、三产业，开发项目、建设重点工程，无论谁投资，都要注重增加当地群众就业，促进当地群众增收。总书记的嘱托，转化成新疆喀什地区干部群众砥砺奋进、打赢脱贫攻坚战的强大动力。喀什地区各县市把发展农村庭院经济作为重要抓手，促进了农民增收，加快了脱贫进程。时至今日"家有安居房，门前有果树，院里有菜园，房后是棚圈，养鸡养鸭又养羊，脱贫增收有保障"，已成为喀什地区农村加快脱贫致富的一个真实写照。

一　背　景

喀什地区位于新疆维吾尔自治区南部，古称疏勒，是国家历史文化名城。全地区现有人口 465 万，总面积 16.2 万平方公里，下辖 12 个县市 167 个乡镇 2335 个村 11515 个村民小组，农村人口 358.5 万人，占全地区总人口的 77.1%。耕地面积 795.7 万亩，农村人均耕地 2.1 亩。喀什是一个多民族聚居的地区，有维吾尔族、汉族、回族、柯尔克孜族等 20 多个民族。许多古老的民族曾在这里繁衍生息，自然、经济、社会和文化等方面的差异性，决定了喀什地区贫困状况的特殊性。

喀什地区系国家深度贫困地区，所辖 12 个县市全部为国家贫困县。全地区有建档立卡贫困村 1222 个，占行政村总数 52.3%；农村贫困人口 127.3 万人，贫困发生率高达 35.5%。喀什地区贫困人口占新疆自治区贫困人口总数（330.2 万人）的 38.6%。可见，喀什地区是新疆维吾尔自治区名副其实的脱贫攻坚主战场。

如何加快贫困人口脱贫致富步伐？喀什地区根据本地区实际，探索了发展农村庭院经济的路子。发展农村庭院经济占地规模小，产出价值高，已被当地越来越多的农民所接受，逐步成为发展农村经济促农增收的新亮点。从地域分布情况看，近郊区域农户庭院经济数量多，发展快，并形成了一定的发展规模。亚郊区域庭院经济发展较慢，现处在初步形成和发展阶段，尚未形成规模或者产业。远郊的广大农村以发展大田种植为主，大部分庭院经济发展尚未起步。过去，庭院主要以养殖畜禽、种植果蔬自给为主，庭院利用率低，还未形成庭院经济发展的具体模式。从喀什地区庭院经济的区域布局情况来看，城市近郊、人多地少、失地农民多、农民具备一技之长、离城镇就业销售市场较近，这五大因素催生了当地农村庭院产生的基本要素。

二　做　法

近年来，喀什地区党委、政府高度重视农村庭院经济发展，各县市因地制宜、因户施策，推行多种庭院模式取得了较好成效。

（一）"三区分离"造就聚宝盆

"三区分离"，即鼓励农牧民在庭院内搭棚改圈、栽花育苗、种菜养禽等，使生活区、种植区、养殖区分离，既有经济效益，又绿化美化了家园环境。疏附县布拉克苏乡乌润巴斯提村严格按照三区分离模式，开展集中连片庭院改造，2016 年下半年，第一批 30 户农民搬进了新居，村里还给他们安排了庭院改造的一些补助，每一户给了 7 只羊羔，有些农户安排了特色养殖，如养鸡、养鸽子等项目。如今，放眼望去，宽阔整洁的道路两侧一排排新建的富民安居房矗立两侧，一排排路沿石、路灯整齐划一，优美的居住环境使得村容村貌焕然一新。

疏附县把发展庭院经济与美丽乡村建设结合起来,设立庭院经济引导资金,以每户2000元的标准,动员群众以村民互助清理、整村推进的方式整理庭院,将庭院利用率从目前的30%提升到85%以上。该县在进行富民安居房建设时提前规划,对贫困户院落实施一户一方案、一户一模式,并进行三区分离规划,引导贫困户发展种植型、养殖型、加工型、仓储型、休闲观光型或是"1+X"等立体式种养殖,把"小庭院"做出"大经济",足不出户增加收入。乌润巴斯提村通过实施400余万元庭院经济及增收入户项目,帮助全村80%的贫困户完成了庭院经济改造,发展家禽养殖、蔬菜种植等,户均可新增生产用地0.8亩、户均增收4000元以上。目前,全村200余户贫困户都开展了庭院蛋鸡养殖,土鸡和土鸡蛋成为乌润巴斯提村上的热销产品。

(二)"1+N"模式拓宽致富路

随着喀什地区农村经济的多元化发展,农村庭院经济也出现了生产型、加工型、贮运型、休闲娱乐型等多种类型,主要以农户+果园+养殖、农户+温室育苗+果园+养殖、农户+温室蔬菜+果园+养殖、农户+果园+贮运+经纪人+养殖、农户+肉铺+养殖、农户+家庭手工、农户+房屋出租+外出务工、农户+观光+餐饮等多种"农户+"的模式发展,有些地方还形成了农民专业合作社+庭院经济、农民专业合作社+庭院经济+基地的运行机制。由于各农户的实际情况不同,形成的庭院经济类型、模式也不同,带动作用也有所不同。

疏勒县库木西力克乡库木西力克村共372户,其中贫困户169户,占45.4%;人均耕地1.4亩。新疆农科院驻村工作队坚持产业扶贫为根本,在对农户生活区、种植区、养殖区实行"三区分离"基础上,推行"1+N"庭院经济为发展模式。"1"即在庭院周边种植100株葡萄;"N"是指因户制宜地选择院内发展蔬菜拱棚种植、牛羊和家禽养殖、民族乐器制作作坊、地毯编织、刺绣等。最大限度地利用庭院空间发展多种短期增收经营项目,形成"一架葡萄一棚菜,一圈畜禽一片园,一门技能一餐饮"的套餐发展模式。经测算,每户种植60株"无核白鸡心"葡萄,三年后年收入预计可达6000元;每户搭建拱棚2—3座,每年两茬反季节蔬菜,年收入预计可达2100元;每户2头牛、10只羊、300只鸡的养殖规模,年收入预计可达1.6万元。当地扶贫工作队还结合该村位于巴扎繁华地段,民族手工艺品一条街客流量大等区位优势,扶持村民在自家院落兴办农家乐,发展妇女擅长的地毯编织、刺绣、彩色拖鞋编织工艺等传统手工业优势,帮助村里81名妇女足不出户年增收3500元左右。

(三)强化技术培训与跟踪服务

为了实现庭院经济效益最大化,喀什地区的扶贫工作队充分发挥各自单位技术、人才优势,协调组织"农业科技巡回服务队""民族团结一家亲"结亲队伍、农科院专家等力量,依托农民夜校这一有效载体开展技术培训,抓好新品种、新技术、新成果的示范应用。在技术专家手把手的帮带下,农户们有的建起拱棚种上了反季节蔬菜,有的栽种了葡萄、万寿菊……由于技术跟踪服务和日常管理到位,小庭院有了大收获。扶贫工作队还积极探索"公司+合作社+农户"的经营模式,帮助群众畅通销售渠道,解决其后顾之忧。

三　成　效

针对喀什地区农村人多地少,劳动力相对过剩,庭院经济发展有利于将劳动力从单一大田转入"大田+庭院",从而消化吸收了剩余劳动力,拓宽了农民增收渠道。

利用房前屋后闲置土地发展庭院经济,提高了农村劳动力利用率和劳动生产率,让农民不出家门可实现增收。据喀什地区农办数据,2016年全地区整理出庭院100万亩,2017年实现庭院经济110万亩。在庭院经济助推下,2014—2017年喀什地区减贫59.6万人,减贫率达到46.8%,为2020年完成脱贫攻坚任务打下了较好基础。

四　思考与启示

为什么新疆喀什地区的农村庭院经济能得以迅速发展，并在脱贫攻坚中大有所为？

（一）喀什地区具有发展农村庭院经济的内在优势

1. 城镇化发展进程为庭院经济的快速发展创造了条件。随着喀什地区统筹城乡发展步伐不断加快，各县市城郊村农民的耕地面积在不断减少，客观要求城郊村的农户由原来的大田承包经济向庭院经济转型，从而催生了城郊村庭院经济的快速发展。

2. 小规模高产出为农村庭院经济的快速发展注入了活力。发展农村庭院经济占地规模小，单位空间创造的产业价值高，被喀什地区越来越多的农民所接受，逐步成为各地发展农村经济促农增收的新亮点。据调查数据显示，随机抽取喀什地区 3 个县市 11 户庭院经济发展户，其家庭承包土地共 44.6 亩，庭院经济占用土地 25.8 亩，11 户劳动人口 43 人，创收 146.99 万元，劳均收入 3.42 万元，每亩平均收入 2.09 万元。可观的经济收入已成为越来越多的农民投身农村庭院经济的内在动力。

3. 农村庭院面积大、利用率不高，为庭院经济提供了发展空间。以疏附县为例，疏附县 10 个乡镇 121 个农牧业村 48828 户，户均宅基地 1.43 亩，过去来自庭院经济的收入不足家庭总收入的 25%。除站敏乡、乌帕尔镇等个别乡镇的部分农户庭院利用水平较高外，其余绝大部分农户庭院闲置率高、产出水平和商品率低，从事二、三产业农户比例不到 5%。这都为做大庭院经济提供了发展空间。

4. 发展农村庭院经济已经成为农民就地转移增收的有效途径。喀什地区农村人多地少，劳动力相对过剩。农村庭院经济的发展将剩余劳动力从大田转到庭院，对消化吸收剩余劳动力起到了积极促进作用，实现了农户不出家门就能增收的目标。据调查，喀什市乃则巴格镇 1 村 11 组库尔班江开办了 60 平方米手工业加工作坊，常年需生产加工人员 6 人，生产旺季用工达 20—30 人。庭院经济的发展有效带动了当地村民就地就业增收。

（二）喀什地区推动农村庭院经济的有效方法

1. 科学布局设计。喀什地区党委、政府高度重视农村庭院经济发展，对全地区农村庭院经济发展和规模情况进行了摸底调查，做到"四个弄清"：即分布清、类型清、规模清、效益清。在庭院经济户的规划设计和施工建设过程中，深入调研并征求当地村民的发展意愿，按照当地村民的生产生活习惯、发展意愿和接受程度，"一户一策"进行庭院布局规划设计，最大限度地调动村民发展庭院经济的主观能动性。规划制定后建立农村庭院经济经营户档案，做到一户一档，实施动态管理，提升了庭院经济发展的管理水平。

2. 出台激励政策。喀什地区及各县市积极出台激励政策，推动庭院经济发展。喀什市将农村庭院经济发展纳入脱贫攻坚、美丽乡村建设的扶持范畴，地方财政拿出 7000 万元补助资金，用于扶持庭院蔬菜大棚、养殖棚圈、果蔬种植。每个温室建设补助 3000 元，棚圈建设补助 3000 元，果园建设补助 1000 元，极大调动了广大农户发展庭院经济的积极性。

3. 树立发展典型。各县市树立了一批庭院经济建设的成功典型，收到了示范引领效果。疏附县萨依巴格乡 8 村，选择 29 户村民连片开展庭院经济示范点建设，每户投入近 5 万元，按照"一户一策"的规划理念，采取"前院、中园、后舍"的庭院布局模式，大力扶持农户改善蔬果生产、畜禽养殖和人居环境。喀什市荒地乡 1 村 5 组建立了"庭院经济园区"，选择 20 户，每户投入 1 万元补助资金，以户为单位连片集中建设"温室、棚圈、果园"三位一体的庭院经济示范园。通过培养农村庭院经济示范典型，总结经验教训，为面上推进庭院经济建设提供了实践借鉴。

4. 制定长远规划。如喀什市把农村庭院经济发展纳入美丽乡村发展规划，明确目标任务和相关责任，制定相关扶持政策推进发展。计划结合"美丽乡村"建设工程，采取政府奖补、村委会主导、村民"一事一议"的方式，加大对农村庭院经济发展的扶持、指导力度，全面推进农村庭院经济发展取得新成效。

　　本案例告诉我们，在宅基地、自留地、房前屋后空闲地较多的贫困农村，因地制宜发展庭院经济大有可为。如何健康发展农村庭院经济，帮助贫困农民拓展增收渠道？新疆喀什地区的实践经验给予我们以下几点启示：（1）要加强对发展农村庭院经济的组织领导。（2）要科学制定区域性农村庭院经济发展规划和"一户一策"的庭院经济项目布局设计。（3）要出台扶持庭院经济发展的相关激励政策。（4）要加强技术培训、咨询与跟进服务。（5）要建立"公司＋合作社＋农户庭院"产业化经营机制，提高产供销组织化程度，促进小规模庭院经济与大规模市场有效衔接。

编写执笔：宋兰兰、胥兵
课题组成员：刘力英、谭明铭、方昕

第三篇　乡村旅游生态扶贫

在生存条件差、但生态系统重要、需要保护修复的地区，可以结合生态环境保护和治理，探索一条生态脱贫的新路子。不少地方既是贫困地区，又是重点生态功能区或自然保护区，还是少数民族群众聚居区，如西藏、四省藏区、武陵山区、滇黔桂部分贫困地区等。要加大贫困地区生态保护修复力度，增加重点生态功能区转移支付，扩大政策实施范围。

——习近平在中央扶贫开发工作会议上的讲话
（2015 年 11 月 27 日）

案例 19　特色农业乡村游　望山见水有乡愁

——贵州省遵义市花茂村脱贫攻坚实践

2015 年 6 月 16 日，习近平总书记来到遵义市播州区枫香镇花茂村考察。沿着土墙和木栏相伴的乡村小径，习近平总书记边走边询问当地脱贫致富情况。当地干部介绍，伴随着美丽乡村建设，花茂村已成为附近居民喜爱的婚纱拍照地。看到鲜花盛开，道路两旁的房屋干净整洁，习近平总书记不禁有感而发："怪不得大家都来，在这里找到乡愁了。"花茂村如今是望得见山、看得见水、记得住乡愁。谁能想象这曾经是一个"出行难、饮水难、看病就医难、农田灌溉难、村民增收难"的老大难贫困村。

一　背　景

花茂村位于贵州省遵义市播州区枫香镇东北部，原名"荒茅田"，意指贫困荒芜。后更名为"花茂"，寓意花繁叶茂。在很多村民记忆里，以前守着一亩三分地仅能勉强糊口，村里到处是破败的木房、颜色各异的低矮砖房、脏乱差的环境导致夏天蚊子成片、臭气熏天；下雨天出门，鞋子会被烂泥包裹得迈不开脚。由于地处深山，交通不便，农产品卖不出，年轻人往外跑，村民穷苦潦倒。2012 年以前，村里人均收入只有 3000 元。到 2013 年年末，花茂村尚有建档立卡贫困人口 101 户 242 人，贫困发生率 5.3%。

从 2012 年开始，村里实施新农村建设和新一轮扶贫开发，村容村貌开始变化。依靠发展特色农业和乡村旅游，村里 80% 的外出务工人员渐渐地返乡创业致富；而返乡农民回归创业，又加快了村里的变化。自此，花茂村由贫穷开始走向富裕。

二　做　法

（一）发展现代高效农业，带动村民增收

以前，花茂村的农民以种植低效高秆的农作物为主，起早贪黑，收入微薄。2014年，花茂村引进了九丰、赢实、燎原三家公司发展现代山地特色高效农业，共流转土地1800余亩。通过采取"公司＋基地＋专业合作社＋村委会＋农户"模式，由村委会"一事一议"方式，拉出负面清单进行审核，对需政府"兜底"的贫困人口，探索土地入股、平时务工、年终分红机制帮助脱贫，用市场手段推进产业化社会化扶贫，逐步实现了由传统农业向现代农业转型，解决了短期脱贫与长期可持续发展问题。

九丰公司投资2.6亿元建设的枫香蔬菜现代高效农业园区，规划为"一园两区"，即300亩核心示范园和周边700亩露地果蔬栽培示范区、5万余亩露地果蔬种植辐射带动区，发展设施蔬菜、绿色有机蔬菜，解决约200名农民就业。习近平总书记考察九丰园区时说："我到这里来，主要就是看中你们对农民的带动作用。"九丰公司副总经理闫京罡介绍说，现在明显感觉村民打牌的越来越少，做事的人越来越多。如今园区内近200名员工中，除了十几名技术员，全部聘用经过培训的本地村民。村民在九丰农业园务工，一个月2000多元工资，守在家门口，照顾老人孩子也方便，大家都抢着干。

尝到了甜头的花茂村2016年加大了与九丰公司的合作，成立了自己的合作社——遵义绿动九丰蔬菜种植专业合作社，种植大户王文宽当上了负责人。合作社不再使用化肥，改用有机肥，冬天到邻近乡镇去收猪粪牛粪，发酵后撒到土里，肥力强，也有助于松软土壤。随后，合作社陆续尝试种植西红柿、黄瓜、丝瓜等蔬菜，亩产值均达万元以上。除了九丰公司，赢实公司重点发展中药材和商品蔬菜，燎原公司大力种植黄金奇异果，均采取"公司＋基地＋专业合作社＋村委会＋农户"模式，共赢共建，以市场力量带动花茂村脱贫致富。

（二）推进红色田园旅游，提升乡村发展

村民黄文翰一直有个疑问：为什么我们守着苟坝这个红军长征遗址还很穷，其他地方却依靠红色旅游发展起来了？这一问让前来蹲点的县委干部坦言很汗颜、很羞愧，也让花茂村有了发展乡村旅游的新路径。花茂村除了在现代高效蔬菜产业园内新增体验式旅游项目以外，还依托苟坝会议会址，大力发展红色旅游项目，并加强配套建设。

一是进行环境整治，着力整治农村生活环境脏乱差，建设干净整洁、安居乐业的美好家园。以前的花茂村到处尘土漫天飞扬，街上都是猪粪牛粪的味道，垃圾随处有，环境脏乱差。为此，花茂村通过政府与民众等多元渠道筹资，全面改善水、电、路、讯、气、污水垃圾处理等基础设施；实施改水、改厕、改灶、改圈"四改"和健康知识、卫生习惯、清洁环境"三进户"；推行环境卫生网格化管理，建立"五户联保"制度和村寨卫生管理公约，通过相互制约、相互监督、定期互评，督促群众养成良好生活习惯。

二是通过各级政府住房改造补贴，打造有当地少数民族特色的民居群落。坚持黔北民居"七大元素"，合理引导农村住宅和居民点建设，以"小青瓦、坡屋顶、转角楼、三合院、雕花窗、白粉墙、穿斗枋"七元素为基调，挖掘培育乡愁文化、农耕文化、陶艺文化，家家户户实现庭院绿化。

三是利用村民的房屋和田地发展农家乐。村民们一直有疑虑，又偏僻又穷的花茂村会有人来旅游吗？为此，村里动员有威望的老同志做村民工作，动员有一定经济基础的老同志先带头搞起来。就这样，刚打工回来的老党员王志强开办了第一家农家乐——红色之家。经历了短暂的不景气后，凭借着招牌菜"盬子鸡"和其他特色菜，王志强的农家乐如今开得红红火火，一到周末或是节假日，近200个座位不提前预订都没位子。

村委会也看到了机遇，顺势成立了乡村旅游协会和旅游开发公司。公司取名"乡愁花茂"，意在"望得见山、看得见水、记得住乡愁"。名声传了出去，游客纷至沓来，花茂村陆续发展起18家农家乐和42家乡村旅馆，并以此带动村里的贫困户依靠自己的劳动脱贫致富。28岁的聋哑小伙曹安全，由于先天残

疾一直找不到工作，父母又都有重病，他家算是花茂村最困难的一家。自从习近平总书记来到花茂村，村里的农旅一体化产业发展迅速，曹安全也在村干部的帮助下，在顺然农庄找到了一份帮厨的活儿。小伙子干活卖力，每个月都能拿到奖金，家里也彻底变了样，家电配齐了、屋子装修了、欢笑回来了！曹安全的妈妈激动地说："我家曹安全也能挣钱了，以前想都不敢想呀！"

（三）挖掘本土文化特色，传承乡愁记忆

没有文化支撑、没有地方特色，乡村旅游就难以保持吸引力。花茂村从自身历史文化发掘，从代代相传的手工技艺中，找到了自己的"过人之处"。尤其让那些身怀手艺却世代贫困的村民有了用武之地。

最有特色的是花茂村的陶瓷业。从有据可查的清代光绪年间算起，距今约有140多年的历史。村里就此专门打造了一条集旅游休闲、陶艺展示于一体的陶艺一条街。母先才的店是街上最显眼的一家，他家的手艺已经传了四代，但日子一直过得很贫困。为了让传统手艺重新焕发生机，村里专门送母先才等几位有家传手艺的村民出去学习现代技术。回来后，母先才申请到小微企业鼓励资金，再加上贷款和借来的本钱，扩大了陶艺馆的规模。"如今收入翻了几番，手艺我不丢了，还得传给孩子。"母先才自豪地说。陶艺一条街成为村里的特色，在这里不仅能看到各式土陶艺术品，还可以亲自动手，制作一件土陶产品带回家。此外，花茂村也利用电商平台助力农村发展。贵州本土电商品牌"乡亲淘"已整合贵州特色土特产、滕编及陶艺工艺品等资源，让人们可以在网上选购花茂陶瓷等贵州特产。

三　成　效

党的十八大以来，花茂村村民生活发生显著变化。农民人均可支配收入由2012年前的3000元增加到2018年的1.7万元，增长近5倍。目前，花茂村仅剩贫困户14户38人，外出务工人员减少到500余人。

如今的花茂村，户户有脱贫门路，家家有增收项目。花茂村正在变成一座

活态的乡村公园、一个产业创新"孵化器"，培育出了现代山地高效农业、有机蔬菜、乡村旅游、红色旅游等特色产业4个，推动农旅文一体化，形成了别具一格的历史文化特色。花茂村自2015年以来，先后获得了"全国最美红村""中国美丽休闲乡村""全国度假社区""全国基层先进党组织""中国乡村旅游创客示范基地""全国改善农村人居环境示范村""2017年中国人居环境奖"等国家级荣誉称号。2018年，花茂村接待游客达185万人次，旅游综合收入超过5000万元。

四　思考与启示

产业扶贫是精准扶贫、精准脱贫的关键举措，也是打赢脱贫攻坚战的重要保障。花茂村立足本地实际，挖掘特色优势，在产业扶贫脱贫方面进行了有益的探索和尝试，为其他贫困地区的扶贫脱贫工作提供了借鉴和启发。

（一）走村级产业综合体的扶贫脱贫新路

花茂村以村为整体单元，把扶贫开发、产业发展和生态建设有机结合起来，通过发展现代农业，完善基础设施，发展乡村旅游，使农村变成景区，土地变成果园，农民住房变成民俗旅游集散中心，促进产业向园区集中、土地向农民专业合作组织集中。在这一过程中，确保贫困对象参与现代产业发展过程，做到经济效益、社会效益、生态效益同步提升，实现农旅文融合发展，以实际成效守住发展和生态两条底线，走出了一条整村产业综合体发展新路。

（二）注重提升产业发展的文化内涵

花茂村为增强产业发展的吸引力和可持续性，始终注重在提升文化底蕴上下功夫。一是充分发掘当地的红色文化和乡愁文化。在花茂村，红色文化元素随处可见，无论是民居建筑还是村容村貌，都融入了长征文化印迹和社会主义核心价值观内容。另外，花茂村引领着周边乡镇，以红色游、田园游、智慧游为主导，打造"土坝—花茂—苟坝"乡村旅游示范带，既保持了村庄传统风貌，又结合了现代化元素，与青山绿水浑然天成，成为一道亮丽的风景线。做足了"乡愁元素"，开拓了致富新路。二是让"非遗产业"发扬传承。花茂村的土陶制作，保留至今的是一家明末清初所建的陶艺作坊，堪称人文景观一绝。花茂土陶的发展与茅台酒的发展息息相关，自茅台酒酿造开始，便可见到花茂土陶的影子，随着茅台酒知名度的提高和规模的扩大，花茂村更是成为茅台酒专用酒瓶的生产基地，成就了"无瓶不花茂"的辉煌历史。为进一步提炼和挖掘花茂土陶文化的内涵，让花茂手工土陶文化得以传承，目前花茂土陶已经申请了市级非物质文化遗产。枫香镇依托花茂制陶业，结合陶艺文化的发展，将此作为乡村旅游的吸引点，打造了一条集陶艺体验、陶艺展示、旅游休闲为一体的陶艺文化创意一条街。

（三）充分发挥基层党组织的引领作用

党的政策在农村、特别是少数民族山村落地生根，基层党组织的职能和作用发挥是关键。花茂村的村民能逐步理解和接受中央和地方各项扶贫政策，敢于投入到相关产业活动中，这与几届村党委对政策耐心细致的解读，设身处地地消除村民的思想顾虑，找准扶持致富带头人是密不可分的。花茂村坚持以党建促发展，以发展带脱贫，充分发挥党建的制度优势和政策红利，以扶贫精神为动力，推动党组织思想建设、服务能力、发展水平、党员素质、群众满意度"五提升"为抓手，建设基层服务型党组织升级版。针对精准扶贫面临的问题和主体，花茂村实施干部结亲、驻村工作组、龙头企业、专业合作社、致富能人等"五带"贫困户，采取不同途径全方位帮助贫困户，构建多元化的村级大扶贫格局，使花茂村党组织成为脱贫攻坚的推动力量，尤其是充分发挥"村干部、第一书记、农村能人"这三支队伍在精准扶贫、率先小康中的"领头雁"和"火炬手"作用。花茂村把建强基层党组织、发展农村产业、提升治理水平与脱贫攻坚统一起来、结合起来，这一做法值得各地借鉴。

编写执笔：吴刚、秦元奎

案例 20　苍山洱海系乡愁　青山绿水助脱贫

——云南省大理市古生村生态旅游扶贫

是发展经济还是保护环境？是要金山银山还是要绿水青山？这是一个"鱼和熊掌能否兼得"的难题。云南省大理市古生村的生态扶贫告诉我们，只有观念正确、路子找对，可以既要金山银山也要绿水青山。拥有青瓦白墙古朴民居与秀美自然风光的千年古生村，在立足自身资源禀赋和民族特色的基础上，结合扶贫开发、美丽乡村建设，努力打造出"望得见山、看得见水、记得住乡愁"的美丽乡村，探索出了一条生态环境保护与历史文化传承相结合、生态观光农业与乡村旅游相促进的新模式，实现了保护环境与发展经济、精准扶贫的双赢目标。

一　背　景

古生村是大理白族自治州大理市湾桥镇中庄村委会的一个自然村，现辖 5 个村民小组 439 户，总人口 1746 人，白族占 98% 以上，总耕地面积 1220 亩，是有着 2000 多年历史的白族聚居村落。古生村东临洱海，西至大丽路，南与新溪邑村接壤，北靠苍山十八溪之一的阳溪，由南至北蜿蜒二里许。古生村溪水环绕，绿树成荫，村内古建筑众多，再加上白族民居"三坊一照壁"院子，整个古生村青山秀水，庭院悠悠，散发着浓浓的田园气息。

虽然古生村自然风光优美，历史底蕴深厚，但在过往，古生村不仅基础设施薄弱，村民环保意识也较差，乱扔乱倒垃圾现象众多。20 世纪 90 年代，由于家家户户随意排放废水和垃圾，导致洱海水质变差，于 1996 年和 2003 年两次暴发蓝藻。长期以来，古生村的作物也以传统的重肥农业为主，大量的农药化肥残留物给土地、水源造成较大的污染。而随着经济社会加快发展,洱海流域污染负荷也快速增加,境况更令人担忧。此外,村里现存的文物古迹也已破败。古生村村民除了种植农作物,以外出务工为主。

2015 年 1 月 20 日,习近平总书记来到古生村考察,称赞古生村"记得住乡愁"[①],并在洱海边留影"立此存照",叮嘱干部群众一定要保护好洱海。

二 做 法

党的十九大报告指出:"人与自然是生命共同体,人类必须尊重自然、顺应自然、保护自然。人类只有遵循自然规律才能有效防止在开发利用自然上走弯路。"古生村深知这点。为建设更加美丽富饶、有传承有记忆的美丽乡村,古生村选择在生态环境保护、民族文化保留及生态农业上下功夫。

(一)科学制定规划,明确发展定位

2014 年 7 月,云南省委、省政府决定从 2015 年起,每年推进一批美丽乡村建设,建成一批富有云南特色的"宜居宜业宜游"美丽乡村。2014 年 5 月,大理州委、州政府超前谋划,出台了《关于推进美丽乡村建设的实施意见》。借助美丽乡村建设的契机,2015 年大理市政府编制了期限为 15 年的《古生村美丽乡村建设规划》,旨在将古生村打造成为特色保护型村庄,将古生村性质定位为休闲观光农业与乡村旅游胜地,将产业定位为生态高效农业、休闲观光农业及特色民俗乡村旅游。古生村精心编制《古生村美丽乡村建设实施方案》,实施完善基础设施工程、村容环境综合整治工程、传统村落保护工程等"六大工程"。2015 年 4 月,古生村还制定了《湾桥镇古生村保护管理办法(试行)》,明确了保护范围、保护措施等。古生村还委托设计部门编制了《大理市湾桥镇中庄村委会古生村省级示范村规划》,涉及生态环境保护、历史文化、村寨风貌的保护和发展开发等方面。总规中对古生村的形象定位是:山海古生田园,

---

① 习近平大理考察:入庭院访村民 谈创新话环保[N/OL].新华网,2015-01-20。http://www.xinhuanet.com/politics/2015-01/20/c_1114065703.htm。

最美白族名村。

（二）整治环境污染，改善生态环境

针对村里长期存在的生态环境问题，2009 年以来，古生村抓住了大理州开展以洱海流域"百村整治"工程为重点的新农村建设工作的契机，对环境污染进行整治，使村庄面貌焕然一新。

为进一步改善古生村的生态环境，古生村多措并举。一是控制生活污染源。对家畜家禽实行圈养，每户都按要求建好了三格化粪池，减轻畜禽养殖污染。为杜绝污水直接入湖，古生村于 2015 年规划建设覆盖全村家家户户的污水管网系统和污水处理设施，解决生活污水排放问题。二是控制农业面污染源。全面推广使用精制有机肥，推广绿色防控技术措施。大力建设入湖沟渠多塘系统沉淀池和拦污闸，已建成 4 个多塘系统、19 个拦污闸、4 个沉淀池和 1 个蓝藻净化处理系统，有效净化农田尾水。三是发挥洱海自身的生态调节功能。古生村积极恢复以龙王庙为重点的洱海湿地 3300 平方米，建成龙王庙湿地公园和生态湖滨带，有效促进了龙王庙湖湾近岸区域的水体交换。同时，严守耕地红线，划定基本农田保护区 1220 亩，保护田园风光。这些措施全面改善了古生村的人居环境和生态环境，进一步营造了良好的休闲观光环境。

在大力实施环保工程的同时，古生村也着力健全长效的环保机制。一方面，建立了镇、村、组、党员（村民代表）、农户五级洱海保护网格化管理责任制和"门前四包（包卫生、绿化、秩序、水清）"责任制。另一方面，组建了垃圾收储员、洱海滩地管理员和河道管理员队伍；建立覆盖村河道、主干道、滩地的定人、定时、定点保洁制度，实现垃圾收集清运"户保洁、村收集、镇清运"常态化运行。同时，还制定村规民约，禁止村民在田间地头和沟渠乱扔乱倒垃圾。

（三）保护历史遗迹，留住乡愁文化

乡愁是古生村的金字招牌，历史文化资源是古生村的灵魂。为此，古生村大力进行古村风貌整治与保护。为突出白族民居特色，古生村实施了民居建筑风格整治工程，统一了青瓦、白墙、大墨画的传统建筑样式。同时，严控新建

筑物选址、布局和建筑风格，为农户建房无偿提供 3 至 4 套白族民居建筑图纸；对所有在建建筑进行全面清理，查处制止违规建房行为；拆除对文物古迹保护有影响的建筑。2017 年，古生村整合资金 400 余万元，实施了民族团结进步示范村建设，进一步推进基础设施建设、文物古迹维护和民居风格整治。对村内传统古物进行分类保护。采取修旧如旧的方式，重点保护福海寺、凤鸣桥、龙王庙、水晶宫等文物古迹和有 300 多年树龄的大青树。挂牌保护 7 户有较厚重历史和民族文化底蕴的白族民居古院落。重视对民族文化的挖掘传承。古生村编制了村内重要节点景观营造和文化内涵提升方案，加强民族特色文化资源的深度开发。木雕、扎染、银器等白族传统工艺，在古生村更常见了。

（四）打造生态农业，助力乡村旅游

"山海古生田园"，田是乡愁的重要寄托，农业是乡村旅游的重要风景。为更好实现观光农业与乡村旅游相结合，古生村转变了发展方式和生产业态，因地制宜调整产业结构，种植生态大米。为打造生态高效农业品牌，古生村积极开展绿色食品基地认证，1220 亩农田被认定为绿色食品 A 级标准。同时，古生村扎实开展绿色生态农业生产技术培训，要求农户严格按照绿色产品操作规程进行田间管理，并实现精制有机肥使用的全覆盖。

在生态农业的基础上，古生村倾力打造新型乡村旅游模式。古生村通过成立专业合作社，引进企业来打造集观光农业、现代农业于一体的乡村旅游。古生村里的规划总平面图上已经划分出了"精品观光农业区"，并结合阳溪湿地公园，重点发展精品观光农业，实现保护和开发相互促进的农业生态旅游。

（五）完善公共设施，打造宜居宜游环境

为打造便民的生活与旅游环境，古生村启动了全村的公共服务设施配套工程。一是实施"三入地"工程。2016 年，各级政府部门先后在村里投入 3210 万元，实现了电力、电信、排污"三入地"，既消除了安全隐患又保证了整洁。二是完善生活便民设施。相继建成了菜场、村中心广场、老年活动中心等便民设施，极大方便了村民的生活和娱乐。三是加快文化教育卫生设施建设。在村

内规划建设村民议事中心、文化室、村史馆等文化设施；建设幼儿园、卫生室、安装健身器材和广播设备。四是通过对村中主干道等村内道路的提升改造，配套完善乡村旅游标识、线路、停车场、旅游公厕等旅游接待设施，营造了优美舒适的旅游环境。此外，加强治安综合治理，安装了治安视频监控系统。这一系列公共服务配套措施使得古生村已初步成为一个具有较强旅游开发潜力的美丽乡村。

三　成　效

古生村通过以上的一系列措施，一个生态环境优美、民族文化浓郁、乡村旅游潜力巨大的"记得住乡愁"的美丽乡村正逐步展现在人们眼前。

（一）生态环境更优美

通过环境整治，古生村不仅村容整洁，风光秀美，而且减少了污水排入洱海，有效改善了洱海的水质。数据显示，2018 年 1 月至 3 月，洱海水质保持 Ⅱ 类优级，比 2017 年同期水平要好；全湖水体平均透明度由 2017 年同期平均 1.91 米提升至 2.14 米，总体水质状况稳定 [①]。

（二）基础设施更完善

通过道路交通、"三入地"工程、三网改造、公共设施建设，极大改善了古生村基础设施，为进一步打造乡村旅游奠定了坚实的基础。

（三）农民收入更上一层楼

随着硬件、软件设施的不断完善，古生村不仅实现了村容村貌改善和文化内涵提升，村庄民族特色旅游的影响力也日渐扩大。特别是被习近平总书记称赞为"记得住乡愁"后，古生村成为大理环洱海生态休闲和民俗体验旅游度假的新亮点，吸引了大批省内外游客来参观旅游度假，节假日来访的游客更是达

---

① 杨峥.洱海水质一季度保持总体 Ⅱ 类优级[N/OL].《云南日报》，2018-04-13。http://yndaily.
　yunnan.cn/html/2018-04/13/content_1213422.htm?div=-1。

到日均 1200 多人次。仅是习近平总书记走访过的村民李某昌家的古朴庭院，这两年吸引了数十万人慕名前来。乡村旅游的兴起大大促进了古生村经济的发展，村民收入逐步提升。2016 年，古生村农民人均纯收入达到 12710 元，比上年增加了 2700 多元。

四　思考与启示

古生村立足优美生态环境和民族特色文化的生态扶贫模式取得了显著的成效。究其原因，主要有以下几个方面：

（一）立足资源禀赋与特色，发展定位精准

古生村是洱海边众多小乡村之一，但它是有着悠久历史的白族村落，村内风景优美，白族庭院民居众多。2015 年 1 月，习近平总书记视察古生村时说："这里环境整洁，又保持着古朴形态，这样的庭院比西式洋房好，记得住乡愁"。①生态环境与民族特色是古生村最闪亮的特点。正是抓住这些优质资源和乡愁这个核心，古生村在突出民族文化特色和生态的基础上，实行发展生态农业与乡村旅游相结合的扶贫开发道路，打造一个"离开这个地方会想念的"美丽乡村。

（二）依托发展大局，科学规划综合施策

古生村处于洱海之滨，与洱海相互依存，村民的生产生活等一系列活动会直接影响到洱海的生态。古生村紧紧围绕保护洱海和美丽乡村建设的这一大局，科学制定发展规划，实施了一系列的生态环境整治、公共设施建设、民俗文化保护等工程，实现了村容整洁、建筑民族、产业生态，打造了古生村美丽乡村的新形象，吸引大批游客到来。

---

① 习近平大理考察：入庭院访村民　谈创新话环保[J/OL].新华网，2015-01-20。http://www.xinhuanet.com/politics/2015/01/20/c_1114065703.htm。

（三）瞄准群众需求，激发内生动力

古生村在实施生态环境保护与精准扶贫相结合的过程中，从村民需求的角度激发他们的内生动力，打牢群众基础。一方面，激发村民的环保意识。古生村通过召开户长会、村民大会等形式，利用黑板报、广播等方式，大力宣传环保政策和知识，提高他们的环保意识，激发每个村民爱家爱洱海的动力。另一方面，古生村将生态环境保护与文化传承融入到生活的各个方面。村内兴建了一系列的环保设施、公共服务设施、社会发展设施等，都是与村民的生产生活息息相关，虽然有少量的近期利益牺牲，但有利于日常生活和长远发展，村民在了解利弊和长远发展规划后，就自觉地响应了村里的规划并积极参与行动。

古生村的生态发展之路，是在立足自身资源优势，结合群众意愿的基础上，将生态环境保护与民族文化传承、乡村旅游与观光农业相结合，实现生态效益、经济效益与社会效益相融合的道路。古生村的生态扶贫开发模式不仅是要留住"苍山不墨千秋画，洱海无弦万古琴"的自然美景，而且是让村民在"吃好""穿好""发展好"的基础上，过上环境整洁、内心愉悦、人与自然融洽相处的高品质生活，实现村庄美丽与可持续发展。这种"宜居、宜业、宜游"的模式可为其他地区类似的村庄扶贫开发提供思路与借鉴。

编写执笔：邓小燕、丁建新

案例 21　旅游助脱贫　古村换新颜

——河南省新县西河村旅游脱贫之路

乡村旅游扶贫是一种非常有效的精准扶贫方式，贫困地区通过发展乡村旅游，找到乡村经济新的增长点，从而带动村民脱贫致富。位于大别山革命老区的河南省信阳市新县周河乡西河村，通过发展旅游产业不仅成功摘掉贫困村帽子，也成了很多人怀旧古村落、追忆童年、寻觅乡愁的梦里老家。

一　背　景

西河村地处大别山腹地，距县城约半小时车程，全村 313 户 1222 人，面积 7.12 平方公里，是省级贫困村。2014 年，全村建档立卡贫困户达 118 户 410 人，贫困发生率 33.6%。西河村是一个有着 800 余年历史的古村落，整个村落布局合理，古建筑工艺精湛，与周围自然环境紧密结合，山、水和田园风光相得益彰。古村落东西长 400 米，南北宽约 100 米，有明清传统民居 150 余间，但大部分破败不堪，有的快要坍塌。村中有乡野特色的河流、古木，河两岸 200 年以上的古树达 118 棵。一直以来，闭塞落后的西河村人"端着金饭碗讨饭吃"，青壮劳动力纷纷外出打工，有的举家外迁在集镇上买房，西河村成为名副其实的"空心村"，留在村里的人没啥收入，青年人找媳妇都很困难。

党的十八大以后，西河村迎来了千载难逢的机遇，古村落保护开发、扶贫攻坚、乡村旅游等一拨又一拨的利好政策，给西河村的发展插上了腾飞的翅膀。

二　做　法

（一）三个尊重——整体规划村落景观

2013 年，新县政府发起了"英雄梦、新县梦"规划设计公益行活动，西河村作为试点对象，县里先后聘请了北京绿十字协会、清华大学、中央美院等国内顶尖规划设计团队，参与西河村景观布局的整体规划设计，设计方案多达 20 多个。规划方案围绕"村舍古韵、村庄美丽、村民幸福"这个核心，切实做到"三个尊重"：一是尊重历史。保留古村的一砖一瓦、一椽一木等原有的形态，把传统文化的根脉和载体保留下来。二是尊重生态。不砍一棵古树，不伐一片林子，不拆一栋老宅子，不让村庄失去村庄的味道、丢掉灵气。三是尊重群众。当专家意见和政府部门意见不一致时，以专家意见为主；当专家意见和群众意见不一致时，以群众意见为主；当群众意见和农户意见不一致时，以农户意见为主。比如古民居改造，怎么改、改不改，都充分尊重群众意愿，让村庄的多元性、差异性体现出来。

（二）两个配套——打造特色现代化古村

西河村努力做到"两个配套"，让村庄的外表是古韵的，内部是现代的，实现古风古韵与现代生活的有机统一。一是旅游基础设施配套。改善村庄外部环境，优先进行村组公路、供排水、垃圾运转和污水处理设施的建设，然后配套村内供电、通信等现代化设施，建设了蔓乡·水舍精品酒店、国际青年旅馆、集装箱酒店等特色精品旅馆，为游客提供高品质的旅游住宿服务。引入上海蔓乡旅游投资管理公司进驻，通过专业化的管理，完成了景区旅游标准化建设，量身定制了景区运营方案，先后承办、协办了"2016 中国（新县）乡村复兴论坛""2016 大别山（新县）乡村旅游文化节""2017 年亚洲大师杯越野赛"等大型活动。二是现代生活设施配套。经过改造的老屋里有时尚的乡村酒吧、"古枫杨"咖啡室、雅致的粮油博物馆，还有酷炫梦幻的星空帐篷酒店，村里有 Wi-Fi，每棵古树也贴了"身份证"，让游客享受现代的生活方式和消费方式。

（三）三步走——以合作社带动贫困户脱贫

引导村民成立农民合作社，以合作社带动村庄经济发展，探索民建、民管、民受益的三步走模式。一是科学谋划，让贫困群众参与进来。驻村扶贫干部一边进村入户走访，一边与村里在外成功人士联系，摸清村内能人和外出成功人士领办合作社的意愿。外出成功人士张思恩有意愿回乡领办合作社，合作社领办人确定后，怎样让群众参与进来，把合作社建起来？经过深入调研，广泛听取群众意见，确定由张思恩现金出资 680 万元，群众以耕地作价 400 元/亩、山场作价 260 元/亩入股合作社。2014 年 1 月，西河村挂牌成立了西河农耕园农民专业合作社，村民纷纷加入合作社，入社农户达到 83 户 339 人，流转耕地 383 亩、山场 4423 亩。村庄土地集中到合作社，为发展现代农业和乡村旅游奠定了坚实的基础。二是积极作为，让贫困群众行动起来。合作社成立后，怎样把群众组织起来，是合作社急需破解的难题。让村民人尽其才，有技献技，无技出力。拆除了破旧的牛栏、猪圈，搞好了硬化道路、治理河道、整修大塘、修复古明渠、铺设各种管网、修复古民居等基础设施建设工作。组织村内石匠、窑匠、木匠等有技术的村民成立建筑团队，收集旧砖、旧瓦、砖雕、木刻等建筑材料，承接老房子修复工程，依靠村民自己完成古民居修复工作。以每天 60—80 元的薪酬，雇请贫困户入社做工，实现了在家门口就业挣钱的愿望。三是收益共享，让贫困群众脱贫致富。合作社先后建成粮油博物馆、星空帐篷酒店、国际青年旅馆、"古枫杨"咖啡室和农家乐，发展了油葵等观光农业基地 300 余亩、板栗改良示范基地 500 亩。贫困户韩秀玲在合作社的帮助下，到餐厅帮厨，每个月基本工资 1500 元，外加绩效工资，最多一个月能领到 2000 多元。同时，农户生产山茶油等农副产品通过合作社注册商标、统一包装、统一销售，价格由过去的 30—40 元/斤提高到现在的 70 元/斤。合作社将全部资产股份化，按照社员入社股份，分配到户，明确到人。没让贫困户投入一分钱，而得到实实在在的资产和经营收入，获得了真金白银，实现收益共享。

（四）三个作用——激发群众脱贫内生动力

一是发挥党支部战斗堡垒作用。西河村支部书记张孝翔，是一名德高望重的老支书，有威信、有凝聚力。在建设过程中，西河村党支部积极发挥组织协调作用，无论宏观方面的建筑风格、环境搭配、功能组合，还是微观方面的房屋改造、渠堰治理、管网敷设、湿地建设，甚至具体到砖与砖之间的勾缝连接、石头与石头的摆放距离、绿化树种的选择栽植，村支部都明确专人，全程跟踪服务，保证了工程建设多留精品，不留遗憾。二是发挥党员的示范作用。西河村古村改造涉及房屋修复的有88户，谁家先来做这个事情？启动的第一户就是党员户，张因贤不仅是一名党员，还是村民组长，他不仅把自家的老房子改造好了，而且还在村头开办了农家乐。之后，村民纷纷利用自家小院，开办乡村农家乐、民俗旅馆。贫困户陈志兰夫妻二人，在家里开办起了农家乐，家里空闲的几个房间，被改造成民俗旅馆，各方游客慕名而来，农家乐生意火爆，一年的营业额达到20余万元。三是发挥群众的主体作用。西河村项目开工建设时，起初修复石岸，村里只来了十几个人，几个月后河道景观施工时，村里前前后后已有60多人参与。在山上种植杜鹃的当天，人手不够、花苗又不能隔夜放，全村100多号人都来义务帮工，甚至连六七十岁的老人都参与了进来。村里在陕西务工的一批老工匠们，也纷纷辞职回家到合作社做工。

三　成　效

自2013年以来，西河村因地制宜地走出了一条"政府推动＋专家策划＋合作社引领＋群众主体"的旅游扶贫的路径，带动了群众脱贫致富，发生了翻天覆地的变化。几年来，西河村累计接待游客150多万人次，旅游经济收入4000多万元，带动1200余名群众就业，人均年增收6000元以上，全村已有114户脱贫致富。

如今，西河村已成为无数游人慕名而来的特色小山村，漫步村中，古树依依，溪流淙淙，白墙古院错落有致，时光到了这里，像星云流转穿越，味道如昔，体验却如今。西河旅游品牌越来越响，西河村被评为中国景观村落，第二批河南传统村落名录，第三批中国传统村落名录，河南醉美乡村，最美历史文化古村，中国美丽乡村最佳旅游目的地等。

四　思考与启示

大别山下古朴典雅的美丽西河让人流连忘返，成为全国古村落保护与精准扶贫的一个鲜活范例。西河村是如何让古村落保护与精准脱贫相得益彰，既让古村落得以保护和发展，又让村民脱贫致富的呢？

（一）政府全力主导，政策助脱贫

县政府高度重视乡村旅游扶贫工作，组织开展"英雄梦、新县梦"规划设计公益行活动，倾力打造红色历史、绿色生态、古色乡村三条精品旅游线路。西河村作为古色乡村旅游的试点项目之一，县长亲自担任名誉村长，帮助西河村做发展规划、帮助村民做房屋的设计。按照"农户出资、政府补贴"的方式改造民居，根据"修旧如旧"的原则，对古建筑外观进行修缮，达到保留乡土味道和乡村原始风貌的效果。政府还提供乡村旅游相关标准、规范服务内容的培训和指导，规范产品开发方向，保障乡村旅游可持续发展。

（二）多元主体投资，合力助脱贫

发展旅游，投资是巨大的，首先必须解决资金短缺问题。西河村对村村通、安全饮水、河道治理、一事一议等国家省市项目帮扶资金进行整合，利用财政资金"四两拨千斤"的撬动作用，建设水、电、路等基础设施。吸引多元投资，鼓励集体、企业、国有、民营资本、农户、个人投资乡村旅游，提高乡村旅游经营市场化程度。积极创新经营管理模式，建立合作社与农民的利益共同体，从而让农村资源"活"起来、农村要素"动"起来、贫困群众"富"起来。

（三）做活土地文章，就业助脱贫

贫困户一般只有土地和劳动力两项生产要素。要帮助贫困户增收脱贫，只能在盘活土地、充分就业上做文章。西河村充分发挥土地流转政策效应，将农户（贫困户）的宅基地、土地承包经营权、林权等进行确权评估后，向集体、企业、民营资本、旅游经营大户等投资方进行流转，可以享受到年终保底分红。土地流转后贫困户还可以在自己的土地上打工，实现了农民离地不离乡、离土不离权、离地不失业。

（四）开发旅游产品，造血助脱贫

依托民俗风情、品牌餐饮、乡村酒店、古村聚落等不同模式，发展传统农家乐、休闲农庄。充分挖掘乡村特有的饮食文化和手工技艺，发展旅游食品和旅游手工艺品等特色旅游商品。结合地域特点，特别是大别山区资源点多面广的优势，将茶园采茶、制茶、品茶等体验茶文化、本地婚嫁习俗表演、学唱山歌、对歌等民俗风情活动，引入到乡村旅游中，丰富乡村旅游内容、路线，满足游客对游、购、娱的需求。

编写人员：许伟、王巍

案例 22　生态移民让牧民走上脱贫致富路

——青海省格尔木市长江源村生态移民扶贫

2016 年 8 月 22 日，习近平总书记到青海省格尔木市唐古拉山镇藏族牧民移民定居村——长江源村，考察该村生态移民搬迁、民族团结创建、基层组织建设等工作。自 2004 年实施以生态移民搬迁为主要模式的扶贫措施以来，经过 8 年努力，包括长江源村在内的唐古拉山镇实现整体脱贫。长江源村又经过 5 年努力，到 2017 年村民人均收入达到 20943 元，是搬迁前的近 10 倍。

一　背　景

唐古拉山镇是长江源区域的唯一一个行政区划建制镇，平均海拔在 4700 米以上，高寒缺氧，气候恶劣，年平均气温 – 4.4℃，有多年冻土分布，冻土厚度 70—88 米，距格尔木市 400 多公里，青藏公路经此。唐古拉山镇下辖 7 个村，受历史、地理、社会、经济等诸多因素的制约，是一个贫困面积大、贫困人口多、贫困程度深的乡镇。长江源村就位于其中。2004 年 11 月，该镇 128 户 407 人响应国家三江源生态保护政策而自发搬迁至格尔木市唐古拉山镇规划建设的新村，形成今日的长江源村。现有 128 户约 400 人。

2004 年 11 月以前，128 户牧民分散居住在唐古拉山沱沱河两岸的茫茫雪原上，基础设施薄弱，文化教育落后，产业结构单一，群众生活非常困难。牧民住在帐篷里，直接睡在地上，点的是羊油灯，吃的只有炒面和糌粑，年人均收入不到 2000 元，没有现代电器。

二　做　法

长江源村生态移民是一个系统工程，涉及牧民身份变化、基础设施建设、生产生活技能培训、自然生态保护和基层党组织建设等方面。

（一）从恶劣环境中搬下来，由牧民变为市郊居民

易地搬迁扶贫，让生活在高寒区、深山区的贫困户走出来，实现生存环境的改善和生活质量的提高。对长江源村的藏族群众来说，从雪山到城镇，从游牧到定居，从牧民到市郊市民，是一个从历史到现实的跨越，更是一个生活从艰辛到甘甜的幸福历程。

长江源村的村民们，基本都有过两个家。山上的家，距格尔木市区420公里，常年高寒缺氧，气候恶劣，生活条件异常艰苦。山下的新家，居住条件发生了翻天覆地的变化。每户都有约300平方米的小院，62平方米的房子，可以在院落范围内自己扩建。房里水、电、天然气、厨房、厕所都有，连家用电器也是统一配送。村里的学校、卫生室、文化广场更是一应俱全。

（二）完善基础设施建设，因地制宜开展经济建设

为生态大计，一些群众自愿离开保护区，搬迁到异地居住。改善搬迁群众生产生活条件是重中之重，也是一项长期工程，需要各级党委、政府多设身处地为群众着想。

1. 选好搬迁地址。长江源村的选址在格尔木市近郊，交通便利，既方便移民群众的生活，也能帮助他们融入城市。同时，能实现基础设施如道路、交通等共享，人员整体安置，还有利于实现人口和产业的聚集效应，并且能够依托已建成的学校、卫生室等公共设施，就近解决移民就学就医等问题。

长江源村距离唐古拉山镇400余公里，但离格尔木市仅10余公里，紧靠109国道，交通便利，村民外出创业十分方便，同时也有利于居民点旅游业的发展。如今，长江源村近三分之一的村民拿上了驾照，吃上了"运输饭"。

2. 建好基础设施。从 2005 年至今，地方政府在长江源村连续实施了一大批基础设施项目，漫步村内，敬老院、活动室、村"两委"办公楼、卫生院等应有尽有，大家基本上不用出村，就能满足各种服务需求。2010 年，格尔木市政府为民办实事工程投资 500 余万元，对全村住房进行了"穿衣戴帽"，进行加固、保暖，改善人居环境，提升文化品位。2016 年坚持"保基本、补短板、兜底线"，确保民生保障力度不减，投资 934 万元，实施了包括长江源村卫生院、村级文化活动室等 5 个民生保障项目；投资 527.6 万元，实施了长江源村排水系统改造等一批基础设施建设项目；从 2017 年起重点实施电网改造、垃圾填埋场扩建、长江源村天然气入户等 10 个基础设施项目，并进一步做好医疗、教育、社保等民生保障工作。

3. 抓好经济建设。坚持"输血＋造血"结合，经济发展呈现蓬勃生机，收入不断增加，获得感不断增强。为发展集体经济，从 2006 年开始，长江源村陆续开办了藏毯加工厂、牛羊养殖基地等。但由于世居草原、牧民文化水平整体偏低、观念滞后、劳动技能普遍较差，加之销路不畅，造成藏毯厂和牛羊养殖基地的效益日益萎缩，甚至停产，让该村集体经济一度陷入困境。后经过多方调查，村里将约 330 亩耕地、牛羊育肥基地、公交车站和藏毯厂等集体产业对外进行了出租。通过一系列后续产业的发展和支农惠农政策的落实，唐古拉山镇长江源村的人均收入由不足 2000 元增加到 2017 年的 20943 元，增长了近 10 倍，全村全部实现脱贫。

（三）开展生产生活知识培训，提高移民生存技能

治贫必先治愚，扶贫要先扶智。长江源村作为一个生态移民村，在从游牧生活向现代生活转变的过程中，该村村民们的生活和思想都经历了深刻变革。过去在唐古拉山的草原上，过着传统的游牧生活。搬迁下山以后，大家的收入普遍增加了不少，但并不是有了钱，就学会了现代的生活方式。刚开始，家家户户既不会炒菜，也不认识菜。村民红星一家，在学习做"城里人"的时候，就曾为做饭发过愁。明明家里有崭新的厨房，有许多种新鲜蔬菜，却不会做，连调料都不会放……村里举办烹饪技能培训班的时候，红星让妻子报了名。正

是通过培训，村里的家家户户才学会了炒菜。现在，辣子、土豆、白菜都是红星家常吃的蔬菜。

为尽快提高他们的生产生活技能，适应新的生活方式，青海省制定了《关于三江源地区教育及农牧民技能培训和转移就业补偿机制三个实施办法的通知》，实施牧民移民技能培训工程，对长江源村村民进行了多项生产生活技能培训。为了鼓励牧民移民参加技能培训，保障接受培训期间的经济收入不受太大影响，对接受培训的学员按天发放补助。

2006—2016 年长江源村实施的部分技能培训

序号	培训项目	时间	人数
1	计算机初级培训	2006 年 6 月至 7 月	40
2	瓦工技术	2008 年 10 月至 11 月	10
3	奶牛养殖	2008 年 10 月至 11 月	10
4	摩托车修理	2008 年 10 月至 11 月	10
5	嘛呢石加工	2008 年 10 月至 11 月	18
6	嘛呢石加工	2009 年 4 月至 5 月	19
7	中式烹饪	2011 年 10 月至 12 月	104
8	草原维护	2011 年 10 月至 12 月	125
9	挖掘机、手工编织	2016 年	170

（四）尊重自然保护自然，青山绿水孕育新生活

守护好绿水青山，不仅是责任，也是新的幸福生活的来源。牧民们为了国家生态大计自愿离开了草场，国家也对他们给予了各种补偿。近年来，这些补助标准大幅度提高，16 周岁以下、55 周岁以上的人口还有困难补助。此外，村民还可以担任草场管护员或林业管护员，每月可分别获得 1800 元、3000 元的补助。

三江源国家公园正式设立，多项惠民措施逐步出台。三江源生态保护和建设一期实施 9 年来，当地农牧民人均纯收入年均增长 14.9%，高于青海省农牧

民的增收水平。仅草原生态奖补一项，牧民人均年增收 2500 多元。过去认为只有放羊才能挣钱、有饭吃。现在转变观念，守护好草原也可以增收，而且更稳定、更可观。

（五）基层组织发挥战斗堡垒作用，成为脱贫致富主心骨

俗话说"村看村，户看户，群众看的是干部"。搬迁之前，牧民们四处散居，党组织作用薄弱。2007 年 1 月，长江源村依法选举产生了村党支部和村委会的领导班子，各项工作有序开展起来。特别是精准扶贫驻村工作组进驻以后，党组织的能力进一步得到提升和加强。他们推行基层组织 +N 的工作法，把基层党组织和工青妇、民族团结、生态文明等工作联系起来，让基层组织最大限度发挥力量，为大家服务。促进村和社区的交流，帮助大家融入格尔木市的民族大家庭。基层党组织像一块磁石，把人心牢牢地凝聚在了一起。

三　成　效

在政府多项政策的扶持帮助下，长江源村的生产生活方式发生了翻天覆地的变化。村民人均收入从当初靠放牧赚取还不到 2000 元，2016 年增加到 19000 多元，2017 年则达 20943 元。

长江源村占地面积约 525 亩，基础设施建设日益完善，小学、医院、集贸市场、文化广场等公共设施全部建设到位。村民住在政府统一盖的藏式新房，用上了电、自来水、天然气；交通四通八达，公交车开到家门口；农村牧区新型合作医疗参合率达到 100%，适龄儿童入学率达到 100%，农牧区养老保险应保尽保，老人每月都有养老金。实现了党的十九大报告提出的"幼有所育、学有所教、病有所医、老有所养、住有所居、弱有所扶"。

国家实施生态移民、退牧还草政策以后，草原生态环境明显好转，山上的草比以前长高了，野驴、黄羊等野生动物也多了。三江源生态保护区实现了人与生态和谐的可持续发展。

四　思考与启示

移民搬迁是一项难度极大的工作。在扶贫攻坚进入攻克深度贫困堡垒阶段，长江源村的扶贫工作有哪些经验可复制、可借鉴呢？

（一）主要经验

长江源村易地搬迁扶贫取得成功不是偶然的，其经验如下：

1.政府重视是根本。对于长江源村生态移民搬迁工程，政府高度重视，承担主要责任，投入资金予以支持，出台政策予以保障，制定规划予以统筹。从根本上改变移民的生产生活方式，保证了移民能够移得动、留得住、能致富。

2.群众支持是关键。牧民积极支持、参与移民搬迁工作是案例成功的关键所在，也是当地党委政府群众工作是否到位的具体表现和反映。长江源村从保护环境、改善藏族牧民同胞生活条件的关键点出发，急他们所急，想他们所想，因地制宜的出台措施和办法，得到了群众的积极支持和真心拥护。

3.经济建设是核心。发展经济是移民建设的核心问题，长江源村移民从2004年至2017年收入实现了10倍增长，实现了生态环境保护和经济发展双赢的良好局面。群众生活改善了，获得感增强了，安居乐业了。

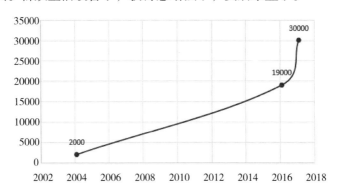

长江源村移民2004年至2017年收入对比

4. 多方协同是保障。长江源村生态移民时，充分考虑藏族牧民生产生活习惯，实行就近整体搬迁。同时，加强基层党组织建设，充分发挥战斗堡垒作用，多部门协同配合，不断解决村民住房、交通、教育、培训、医疗、养老、文化等多方面生活需求和基本公共服务，有效解决了移民"背井离乡"感和生产生活的困难。

（二）成功启示

1. 把基础打好。习近平总书记在青海考察时强调，生态环境保护和生态文明建设，是我国持续发展最为重要的基础。尊重自然、顺应自然、保护自然是实现经济效益、社会效益、生态效益相统一的目标。习近平总书记这一重要论述，不仅对青海加强生态环境保护、筑牢国家生态安全屏障提出了工作要求，也为各地各部门推进绿色发展、建设生态文明指明了行动方向。

2. 把红线守好。生态环境没有替代品，用之不觉，失之难存。实践证明，在三江源地区限制或禁止开发，不是妨碍发展，恰恰是有利于发展。必须牢固树立绿色发展理念，树立大局观、长远观、整体观。对各级干部来说，要坚决摒弃损害甚至破坏生态环境的发展模式和做法，不能再以牺牲生态环境为代价换取一时一地的经济增长，走因小失大、寅吃卯粮、急功近利的老路。

3. 把政策用好。要切实激发贫困地区群众的内在活力，变"要我脱贫""要我搬"为"我要脱贫""我要搬"。加强政策激励和舆论引导，大力倡导企业承担社会责任，广泛动员社会各界人士参与进来，形成全省上下理解、支持、参与的扶贫大搬迁格局。

4. 把笼子扎好。紧紧围绕政策执行、实施进度、质量安全、项目资金管理等重点问题，多措并举，强化监管，确保搬迁安置不偏离方向。建立常态化的督查机制、高效的督办机制、严格的考核机制、严格的问责机制。开展扶贫领域专项巡视，为精准扶贫提供纪律保障。

编写执笔：陈袁菁、陈国齐、黄昌军

案例23　樱桃为什么这样红

——湖北省十堰市樱桃沟村乡村旅游脱贫路径探索

　　生态宜居是美丽乡村的衡量标准，美丽的乡村环境和农家情趣对城市居民休闲生活有极大的吸引力。近年来，位于湖北省十堰市郧阳区茶店镇山沟里的小村庄樱桃沟村，遵循"把农村建设得更像农村"的发展理念，守住青山绿水，留住美丽乡愁，把产业当景观，把农村当景区，大力发展乡村旅游，通过"让农村美起来"实现"让农民富起来"，走出了一条生态立村、旅游富民的脱贫攻坚之路。

一　背　景

　　十堰市郧阳区（原名郧县），国家扶贫开发工作重点县、秦巴山片区县。樱桃沟村，地处郧阳区最南端，版图面积7.7平方公里，其中耕地面积2300亩，森林山场面积5377亩，库渠塘堰面积1008亩，地形呈"八山半水分半田"格局。这个位处鄂西山沟里的小山村，由于基础设施薄弱，产业结构单一，农民收入有限，是典型的贫困村。2010年，该村被确定为首批扶贫"连片开发"试点村，人均纯收入在1196元以下的贫困户138户，贫困人口493人，村里80%以上的青壮年外出务工。

二　做　法

（一）守住乡土本色，让农村更像农村

　　有乡村感、有中国味、有荆楚派——这是携程旅游网上游客对樱桃沟村

最深的印象，这一印象的得来并非易事。2008 年，樱桃沟村斥资编制了《乡村规划》，由于当时盛行"农民集中上楼"、连片建房、生产生活区间分隔等"先进经验"，房屋千篇一律地实施改造。后来因为资金不足，受地域空间限制无法找到合适的建设用地，再加上当时房型单一大部分农民不接受，最后，规划成了"鬼话"。

　　曲折的探索让樱桃沟人意识到，贫穷的小山村，搞大拆大建注定没有出路！吃了苦头的樱桃沟村被迫重新做起"接地气"的规划。摒弃盲目的大拆大建，不做简单粉墙饰面，以改善农民的实际生活需求为第一出发点。作为樱桃沟"地标性建筑"的五零山居集中展示着新的规划理念：黄泥秸秆夯筑的土墙、裸露的山木房梁、榆木色的旧家具、20 世纪 50 年代的缝纫机、煤油灯……家里的几乎所有东西都是老物件，包括新添置的 80% 的物品是农民自己做的，这些凝结了农民心血和匠人智慧的物品，占据着樱桃沟的每个角落，一种"回到老家"的感觉升腾而来。一位中年游客在此写了一句话：走进五零院，便走进了我的童年。以五零山居为代表的旧房改造、以六零院为代表的新房建设、以七零黄酒坊为代表的手工作坊建设、以郧阳新街为代表的古典汉派建筑群落，樱桃沟在原址上恢复了油坊、酒坊、豆腐坊、磨坊等传统手工艺作坊，恢复传统耕种、养殖等自然和谐型产业结构，这里尽可能还原着农村原始的生存脉象，重现农村生活场景。

（二）整治村庄环境，让生态好起来

　　2012 年樱桃沟村开始兴办农家乐，2013 年农家乐逐渐增多，后来发展到了五六十家。农家乐多了，生活污水处理成了"让人挠头的事"。由于当时樱桃沟村所有农家乐没有建设生活污水处理设施，污水直排，致使樱桃沟村顺沟而下的溪流在炎热夏季臭气熏天。小山村的脏乱差成为乡村旅游发展的首要障碍。茶店镇镇长党郧生琢磨了半天，终于找到了突破口：先从污水处理和环境卫生开始，要求村干部和党员带头执行。2014 年 6 月，郧阳区环保局为樱桃沟村争取环保专项资金 100 万元，全面建设生活污水处理站。对于分散农家乐或农户，他们采取"小集中"方式，大力建设庭院式人工湿地；对于集中式

农家乐或农户，他们建设集中式人工湿地。包括三格生化池＋两格人工湿地。生活污水经过污水处理设施，生化池中的厌氧微生物分解污水中有机污染物，去除悬浮物，然后利用生态小湿地植物根系的吸附、拦截、吸收、降解等功能，达到净化水质效果。处理过的生活污水，不仅能够用来养鱼，还能用来浇树浇花浇菜。

村庄环境整治，则从"厕所革命"开始。为了解决游客如厕难，村委会在全村主干道和循环路边新修"尿便分离"式厕所22座，在停车场新建四星级公厕一座，全面清理了露天粪坑式厕所，掀起了一场"厕所革命"。所谓垃圾，只是放错了位置的资源。樱桃沟村民们可以把废弃的电池、电筒送到村里换积分，兑换日常用品。村里成立了环境管理站，配备了11名专职人员参与和负责环境卫生管理保洁。有了这些措施，垃圾分类的思想逐渐深入人心。

曾经美丽的小村庄，慢慢找回来了：以水车、石拱桥为代表的河道治理；以垃圾分类为代表的环境保护；以无动力净化系统为代表的污水处理；以高效樱桃采摘园为代表的产业基地建设；以格桑花、荷花塘为代表的生态绿化、美化项目……系列组合拳下来，山村远看还是那个山村，内里却在科学理念的指导下，实现了卫生条件、起居设施的现代化，农村原有的环境自净能力也得到极大的巩固和增强，实现了原生态和现代的完美结合。

（三）融合一三产业，让农民富起来

一树一屋都是景观，村头村尾都是景区，樱桃沟的风景与"乡愁"，引来了天南地北的游人。近年来，樱桃沟借助于樱桃树的花果生长亮点与美丽乡村建设成果，"把设施当景点，把产业当景观，把农村当景区"，大力发展乡村旅游，实现了农民增收致富。

春赏花，夏品果，住农家小屋，吃健康饭菜，樱桃沟的乡村旅游经济节节攀升。周平是一位年过半百的农民，家住樱桃沟村5组，全家8口人，上有老下有小，属于精准扶贫对象户。2012年以前，周平主要靠种地为生，一年到头只能勉强维持8口人的基本生计。随着村里乡村旅游的发展，周平赶上了生态养殖业的商机。2013年，在驻村扶贫工作队的帮助下，周平散养了15只羊、2

头牛、200 只土鸡，生态养殖的模式迎合了前来旅游的城市居民对绿色健康的追求——15 只羊全部被游客预购，销售出几千枚土鸡蛋。以前卖不出去、卖不上价钱的山货，现在游客上门购买，价格更是过去的几倍。老周的个案只是樱桃沟村村民致富的缩影。乡村旅游带火了樱桃沟，樱桃、土鸡蛋、土猪肉、地皮菜、野蒜头都成了旅游商品，一些传统手工作坊加工产品，如柴火豆腐、木榨香油、自酿黄酒等也迎来了商机。村民根据游客需求，形成了"人均一亩果，户均一亩菜"的种植模式。樱桃沟大力发展水果采摘园，近年来每年新增柿子、大枣、猕猴桃、樱桃、桃子等种植面积 50 亩以上。

罗伟是樱桃沟村第一书记，他告诉记者一个有趣的现象。以前，村里的樱桃要拖到 10 公里以外的县城去卖，价格低，人也累。现在，樱桃沟的樱桃不出村一斤卖到 15 元以上，并且周边地方的樱桃都拖到这里来卖，樱桃沟村成了十堰的樱桃大市场。

（四）创新社会治理，让贫困户参与进来

村集体经济活起来以后，如何让富裕户带动贫困户，让发展惠及更多的贫困户成为该村治理体系创新的重点。2011 年以来，樱桃沟村创建了三个机制：

一是创新群众参与基层村级组织机制，在村里建立了孝亲互助社，低保评议、精准识别、产业奖补等机制，让党员、群众代表广泛参与，充分调动村民参与村级事务的积极性，真正做到村级事务公开透明，增强党支部的凝聚力及战斗力，为乡村发展提供过硬的发展环境。

二是创新生态建设机制。以奖代补政策，以每户 4 万元的奖励，调动每户投入 10 万元左右改造成本，改造民居 120 多户，改造庭院 200 多户，使全村具备特色民宿经营条件的民居达 100 余家，出现了以"五零山居""六零院""七零黄酒坊""八零院""泉水大院"等为代表的火爆民宿农家。

三是推进"立组立评"机制。"立组"是指成立互助组、扶志组、文艺组，"立评"是指党群评议。互助组用来帮助脱贫，由富裕户和贫困户结对形成互助组，富裕户发挥带富作用，做给贫困户看，带着贫困户干。2015 年 9 月，郧阳区劳动就业管理局就乡村农家乐进行政策性补助，其中，对带动当地贫困户 5 人以

上就业的农家乐实行资金补助。扶志组是由村党支部牵头，组织村内党员、干部成立"脱贫攻坚工作扶志组"，重点教育引导村内有"等靠要"思想的贫困户，激发"懒汉"的脱贫斗志。文艺组指在乡里成立扶贫宣传文艺组，以村民喜闻乐见的方式，宣传脱贫攻坚的先进人物和典型事迹，使主动脱贫内化为党员群众的思想觉悟。"一评"是指成立党员评议组。由乡镇党委主导，每年组织农村党支部开展主动脱贫模范户和落后贫困户的群众民主评议活动，激励先进、鞭策后进，使群众形成主动脱贫、带头脱贫的内生动力。

三　成　效

10 年前，樱桃沟村是省级重点贫困村，村民人均纯收入不足 2000 元。自 2010 年开始扶贫连片开发、建设美丽乡村、发展特色乡村旅游以来，村民收入节节攀升。2011 年，樱桃沟村人均纯收入只有 4900 元，到 2017 年攀升至 14000 元，昔日的贫困村变成了美丽的小康村。

四　思考与启示

樱桃沟村的嬗变，有力印证了习近平总书记"绿水青山就是金山银山"的科学论断。在脱贫攻坚的过程中，樱桃沟村通过建设美丽乡村，发展乡村旅游，一步步释放生态红利，实现了从"农村美起来"到"农民富起来"。

（一）樱桃沟村发展乡村旅游的三大优势

发展乡村旅游是樱桃沟村因地制宜的优势选择。樱桃沟村在乡村旅游开发方面有三大优势：一是一肩挑两城的区位优势明显。樱桃沟地处郧阳城和十堰城区之间，北距郧县县城 4 公里，南距车城十堰 10 公里，209 国道穿境而过，出村两公里便可上汉十高速公路和新开通的郧十一级路，交通十分便利。二是土壤气候条件适宜樱桃种植。樱桃沟村因樱桃而得名，也因樱桃而走红。郧阳区作为国家南水北调中线工程清洁水源地涵养区，十分适宜樱桃生长，产出的樱桃粒大肉厚、色泽鲜艳、入口甘甜。三是多链条产业发展基础好。樱桃沟村从 20 世纪 80 年代开始就大力发展小水果产业，柑橘、桃子、布朗李、杏子等小水果种植面积达到 1800 亩。樱桃沟村依托几十年生态建设成果，逐步由农业、林果、农家乐等传统产业向高层次、多链条产业发展，采摘园、农家乐、手工艺品、生态观光等旅游产业有机结合、互促共进。

（二）樱桃沟村塑造乡村旅游品牌的"四算法则"

在"内修人文，外修生态"的发展定位下，樱桃沟村着力通过环境整治、民居改造、美食挖掘和生态修复等途径，打造人文环境，突出乡村旅游特色，逐步筑牢了国家南水北调源头生态型乡村旅游的发展基础，旅游特色日益凸显，旅游品牌效应日益显现。一是"加"强管控，严格按照规划主管部门审核通过的规划方案推进村庄建设，坚决不搞无规划建设，坚决拆除违建房屋。二是"减"少破坏，对新建房屋和旧房改造严格限高度、限房型、限面积，切实减少人为因素对自然生态的破坏，突出樱桃沟的生态之魂、特色之美。三是"乘"势提质。充分利用现有资源和平台，以"互联网＋"为载体，推进村庄智慧化、信息化、数字化和网格化建设。统筹整合使用现有公共服务设施，使其发挥最大功效。四是"除"旧革新。大力组织开展教育培训，让村民树立新理念，通过发挥集体智慧，让樱桃沟不断为脱贫攻坚闯新路、探经验、出亮点。

（三）樱桃沟村将精准扶贫与美丽乡村建设对接的五大原则

一是产业引领的原则。把乡村建设与经济社会发展、农业和旅游业发展、文化特色产业相衔接，打造一批农民群众受益的致富产业。二是全民参与的原则。始终把农民群众的利益放在首位，广泛发动群众参与，整合社会力量，尊重农民群众的意愿，引导农民大力发展生态经济、自觉保护生态环境、加快建设生态家园。三是文化传承的原则。结合本村实际，重点挖掘传统农业文明、农耕文化、村落文化等，逐步形成品位高雅、乡情烂漫的乡村旅游目的地。四是生态优先的原则。遵循自然发展规律，切实保护农村生态环境，展示农村农业生态特色。五是项目促动的原则。樱桃沟村把建设绿色幸福村与"四化同步"试点、"荆楚最美村镇"、湖北旅游名村、传统村落、生态村庄建设等项目有机结合，通过项目来带动资金整合、人力汇聚。

编写执笔：魏长仙、叶宁

案例 24　生态农业红色旅游助力精准扶贫

——革命老区江苏省盱眙县黄花塘镇脱贫攻坚实践

　　江苏省淮安市盱眙县黄花塘镇位于苏皖两省交界处、洪泽湖南岸，是著名的革命老区。该镇黄花塘村于 1943 年 1 月至 1945 年 2 月期间为新四军军部驻地，是全国 100 个红色旅游景区之一。虽然江苏较早消除了绝对贫困，但由于自然、历史等诸多原因，黄花塘镇经济落后，百姓贫穷。为早日实现百姓脱贫致富，黄花塘镇在用好精准扶贫政策的基础上，注重挖掘资源优势，培育特色产业，创造了诸多好做法，积累了宝贵的精准扶贫经验。

一　背　景

　　黄花塘镇总面积 128.8 平方公里，耕地 10.8 万亩，属丘陵岗坡地区。全镇辖 16 个行政村、2 个居委会，总人口 3.3 万人，是典型的农业乡镇。镇内宁连一级公路、宁淮高速公路、宁徐高速公路穿境而过，区位优势明显。矿产资源丰富，其中优质矿泉水极具开采价值。著名的黄花塘新四军军部纪念馆在境内，为国家 4A 级旅游景区。

　　改革开放以来，虽然黄花塘镇经济和社会事业取得了一定发展，但由于自然、历史等多重因素影响，该镇基础设施落后，基本公共服务不足，产业发展乏力，经济水平滞后。黄花塘镇近 65% 的农田水利设施年久失修，失去水利功能，农业产业化水平仍处在规模小、带动力弱的起步阶段。黄花塘镇境内连接干道的配套道路连接不畅，道路等级较低，其中 110 公里农村四级路路面狭窄，破损严重，不能满足村民的生产生活需要。

　　虽然黄花塘镇已退出新一轮省定重点帮扶序列，但全镇低收入人口占比较大，共有 1209 户 3671 人，占全镇总人口 15.4%，占全县低收入人口 4.92%。黄花塘镇还是全县 20 个乡镇（街道）中唯一的"双增加"（低收入农户增加、人口增加）乡镇，低收入农户特别是缺乏劳力或因病因残因灾农户的生产和生活仍较困难。黄花塘镇 16 个村中，集体经济收入不足 5 万元的有 9 个，镇村外债达 5200 余万元。镇级财力保障能力匮乏，每年县乡财力结算中新增"乡欠县"部分均在 500 万—800 万元左右，在县级财政兜底的情况下勉强维持运转。"民贫、村穷、镇弱"依然是黄花塘镇农村的基本现状。

二　做　法

自 2016 年被江苏省委、省政府确定为"点穴式"① 扶贫乡镇以来，黄花塘镇以"铁军文化"特色小镇建设为统领，走出了一条产品安全、技术密集、经济高效的新型农业现代化道路，推动了革命老区的精准扶贫、精准脱贫。

（一）抢抓"点穴式"扶贫机遇，改善基础设施条件

黄花塘镇抓住"点穴式"帮扶的政策机遇，积极争取扶贫资金和项目。针对基础设施薄弱的短板，黄花塘镇积极向上争取总投资 2.6 亿元的黄高路、农田综合治理、水利建设、农业特色产业等项目 22 个。其中，涉及 5 个村、24 个村民小组的 1.6 万亩土地整理项目，预计可为 493 户村民带来财产性收入6700 万元。"十三五"期间，全镇 10.8 万亩耕地将全部实施高标准良田改造。

围绕生态、绿色、红色、富民等方面的要求，黄花塘镇编制了《黄花塘镇镇区发展控制性规划》。依据规划，黄花塘镇投资 400 万元建成污水处理厂，有效解决了工业集中区企业排污问题，全镇 3000 多名居民直接受益。同时，黄花塘镇不仅扩大了 2 个固化成型秸秆利用企业的规模，还投资 300 万元建成年利用秸秆 500 吨的宝德利草垫厂。至此，黄花塘镇不仅解决了长期以来农民焚烧秸秆污染环境的难题，还实现了全镇高标准通过省级生态镇验收，成为名

---

① "点穴式"扶贫，指做好扶贫工作就像中医的点穴治病，实质上就是精准扶贫，要求精准识别、精准施策、凝心聚力、创新发展。

副其实的生态镇。

（二）培育特色主导产业，推动优势产业融合发展

黄花塘镇通过大力挖掘农耕文化资源、红色人文资源等特色产业，走出一条红色旅游与特色生态农业相结合的产业融合发展道路。

1. 大力打造现代农业园区。先后引进苏宁现代农业产业园、汉世伟循环产业园等。黄花塘镇将园区定位为原生态优质农产品生产基地、现代生态循环农业示范基地、红色旅游与美丽乡村建设示范基地，未来将吸引优质项目聚集，形成政策、项目、资源叠加效应。

2. 因地制宜发展特色生态农业。黄花塘镇依托产业园区有针对性地发展特色农业，提高现代农业对农民增收的贡献度。（1）以太粮米业、宝驰米业为代表，建成3万亩无公害地理认证稻米和1万亩发芽糙米生产基地。（2）以宁波天邦股份投资5亿元兴建的占地3000亩的汉世伟生态循环农业园为核心，发展生猪产业，配套建设屠宰加工厂、饲料厂、有机肥厂，实施生态农业一体化养殖，延长产业链。预计可实现年产50万头生态猪，年销售额15亿元，年利润3500万元，并提供460多个就业岗位，带动周边约3500名农户增收。（3）以小河农业虾稻共生、申志农业虾藕共作为代表，建设龙虾养殖示范基地，推广"稻虾共作""藕虾共作""稻鸭共作"等新型综合种养模式。目前仅"虾稻共作"一项，就可带动500户农民，至少解决1000人的就业问题，农户年增收6万元以上。（4）以温氏畜牧为代表，建设年产2500万只番鸭、2万吨鲜鸡蛋等一批特色畜禽产业生产基地。（5）利用省级部门安排的2000万元专项扶贫资金，发展占地约200亩的标准化畜禽养殖小区。此项目采取"公司＋合作社＋农户"的合作模式，由公司承租经营，提供种苗、饲料、防疫并以保护价收购。此项目运行后可吸纳低收入农户200余人就业，实现全镇集体经济每年增收200万元左右，为16个村集体经济平均增收约12.5万元。（6）借助域内丰富的矿产资源和优质的泉水，黄花塘以泥沛矿泉水、黄花塘矿泉水、绿化矿泉水为代表，加快矿泉水资源开发利用步伐，实现矿泉水开发价值。依托以上特色产业优势，黄花塘引导农民进行土地流转，通过兜底合作、收益分红等方式吸纳农民创业

就业，并侧重吸纳一批有劳动力的低收入农户就地就业，实现土地增值收益和工资收入双丰收。在此基础上，黄花塘力争"十三五"末全镇特色农业种植面积达 5 万亩以上，吸纳和带动更多农户从事农业产业化工作。

3. 抓住契机发展红色旅游业。黄花塘作为革命老区，红色文化资源丰富。位于该镇黄花塘村的新四军军部纪念馆，为国家 4A 级旅游景区，占地 6000 平方米。其中，有 1000 平方米主体纪念馆，还有军部礼堂旧址和陈毅、曾山旧居等建筑。黄花塘镇依托军部纪念馆地缘优势，不断培植、丰富"红色文化"，扩大特色项目优势。一方面，该镇投资 38 万元建成地域特色鲜明的铁军文化广场。另一方面，黄花塘镇建成占地面积 380 余亩新四军文化园，建有干部培训基地、少年军校、拓展基地、影视基地、亲子园和根据地老街等。新四军文化园主要弘扬革命老区传统，致力于推行爱国主义教育，预计年接待各类游客（含学员）约 30 万人次。

2016 年，按照淮安市的特色小镇建设规划，黄花塘镇将建设铁军小镇。以此为契机，黄花塘镇结合红色资源优势和本地农业小镇特色，合理统筹规划全镇旅游和产业发展。按规划，黄花塘镇计划流转核心区土地 1200 多亩，将打造以"红色＋乡村旅游"为核心，以"绿色＋生态农业"为基础，建设红色旅游体验和农产品种植加工融为一体的特色小镇和现代高效观光农业核心区。

三　成　效

黄花塘镇通过改造升级基础设施，整合农业资源和红色文化资源，使老区建设在绿色富民、红色富民方面取得了较好的成效。

——低收入人群脱贫效果较好。截至 2017 年年底，黄花塘全镇 529 户、2023 名低收入人口和 4 个经济薄弱村已达标脱贫。

——基础设施和产业园项目建设进展顺利。截至 2017 年年底，该镇已落实扶贫项目 22 个，总投资 2.6 亿元。规划中的基础设施项目也在如期有序地进行。总投资 5600 万元，全长 12.3 公里的黄高路项目已建成通车。3000 亩节水灌溉项目、1.6 万亩土地整治项目及五星、耿公片土地治理项目、高标准良田项目等正在顺利进行中，有的项目正在前期论证设计，有的项目已经开始前期施工，有的已经竣工。产业园项目建设进展顺利。新四军文化园项目主体建成投入使用。1万亩偶傥片区农业开发项目、1万亩黄花塘村片区农业开发项目、养殖小区，都已进行前期评估、设计和选址工作。

——镇级财力保障能力和村级集体收入大幅增强。2017年实现镇财政收入2.7亿元，扭转黄花塘镇财政负债逐年增加的窘境，省国土厅帮助黄花塘落实耕地占补平衡结余指标900亩，改变了该镇基础建设、扶贫开发等财政投入不足的状况。2017年省级部门安排的2000万元专项扶贫资金建设的养殖小区，可为全镇16个村集体经济村平均增收12.5万元。

四　思考与启示

黄花塘镇之所以能加快脱贫致富进程，有如下几个方面原因：

（一）瞄准时机，紧抓扶贫机遇

黄花塘镇原本是一个默默无闻的农业小镇，是"镇弱、村穷、民贫"的典型。但是，该镇紧紧抓住2016年被江苏省委、省政府确定为"点穴式"扶贫乡镇的大好机遇，通过"点对点"争取项目和资金，为精准扶贫、"弯道超越"打下了坚实的基础。

（二）补齐短板，发挥资源优势

黄花塘镇最突出的短板是基础设施陈旧落后，产业发展乏力，村集体经济薄弱。但是，该镇是有着自己农业特色和红色革命传统与资源的生态农业乡镇，发展现代生态农业和红色旅游有着天然的优势。立足这些资源与特色，黄花塘镇一方面大力加强道路建设、土地整治、农田改造、节水灌溉等基础设施建设。另一方面大力进行农业开发，发展了一系列生态农业种植、生态农业畜牧养殖及"稻虾共作""藕虾共作"等新型综合种养模式，引导农民创业就业。同时，利用红色革命资源，打造红色旅游，并与农业产业结合起来，打造绿色生态农业与红色乡村旅游相融合的经济发展模式，实现两个产业的互促互进。针对村集体经济疲弱的状态，黄花塘镇特别注意提升村集体经营的能力，实现村级集体收入增加。

（三）吸引投资，注重市场作用

黄花塘镇在发展特色农业、现代农业园区、红色旅游业等过程中，充分发挥市场在资源配置中的决定性作用，吸引苏宁电器、天邦股份、宝驰米业、温氏牧业等一批实力企业到黄花塘镇投资兴业，有力推动了土地规模经营、特色资源开发和现代农业发展。这也为低收入人口通过土地流转、务工就业等提供了更多的增收机会，助推了精准扶贫、精准脱贫。

编写执笔：邓小燕、谢斌

案例25　绿水青山就是金山银山

——安徽省石台县生态扶贫

安徽省池州市石台县地处皖南边陲，与安徽的两大名山九华山、黄山接壤。境内山清水秀，生态优良，森林覆盖率高达80%以上。全县人口只有12万，是国家主体功能限制开发区，也是经济相对落后的国家级贫困县。近年来，石台县大力推进生态文明建设，坚持"绿水青山就是金山银山"理念，依托特色优势资源，重点围绕种植、茶叶、旅游、林业等特色优势产业做文章，实施绿色扶贫发展战略，现已形成富硒米、富硒茶、富硒果园、高山蔬菜、生态旅游等特色品牌，并延伸产业链，促进经济、社会、生态环境协调发展，增强了脱贫致富的后劲。

一　背　景

安徽省池州市石台县位于安徽省南部，东傍举世闻名的黄山、旅游胜境太平湖，北邻佛教圣地九华山，属国家生态经济示范区、安徽省"两山一湖"（黄山、九华山、太平湖）旅游经济圈的重要组成部分，是集生态功能区、自然保护区、革命老区、库区移民区、自然灾害多发区于一体的国家扶贫开发工作重点县。全县辖8个乡（镇）。

石台县属亚热带湿润季风气候区，光热水资源丰富，年平均气温15℃—16℃，夏季雨热同季，空气质量优良，环境质量指数为99.9，优于全省平均水平（76.99）。生物资源丰富，蕴藏着大量野生动物资源。地貌以低山、高丘分布最广，故有"石头垒起的县"之称。山区地势高峻，沟壑纵横交错，虽降水量丰富，但受海拔高度和山脉走向的制约，河流和湖库坑塘较少，河网不发达，水网密度指数为33.05，低于全省平均水平（44.58）。石台县作为生态功能县，生态系统多样，植被覆盖度高，环境质量优越，但石台县地处暴雨集中地区，降水频率高，雨量大，年平均降水量为1300—1600毫米。地表覆盖层较为松散，导致水土流失较为严重。

全县耕地面积仅4497公顷，人均0.56亩，耕地主要分布在河谷地带，易受洪涝灾害。石台县由于耕地资源稀缺，自然灾害频繁，农民收入来源无保障。有"大旱三日禾苗枯，大雨三时水满屋，十年九灾度日难，飞禽走兽不留步"之说。1999年，石台县被列为安徽省省定贫困县；2002年被列为国家扶贫开发工作重点县；2012年继续被列为新阶段国家扶贫开发工作重点县。同年，石台县被纳入国家重点生态功能区。2015年中央和安徽省相继做出了长江经济带、皖南国际文化旅游示范区等一系列重大战略部署，明确了石台县作为限制开发区，在城镇发展、农业生产、生态保护方面的空间布局和控制要求。石台县严格落实主体功能区试点示范发展要求，规范各类开发行为，确保生态环保与脱贫攻坚协同推进。

二 做 法

石台县突出生态文明、绿色发展理念，找准和深挖县域特色，将县域特色转化为产业优势和经济优势，实现生态效益与经济效益协调发展。

（一）生态立县，涵养"最美"

在物资匮乏的年代，上山伐木、下河捕鱼是石台县山区群众的谋生之道。从20世纪90年代开始，石台县的干部群众逐步认识到，生态是石台最靓丽的名片，也是石台特色竞争力所在。石台县采取着眼长远的明智之举，坚持"封山育林，退耕还林"近20年，积极推进植树造林、退耕还林、封山育林等生态提升工程，全方位打造中国原生态最美山乡。全县大力实施河道疏浚、河坡护理、河鱼禁捕等生态修复工程，从"一座城保护一河鱼"开始，规定每年4月至8月为禁渔期，禁止一切捕捞活动，规定全年禁止炸、药、电等非法捕捞。

护鱼之举是石台坚持生态立县，涵养"最美"的一个缩影。

为全面贯彻落实中央和省市环境保护决策部署，石台不断探索符合山乡实际的发展之路。不管思路怎么变，生态环境保护一直是不变的主线，2016年，池州市开展"争当绿水青山与金山银山有机统一的排头兵"大讨论，石台提出"争当先锋"的目标，要求全县上下围绕目标树好标杆、当好示范，"生态立县"最终上升为石台三大发展战略之首，争创全国一流休闲养生目的地，着力打造"望得见山、看得见水、记得住乡愁"宜居宜游的"中国原生态最美山乡"。

（二）做好"绿"文章，发展"最美"

最美山乡，绿色发展。石台加快发展特色农业，使农业从单纯农产品保障向就业增收、生态涵养、观光旅游、休闲体验等多功能拓展。

——以"绿色、高产、优质"为发展理念，坚持标准化、规模化、绿色生态的发展战略，科学合理布局，着力推进生态养殖、清洁养殖，发展现代农业产业。

——大力实施特色休闲农业园、生态农庄、星级农家乐、森林休闲旅游、乡村旅游综合体等休闲农业旅游项目，开发休闲农业与乡村旅游特色商品，实现特色农业与生态旅游的有机结合。对有意从事乡村旅游经营的贫困户，县里发放小额贷款。

——发展生态林业。高山、远山上营造杉、松树林业，在改造提升传统林产业的基础上，重点发展毛竹、青檀、山核桃、木本中药材、木本油料、林下经济等林业特色产业，促进林业产业转型升级、提质增效。本着适地适树原则，对宜林荒山、荒坡和空隙地进行全面开发，缓坡种植茶叶、板栗和中药材，利用石头缝隙栽种棕榈，房前屋后广种果木。

徽商银行池州分行率先在全省徽商银行系统践行精准扶贫贷款模式，引导农民合理配置各类林种资源，种植山茱萸、高山蔬菜、食用菌等1.2万亩，发展林禽饲养、林畜养殖20万只，培育林下养殖合作组织17家，做大"林下"立体种养。

（三）打好"富硒牌"，内化"最美"

石台之美，外化为景，内化为硒。硒，是人体必需的微量元素，被称为"生命的火种"，享有"抗癌之王""长寿元素"等美誉。我国国土面积 72% 的地区缺硒，石台却是国内罕见的富硒地，600 平方公里的土地含硒量达到富硒标准。近几年来，石台围绕富硒特色产业，县旅游局牵头会同县住建委、农委等相关单位聘请专家，成立乡村旅游发展技术服务指导组，对农户进行技术指导，推动富硒资源开发，大力培育富硒产品品牌。

目前，石台硒资源开发主要集中在富硒农产品和富硒养生两大领域。硒茶总产量约 1350 吨，硒米总产量约 1500 吨，富硒食用菌年产量约 500 吨，富硒生命源水年产 28 万吨，"石台富硒茶"已获得国家地理标志产品保护。"中国富硒第一村"大山村，每年吸引全国 10 余万人次前来观光、疗养。石台县力争到 2020 年打造出年产值超 10 亿元的集富硒农产品生产、加工、休闲观光为一体的原生态富硒产业集群，成为县域经济新的增长极。

（四）"吃"山"吃"水，开发"最美"

绿水青山就是金山银山。靠山吃山，靠水吃水，天经地义，但绝不是无节制的索取、掠夺式的开发，石台的"吃"法是"旅游兴县"，生态旅游业作为首位产业得到快速健康发展。

石台旅游资源富集，集"山、水、洞"为一体。按照"县域景区化、产业旅游化"发展思路，县旅游局组织"服务精准扶贫专家下基层"进石台暨石台县乡村旅游专题培训活动，邀请安徽大学、安徽农业大学等院校的专家教授，为全县各重点景区、高星级农家乐负责人和政府各相关部门负责人讲授"乡村旅游发展新思路""融合发展、营造美丽乡村""全域旅游背景下休闲农业与乡村旅游的产品创新知识"，并与参会人员共同分享国内外、各地区乡村旅游发展的新思路、新经验、新业态。县旅游局每年还组织星级农家乐从业人员、宾馆服务人员、导游的培训和技能竞赛。

以"高山、生态、富氧"为主题，吸引游客走出都市，回归自然，感受大美石台"原生态、深呼吸、慢生活"的乐趣与恬美，2017年安徽省作家协会、池州市旅游委等单位联手，在省会合肥和石台县秋浦河两地，联合举办"三月三秋浦河李白诗歌节"，提升了中国原生态最美山乡的知名度和美誉度。石台积极推进皖南国际文化旅游示范区核心区建设，初步形成了"一河"（秋浦河）、"两山"（牯牛降、仙寓山）、"三洞"（蓬莱洞、慈云洞、鱼龙洞）、"四区"（南部、北部、东部、西部）全域旅游格局。在石台县的秋浦河畔举办"秋浦河杯·诗歌与河流"全国华语诗歌大赛、高峰论坛，李白《秋浦歌》主题书画邀请展，"诗画秋浦，醉美池州"写生采风活动，三月三秋浦渔村书画笔会，"梦幻秋浦，诗意生活"百人旗袍秀，"秋浦河灯，点亮前程"三月三祈福许愿放河灯活动等，内容丰富，精彩纷呈，推进旅游兴县。

（五）乐山乐水，完善"最美"

小康不小康，关键看老乡。对于皖南唯一一个国家级贫困县石台而言，好山好水固然很美，但是，让山区群众在好山好水中脱贫致富、安居乐业，才算得上"完美"。

农户余节高靠着家里祖传的手艺，在秋浦河畔做苦槠豆腐。过去家里一直在做卖苦槠豆腐的生意，一年只能赚个几百元。眼看着到秋浦河旅游的人越来越多，他在2010年扩大了豆腐生产规模，不仅石台县的大小餐馆能吃到他家的苦槠豆腐，游客到石台县游玩后也会买几盒特色豆腐带回家。2009年以前，余节高家年收入3万元，2016年后他的年纯利润达到20万元。

秋浦河风景区农产品开发有限公司推出"秋浦河白酒""秋浦渔村米酒""百丈崖矿泉水""秋浦河三宝"（山茱萸、小河鱼、小竹笋）等系列秋浦品牌产品，将旅游的吃、住、行、游、购、娱六要素有机结合起来，增强景区吸引力。

三 成 效

石台县围绕建设中国原生态最美山乡，坚持点上开发、面上保护，发展特色产业，推动全县社会经济快速协调发展。

（一）生态环境持续改善

石台县围绕生态文明建设，构建山川秀美的生态环境体系，现在的石台县森林覆盖率和生活居住环境位居全省前列，森林覆盖率达82%，林木绿化率达85%，活立木总蓄积量达563万立方米。空气负氧离子浓度是世界卫生组织界定的清新空气标准的35倍，秋浦河、黄溢河、清溪河等主要河流水质达到或优于Ⅲ类标准（好），其中Ⅱ类标准（优）以上的占57%，位列全省第二。2015年，全县城镇生活污水集中处理率达到78%，城镇生活垃圾无害化处理率达到20%，2017年成功创建国家级生态县。

（二）精准扶贫取得实效

作为国家扶贫开发工作重点县，石台县不断加大扶贫投入，激发内生动力，通过实施产业扶贫、就业扶贫、易地搬迁、深化对口帮扶和结对扶贫等精准扶贫措施，全县农村贫困人口由2014年的23664人减少至2017年的6222人，贫困发生率下降到6.9%[①]，为确保到2020年现行标准下农村贫困人口全部实现脱贫打下了坚实基础。2017年全县农村居民人均可支配收入达到9540元，比上年增长9%。

（三）特色产业发展加快

石台县大力发展特色农业，推进农业产业化经营，牯牛降省级现代农业示范区、青峰雨蔬菜生态观光园等休闲农业发展迅速。天方茶叶观光园荣获全国农业旅游示范点称号，"石台硒茶""石台硒米"获得国家地理标志。全县农业生产总值突破6.5亿元。2016年旅游人数和旅游总收入分别比上年增长25.3%和27.6%。国家4A级旅游景区发展到6处（新增4处），牯牛降、蓬莱仙洞景区基础设施建设加快，"醉山野"景区一期试运营。石台县被命名为全国休闲农业与乡村旅游示范县。

---

① 《石台县2018年政府工作报告》，石台县政府网站。

（四）基础设施和民生建设提速

县城规划建设管理不断加强，新区建设和旧城改造扎实推进。完成民生工程农村公路危桥加固改造项目40座，农村公交通达率达99%。七都高路亭、横渡钓鱼台、丁香新中等精品中心村基本建成。2017年城乡居民基本医疗保险、基本养老保险参保率分别达到98.5%和97%。

四 思考与启示

环境就是民生，青山就是美丽。石台县作为国家贫困县，按照池州市"开发沿江一线、保护腹地一片"区域发展布局，将生态保护与经济发展有机结合起来，走出一条绿色发展、绿色扶贫之路，改变了农民们"靠耕种几亩薄田、靠卖山货过活"的传统生活方式，让"绿水青山"变成"金山银山"。

（一）以规划为统揽

石台县合理布局生产空间、生活空间、生态空间，按照池州市"开发沿江一线、保护腹地一片"区域发展布局，从界定区域范围、规划布局定位、强化保障支持等方面，制定规划蓝图，出台政策措施，坚持生态优先，支持"一线"和"一片"加快发展，探索限制开发区域科学发展的新模式、新途径。合理确定生产、生活、生态空间的规模和比例，形成生产空间集约高效、生活空间宜居适度、生态空间山清水秀的县域国土空间体系。

（二）以项目为抓手

结合全县实际，突出易地扶贫搬迁、地下综合管廊、国省道干线改造、康体养生等重点，梳理出一批符合政策要求的扶贫好项目、条件成熟的快项目、带动性强的大项目，压茬推进扶贫项目建设。切实把扶贫项目落实好、管理好、建设好，最大限度发挥政策叠加效应，努力把政策机遇转化为经济社会发展现实优势。

（三）以落实为关键

石台县完善党政领导班子和领导干部综合考评机制,按照池州市"一片""一线"和各县区主体功能定位,实施分类考核评价。石台县扶贫开发领导小组由县委书记、县长任组长,领导小组负责决策部署、统筹协调、督促落实和检查考核等工作。乡镇成立脱贫攻坚小组,设置扶贫工作站,配置3名以上专职人员负责精准脱贫工作的组织实施,35个贫困村配置扶贫专干,具体从事精准脱贫工作。县、乡（镇）、村三级层层签订责任书,脱贫攻坚实行"一票否决",与干部选拔任用、评先评优结合起来,建立年度脱贫攻坚报告、督查和约谈制度,确保脱贫攻坚工作落到实处。

（四）以民生为根本

石台县把民生工程工作放在重中之重,致力改善教育、就业、就医、养老和农村生产生活条件,民生工程覆盖面不断拓展,受益群众不断增加。从"实"字破题,民生跟着"民声"走,优先发展教育,筑牢民生之基;健全保障体系,夯实民生之基;改善家园环境,扩大民生之福。

（五）以党建为保障

一是提升党组织带富能力。创新基层党组织设置,在村级合作社、非公企业等组织中成立党组织,优化党小组设置,在脱贫攻坚中发挥保障作用。二是发挥党员致富引力。推行能人党员帮扶联系贫困户工作制度,助推产业扶贫、转移就业、金融帮扶、易地搬迁扶贫等"十大扶贫工程"逐一落到实处。三是汇聚脱贫攻坚合力。精心编制扶贫开发"四项清单",压实工作责任。全县乡镇党政正职,原则上不脱贫不调离;乡镇分管领导保持同步稳定;扶贫工作队及包保责任人,包村不出列不离村、包户不脱贫不脱钩,激发了基层党建工作活力,为建设中国原生态最美山乡提供坚强的组织保障。

编写执笔:甘露明、刘军

案例 26 让贫困乡村变成"诗和远方"

——文化旅游助推湖北省连片特困地区脱贫攻坚

大别山、武陵山、秦巴山、幕阜山区四大片区所在的区域是维系全国可持续发展的极其重要的生态屏障，是我国亚热带森林系统核心区、国家生物多样性宝库和长江流域重要生态屏障，也是扶贫攻坚的主战场。按照国家主体功能区规划，片区扶贫要严格按照国家主体功能区规划要求，把资源开发、生态保护和环境改善有机结合起来。

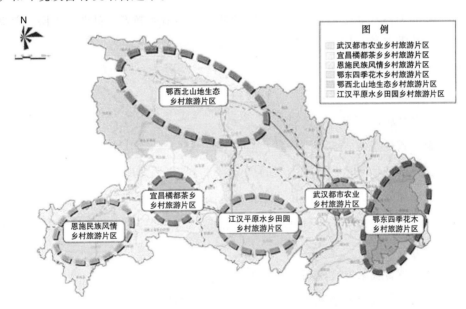

湖北省乡村旅游发展规划（2016—2025）

湖北省围绕全域旅游探索旅游扶贫新路径，通过景区发展、乡村旅游、特色民宿、文旅融合、养生度假、创业就业等方面推动精准扶贫，2019 年湖北省

《政府工作报告》中提到了恩施"旅游＋"扶贫模式入选联合国减贫案例。目前文化旅游扶贫所带来的积极效应已经在逐步显现，架起了朝着逐步富裕、全面建成小康迈进的"绿色通道"。

一　背　景

大别山、武陵山、秦巴山、幕阜山区四大湖北连片特困地区均为旅游资源富集区，是精准扶贫、脱贫攻坚的主战区，也是文化旅游扶贫开发潜力最大的地区。四大片区拥有独特的地理位置和历史传承，浓郁的地域风情和多元共存的文化品格，是名副其实的"好山好水好风光"，但由于大部分原始村落、土苗古寨位置偏僻，导致交通不便、人迹罕至，是"养在深闺人未识"的偏远贫困地区。

党的十八大提出，大力开展旅游扶贫工作，把旅游业作为集中连片特殊困难地区的重点产业加以扶持发展。旅游扶贫能够推动贫困地区农村供给侧结构性改革，是促进贫困地区农村一、二、三产业深度融合发展的有效载体，是贫困群众全方位、多形式参与产业发展的良好平台，也是贫困地区经济的新增长点和贫困群众收入的新增长源。

湖北省是文化旅游资源大省，但是大而不强，随着扶贫攻坚工程的推进，文化旅游扶贫呈现边际成本增大的趋势，扶贫地区公共服务设施的投入、扶贫对象培训和就业成本、贫困村文化旅游资源开发的难度等的增加，文化旅游扶贫工作还面临较大的困难和问题，供给质量、结构和能力有待提升，具体表现在"四个不够"。

资源禀赋优势发挥不够。大别山、武陵山、秦巴山、幕阜山四大湖北连片特困地区有着独特的地理位置和历史传承，有着浓郁的地域风情和多元共存的文化品格，但由于位置偏僻、交通不便，基础设施建设和公共服务设施配备不足，加上原始村落、土苗古寨的历史文化、民族传统、文学艺术等挖掘不够，资源优势没有转换为发展优势。

综合统筹机制发挥不够。一些贫困地区在道路交通、饮水安全、电力保障、住房改造、产业增收、教育文化、卫生健康、信息化建设等方面综合统筹不够，部门之间未形成合力。如有的地方交通规划和旅游规划分别制定，交通建设和旅游资源不匹配。有的地方文旅资源丰富，但人员管理配备、餐饮住宿、环境保护配套设施不足。有的地方以行政区域为限，将有限的生态资源、文化品牌人为"分割"，各管一段，缺乏整体规划和布局。

市场资源配置发挥不够。一些贫困地区市场发育滞后，特别是贫困地区群众由于观念、能力、资金、技术、信息等方面限制，在适应快速发展的市场环境、抢抓市场机遇方面能力不足，导致产品难以满足市场消费需求。比如，有的地方在拓宽投融资渠道、旅游产品营销、特色农产品销售等方面存在诸多难题。

群众主体作用发挥不够。部分贫困地区文化旅游扶贫工作很大程度上是扶贫干部在推着干，制订方案、协调资源、联系市场，都是干部跑前跑后，群众主观能动性发挥不够。有的群众甚至"靠在墙边侃大山，围着方桌打麻将，等着别人送小康"，"等靠要"思想严重。特别是由于乡村文化旅游从业人员大多数为村民，存在专业化程度低、业务素质低、接待能力低，缺乏应有的文化旅游常识、服务意识和市场营销知识等职业技能。

习近平总书记指出，乡村振兴战略是关系全面建设社会主义现代化国家的全局性、历史性任务。坚决打赢脱贫攻坚战，让贫困人口和贫困地区同全国一道进入全面小康社会是我们党的庄严承诺。湖北省委、省政府领导高度重视乡村振兴和脱贫攻坚工作，明确要求将乡村振兴与脱贫攻坚有机结合，提升贫困群众稳定脱贫能力和乡村可持续发展能力。

文化旅游产业与乡村振兴、脱贫攻坚有着天然的结合力，通过文化来提升旅游的内涵和质量，通过旅游来增进文化的传承和发扬，使文化旅游产业成为转型升级的新引擎、新支柱，成为扶贫攻坚的新手段、新举措。文化旅游正以其强大的市场优势、新兴的产业活力、强劲的造血功能、巨大的带动作用，在脱贫攻坚和乡村振兴中发挥着显著作用。

二　做　法

文化旅游扶贫具有"造血功能"强、贫困人口参与面广、生产经营成本较低、扶贫效果见效快、返贫率低的独特优势，湖北文化旅游扶贫主要有以下做法：

（一）以规划编制引领文化旅游扶贫

文化旅游扶贫，规划编制先行。一是完成首个全省乡村旅游规划编制。省旅游委在对乡村旅游资源认真评估的基础上，编制了全省乡村旅游发展规划和扶贫专项规划。按照规划实施路径要求，湖北省加快实施"旅翼"旅游扶贫计划，积极推进"乡村旅游富民"工程，一大批高星级农家乐、民宿和乡村休闲旅游项目，如英山的西河十八湾、蕲春的乡村湿地和养生小镇、保康县大畈旅游村、竹溪县楠木寨景区、巴东东瀼口牛洞坪旅游村等相继开工建设并投入运营。二是开展旅游规划扶贫公益行动。动员全省具有资质的旅游规划单位帮扶全省旅游扶贫重点村，免费开展旅游规划编制、旅游项目策划、旅游商品研发、旅游服务提升和旅游营销推广等。目前，全省10个规划设计单位完成了10个重点建档立卡贫困村的乡村旅游规划编制。三是建立乡村旅游项目库。策划、筛选了一批支撑作用大、关联带动性强、品牌价值高、扶贫效果好的重大乡村旅游项目。推动贫困区重点旅游项目的招商引资工作，组织湖北旅游文化促进会、湖北民营企业家协会、楚商会等组织的企业家，赴巴东、五峰等贫困地区开展项目洽谈和对接活动。

（二）以资源特色做强文化旅游扶贫

特别是将文化旅游扶贫与乡村振兴战略实施紧密结合，引导各类资本通过文化旅游的桥梁进入交通建设、文化建设、环境保护、农林水资源建设等领域，为一大批重大文化旅游项目的落成提供了强有力的支撑和保障。一是修好"致富路"。交通是扶贫工作的先行官。先后开通了大别山红色旅游公路、秦巴山环库生态路、武陵山清江画廊路、幕阜山香泉、古昭公路、环丹江口库区公路、五峰351生态景观廊道、恩施四渡河大桥等一系列以通行为主体、与自然景观相结合的旅游公路，实现了工程与自然的和谐统一，真正达到"车行画中，人在景中"的情景。二是念好"环保经"。省环保厅对口扶贫点南坪乡长乐村，依托现有环境资源禀赋，将长乐村发展定位为生态农业观光旅游村，启动药材、经济果林、烤烟种植和散养土鸡养殖等主导产业，培育种养殖专业合作社、家庭农场等新型农业经营主体。湖北玉龙投资控股有限公司，以建设美丽乡村为抓手，大力发展"旅游+"扶贫产业，聚焦清洁饮水、环保能源等工程，先后在洪山镇、洛阳镇、淮河镇投资建设旅游景区，带动周边龚店、永兴、湖家河、温泉、宗湾五个村走上致富之路。三是种好"生态田"。省食药监局对口扶贫点汤池镇蔡岭村，围绕建设"生态旅游"目标，明确将区域特色、优势产业、绿色生态和城乡一体化发展作为扶贫工作定位，坚持以旅为基，突出转型跨越，重点推进蔬菜大棚种植、农田稻鳖共养、光伏发电和"厕所革命"等项目实施，紧密对接当地住宿、餐饮、蔬菜水果采摘等企业，实现了经济社会可持续发展的良好态势。一些贫困地区以保护生态环境为前提，通过大力发展体验式农业、观光农业、休闲农业和特色林果、特色养殖等产业，出现了由单一的农业种植业结构向综合农业转变的可喜变化，真正实现在山水间种出风景、种出产业、种出财富，把蓝天净土转化为富民沃土。

（三）以对口帮扶助推文化旅游扶贫

全省旅游部门创新扶贫工作经验，在贫困山区开展"城乡牵手游"大型旅游公益扶贫活动，发动全省百家重点旅游企业，开展旅游扶贫对口帮扶，企业选取旅游扶贫重点村作为帮扶对象。一是"景区一拖二"。重点旅游景区，每个景区对口帮扶2个以上村，带动景区周边有条件的村发展乡村旅游。如大别山的蕲春县，全县景区、景点和休闲农业观光点、乡村旅游点等147个旅游景区景点中，旅游企业通过办农家乐、专业合作社、土地租用、合同经营、农副产品销售和劳务输出等方式签订帮扶协议2427户，有近3791名贫困人口从事旅游业。龙泉花海景区与银山村、龙泉庵村和雨湖村513户农户1849人，其中大鑫湾湖北仙人湖旅游度假区与大同镇板溪村、南冲村和游山村 127 户农户 236 人签订帮扶脱贫协议，农民用土地、生态农业和务工等资源参与经营，一般月薪 1500—2000 元。二是"农庄一联五"。全省重点星级农家乐和重点休闲农业与乡村旅游示范点，每家通过产业发展和蔬菜、水果等产品定向采购，帮扶周边 5 户贫困户发展相关配套产业，带动周边乡村旅游重点村的贫困户脱贫。如大别山的黄梅县富源葡萄生态庄园，引导有能力的贫困户直接从事农产品种养，通过和庄园对接的产销衔接模式，与贫困户形成稳固的购销关系，年农副产品销售额超过 250 余万元。三是"民宿酒店一招十"。重点乡村民宿酒店每家直接招收附近 10 名有劳动能力的贫困人口就业，帮助周边乡村旅游重点村的贫困人口脱贫。黄石市大冶市龙凤集团，帮扶基地周边省级贫困村三个，特困户 114 户。安置固定农民工 360 人、季节工 1 万多人次，带动了 3000 多贫困村民通过乡村旅游脱贫致富。全省一大批贫困村庄逐渐变成了资源生态美、生活幸福美、文化和谐美、创新引领美的美丽乡村。近年来，乡村文化旅游已成为湖北省贫困地区调整农业产业结构、改变农村落后面貌、促进农民致富增收的一把"金钥匙"。

三　成　效

2017 年年底，中国社会科学院首次发布《中国乡村旅游发展指数报告》指出，2016 年，中国乡村旅游进入大旅游时代，乡村旅游人次达 13.6 亿，占全国旅游者的三分之一，未来中国乡村旅游热将持续 10 年以上，预计到 2025 年乡村旅游将近 30 亿人次。因此，乡村旅游将保持较高的增长速度，这为旅游扶贫工作带来了巨大的历史机遇。从湖北省文化旅游扶贫前期实践看，整州创建的恩施州、全域景区的黄陂区、全业融合的赤壁市、以景带村的夷陵区、城乡一体的远安县、四季秀美的英山县等成为文化旅游扶贫攻坚中的突出样板。2017 年，湖北旅游行业直接带动 4.3 万户 25 万人实现脱贫，其中乡村旅游重点村户平均增收 5000 元以上，文化旅游扶贫已成为推动精准脱贫的重要途径，成为提升贫困地区人民群众生活幸福指数的重要指标。

（一）以品牌建设助推文化旅游扶贫，形成一批历史文化型、城市近郊型、景区带动型、古镇村落型、田园风光型、传统民俗型等多种类型的旅游区

1.实施"五级联创"创品牌。湖北省按照全域旅游的理念，推出了创建湖北旅游强县、旅游名镇、旅游名村、湖北旅游名街和高星级农家乐（湖北旅游民宿）等涵盖各个层次的乡村旅游品牌创建活动，成为引导乡村旅游扶贫和致富的"领头羊"，带动乡村具有湖北山水特色和浓郁荆楚风情的观光、赏花、采摘、餐饮、度假、购物、民俗体验、休闲娱乐等乡村旅游特色产品和一大批民俗文化节会活动。

2.挖掘荆楚文化塑品牌。把推广湖北乡村游道、乡村味道和礼道等作为贫困地区乡村旅游营销宣传的重点，开展乡村旅游目的地营销，培育重点旅游县、镇、村和乡村旅游区等目的地品牌。此外，乡村品茶、乡村避暑、乡村研学、乡村采摘、乡村购物等系列主题特色活动蓬勃开展，成为全省乡村旅游中新亮点。目前，全省有影响力的茶旅游线路达到18条，利川市、神农架林区、建始县等避暑基地建设已经形成规模。百里荒旅游集团、松滋洈水体育旅游区将体育产业与旅游产业深度融合，打造了宜昌百里荒体育产业基地、松滋洈水汽车露营地，带动当地贫困户稳定脱贫。

3.打造"四季乡村"育品牌。大力培育冬季乡村美食购物游、春季乡村赏花游、夏季乡村避暑游、秋季采摘赏叶游四季乡村主题旅游产品，推动乡村旅游强势吸金。打造"春游湖北，花漾荆楚"赏花游，全省赏花景点景区已由几十个增至150多个。春季赏花游沁人心脾、夏季避暑游热度不减、秋季层林尽染备受青睐、冬季冰雪飞舞人气兴旺，湖北"四季旅游"呈现出旺季更旺、淡季不淡的喜人局面。

（二）以提升技能夯实文化旅游扶贫，把提高贫困地区人员文化素质和技能水平摆在文化旅游扶贫工作的首位

1.提升人文素质。人是生产力中最活跃的因素，脱贫主体是贫困户自己，提升自我发展能力是根本。一些贫困地区坚持以法律法规为引领，用好村规民约，改变贫困地区群众安贫认命、不思进取的精神状态，激发自我发展的内在动力。部分地区以推动乡村文化旅游为契机，通过编写简易通俗教育读本、组织报告会、座谈会、举办专场文艺演出、设置墙报、宣传标语等，开展接人待物培训，使村民既保留乡土文化气息，又融入现代文明，提高思想文化素质。

2. 开展技能培训。省旅游委、扶贫办和农业等部门联手，启动乡村旅游扶贫和旅游创新创业的大规模培训。先后在大别山、武陵山、幕阜山等地的贫困县，开设"乡村富民讲堂"，对重点乡村旅游致富带头人、引路人和积极分子，开展旅游经营管理、互联网和服务技能、创业知识、创业政策、旅游项目创意、旅游电子商务等培训，提高当地人专业服务水平。比如，湖北源远孔雀养殖有限公司与中科院武汉植物园签订技术战略协议，提供基地贫困户技术培训主阵地和家庭农牧场实地培训，帮助150户贫困户掌握孔雀养殖技能，提高贫困户的孔雀饲养技术水平。

民富才能国富，文化旅游扶贫是经济新常态的朝阳产业，是精准扶贫的重要举措，以解决贫困地区利益为核心，兼顾文化旅游开发的整体效益，使文化旅游扶贫在经济效益、社会效益和环境效益等方面中稳步、健康、高效地运行，保证贫困地区文化旅游业的可持续发展。

四　思考与启示

做好文化旅游扶贫这篇"大文章"，湖北省围绕打造国内一流的文化旅游目的地和长江国际黄金旅游带核心区的目标定位，从规划、项目、供给、品牌、市场、党建六个方面做到"六抓"。

（一）抓规划落地

一是推进"多规合一"。深入落实国务院、省政府关于促进全域旅游发展意见的要求，建立由省文化和旅游厅、省扶贫办牵头的文化旅游扶贫联席会议制度,制定全省文化旅游扶贫具体实施规划,将自然资源、生态环境、农业农村、交通运输、住房建设、市场监管等部门规划与文化旅游规划无缝对接,严格推动规划落地实施,防止规划制定执行出现"两张皮"现象。二是凸显地域特色。按照省级统筹"设计"、市县具体"施工"的原则,各地制定地域特色文化旅游规划。比如,长江沿岸、湖泊等水资源丰富的市县重点围绕水资源"下功夫",黄冈等地重点围绕红色旅游文化"忆传统",襄阳、荆州、咸宁赤壁等地重点围绕三国文化"讲故事"。三是彰显荆风楚韵。根据村落资源禀赋、区位条件、产业格局、文化特色等科学合理布局,分类推进城乡结合村、民俗文化村、生态自然村、传统农耕村、边远山区村建设,大力发展荆楚特色乡村文化旅游,防止千篇一律、千村一面。

(二)抓项目统筹

一是统筹部门项目。全面梳理省发改委"厕所革命"、省住建厅"农村污水整治""特色小镇"、省农业农村厅"田园综合体""美丽乡村"、省人社厅"劳动就业创业扶持资金"、省交通运输厅"集中连片特困地区特色公路"、省卫健委"健康湖北"、省市场监督管理局"食品放心工程"等项目建设,构建良性互动、共同发力的格局。二是统筹区域项目。摒除行政区域界线思维,建立省级统筹、区域共建的项目协调机制,统筹山水林田湖草系统,坚守生态环境保护红线底线,引导财政、土地、金融、人才、技术、管理等各种资源要素向贫困乡村聚集,带动更多群众脱贫致富。三是统筹社会项目。用好用足企业、社会组织和个人投资、合作、帮扶项目,把文化旅游作为实施"三乡工程"的主阵地、助力脱贫攻坚的生力军,引导社会各方有序参与文化旅游扶贫。

(三)抓供给优化

一是提升产品质量。巩固传统文化旅游产品供给,广泛应用大数据、云计算、物联网等新兴信息技术,深挖创意产品、定制产品、个性产品,打破传统思维束缚,助推产品价值增值。二是优化供给结构。树立"消费主体"的理念,以优化、深耕、集约创造更多的有效供给,打造更多类似东湖绿道、恩施土家女儿城等有核心竞争力的景区景点，建设一批更具有吸引力的田园体验、健康养生、运动休闲精品文旅项目，推进放心菜园、精品果园、生态茶园、道地药园和绿色高质示范区建设，实行差异化发展，做到人无我有、人有我优。三是提升服务水平。完善和提升全覆盖、高效率的文化旅游公共服务体系。实行标准化、规范化服务，注重人性化、个性化服务。培养休闲顾问、度假助理和生活管家，为旅游者提供更具个性、更加贴心的服务；让游客为有效供给和优质服务买单。

（四）抓品牌强化

一是聚力荆楚生态牌。聚焦"灵秀湖北"建设，依托湖北山水名胜、人文魅力，打造更多文旅主题公园、滨江滨湖旅游带、城市绿道等，绘就天蓝、地净、山清、水秀荆楚生态画卷。二是擦亮荆楚文化牌。深挖荆楚文化内涵，重点围绕炎帝神农远古文化、佛教道教宗教文化、赤壁大战等三国文化、编钟乐舞和老庄哲学等楚文化、红色革命文化等，打造荆楚特色闪亮文化品牌。三是打造荆楚"乡愁"牌。以百年汉口商埠、洪湖岸边、清江巴土、黄梅戏曲、秭归端午等荆楚特色文化为依托，因地制宜、因村施策，塑强新时代寻根溯源荆楚"乡愁"品牌，实现一步一景，一景一故事。举办世界级荆楚乡村文化旅游节、丰收节，展示湖北农耕文明主色、荆楚文化底色的亮丽名片。

（五）抓市场营销

一是发挥市场资源配置作用。引入文旅企业、社会资本等市场力量参与扶贫开发，盘活乡村文化旅游资源，严厉打击扰乱文化旅游市场秩序的违法违规行为。二是培育乡村特色产业。积极推进"三园两场"（标准化果园、菜园、茶园和标准化畜禽养殖场、水产健康养殖场）建设，促进"三品一标"（无公害农产品、绿色食品、有机农产品和农产品地理标志）持续健康发展，提升中高端产品的供给能力和质量水平，让贫困地区的土地、劳动力、资产、自然风光等要素活起来，让资源变资产、资金变股金、农民变股东。三是加大宣传推广力度。以湖北与央视签署"广告精准扶贫"项目合作备忘录为契机，大力推介武当道茶、房县小花菇（木耳）、蕲艾、红安花生、赤壁青砖茶、恩施硒土豆等产品，打造一批湖北特色优质农产品，提升市场竞争力和品牌影响力。四是健全激励约束机制。出台文化旅游扶贫的奖惩制度，对于吸纳贫困农户达到一定比例和期限的企业，在税收上给予一定的减免和优惠。建立科学合理的市场主体退出机制，对弄虚作假的企业和个人依法惩处，追究法律责任。

（六）抓党建引领

一是落实主体责任。发挥党统揽全局、协调各方和政府主抓、协调作用，选优配强贫困地区领导班子、领导干部，明确县委书记、县长是文化旅游扶贫工作第一责任人、第一"施工队长"，压实党委政府主体责任。二是建强战斗堡垒。选派一批思想好、作风正、能力强的优秀干部充实乡镇，将致富带富能力强的党员群众吸纳进村"两委"班子。以开展扫黑除恶专项斗争为契机，依法严厉打击村霸黑恶势力，严防干扰文化旅游扶贫工作。三是发挥"头雁效应"。在文化旅游扶贫的规划编制、项目安排、资金使用、监督管理、信息服务等方面，发挥党员先锋模范作用，组织党员开展结对帮扶，带动贫困户脱贫致富。四是激发首创精神。坚持扶志与扶智相结合，将党的组织嵌入到文化旅游扶贫之中，加强对贫困群众的教育引导，帮助他们摆脱思想观念上的"贫困"，树立迎难而上的信念和意志，形成人人支持、参与、争先脱贫的大好局面。

编写人员：曹本锋、刘方、陈蕊、王洋、甘露明

第四篇　东西协作社会扶贫

东西部扶贫协作和对口支援，是推动区域协调发展、协同发展、共同发展的大战略，是加强区域合作、优化产业布局、拓展对内对外开放新空间的大布局，是实现先富帮后富、最终实现共同富裕目标的大举措，必须认清形势、聚焦精准、深化帮扶、确保实效，切实提高工作水平，全面打赢脱贫攻坚战。

——习近平在东西部扶贫协作座谈会上的讲话

（2016 年 7 月 20 日）

案例 27 闽宁镇：东西扶贫协作的结晶和典范

——福建省结对帮扶宁夏闽宁镇脱贫致富

1996 年，中央确定福建省帮扶宁夏回族自治区。20 余年来，福建、宁夏两省区党委、政府始终坚持"两个大局"，真抓实干，真帮实扶，有力地促进了宁夏贫困地区特别是西海固地区的经济发展、社会进步和民族团结。闽宁镇就是闽宁对口扶贫协作的一个缩影和典范。

一 背 景

闽宁镇是一个以福建、宁夏两省区简称组合命名的移民镇，位于银川市南端、贺兰山东麓、永宁县西部，区域面积 210 平方公里，开发农田 4.3 万亩，下辖 6 个行政村、86 个村民小组，现有常住人口 9109 户 45256 人，其中回族居民占 83%。

闽宁镇是一个纯移民地区。这个镇的建设始于 1990 年 11 月。为了解决西海固地区 ① "一方水土养活不了一方人"的困境，宁夏回族自治区政府决定从西吉、海原两县把"西海固"的贫困农民集体搬迁到适宜生存的黄河灌溉区，陆续在永宁县境内建立玉泉营和玉海经济开发区两处"移民吊庄"。1997 年，福建、宁夏两省区第二次联席会议确定，共同投资在玉泉营开发区黄羊滩吊庄移民点设立闽宁村，作为两省区合作的窗口和平台。2001 年，经自治区人民政府批准，在闽宁村的基础上正式成立了闽宁镇。

---

① 西海固位于宁夏南部山区，属于黄土高原及向干旱风沙区过渡的地带，山大沟深，严重缺水，生态环境脆弱，自然灾害频繁，素有"苦瘠甲天下"之称。1972 年，被联合国粮食开发署确定为最不适宜人类生存的地区之一。

　　移民区虽然在黄河灌溉区，土地平阔，近水、沿路、紧邻银川，有独特的地理优势，具有较大的农业开发潜力；但又是待开发地方，土地荒芜，一切需要从头干起。当第一批移民长途跋涉来到玉泉营移民区，面对的是一片荒漠戈壁。移民区土地大部分是黄沙戈壁、沙子石头，铁锹挖不动，要用钢钎撬。三天两头刮沙子，沙尘暴特别大，飞沙走石。这里没水没电没树没路，在地上挖个土窝子铺上麦草就是"家"。2016年，闽宁村第一批移民谢某昌向习近平总书记回想起当年闽宁村的情形："当时空中不飞鸟，地下不长草，风吹沙子跑。沙漠滩里没有人、没有房子没有树、也没有人改造，成天把风刮着，一年只刮一个风，从西刮到东。"[①]这就是当时移民面对的一个完全陌生且一穷二白的地方。在移民区起步之初，有的农户所有家当折合起来不足千元，可谓"赤贫"。

二　做　法

　　建设闽宁镇是闽宁扶贫协作的工作重点。通过援助、协作和人才交流等多渠道方式，福建省不仅给闽宁镇带来了资金和技术，同时也带来了先进经营方式和管理理念。

（一）兴基建，彻底改变生存环境

　　在帮扶闽宁镇的过程中，福建始终把基础设施、基本生产生活条件作为对口扶贫协作的先导和突破口。

　　闽宁镇建设之初，这里是典型的戈壁滩，自然环境非常恶劣，最先来到的移民第一步就是改造这里的生存环境。先是挖地坑、盖房打井、筛土平田、植树造林；接着是从扬黄灌溉入手，修建扬水泵站和灌溉渠系，将荒漠推整为农田；进而是兴建水、电、路、通信等设施，建立水管所、粮库、卫生院、派出所、邮电所、学校等一系列社会公共服务机构。就这样，一个基本适合人类生存的

---

① 宁夏闽宁镇——移民19载移出新生活[N/OL].央视网，2016-08-03。http://news.cctv.com/2016/08/03/ARTIsxb6bwGGaOy6J1ARCGqO160803.shtml。

移民区建立起来。

闽宁合作及属地化管理 10 多年来，闽宁镇的基础设施建设进入快速发展阶段。一方面，加大农田水利设施建设，投入大量的资金开展灌溉水渠系统、防洪堤、高标准农田改造等建设。仅 2012 年就建设高标准农田 1.9 万亩；投资 1400 万元改造闽宁镇一、二级泵站，砌护渠道。另一方面，闽宁镇加快电力、交通、科教文卫等生活便民设施的建设力度。2011 年，闽宁镇完成了小城镇交通道路"四纵四横"的网络建设；2014 年投资 1700 万元实施了美丽村庄建设项目和特色村庄改造项目。在此基础上，闽宁镇继续强化基础设施建设，2017 年，政府和社会继续投资基础设施项目 7 个，共 2.5 亿元。

（二）壮产业，增强自我造血功能

产业扶贫，是闽宁对口协作的主线。结合福建和宁夏两地的优势，闽宁镇确定了"种葡萄、养黄牛、育菌草、抓劳务、建园区"的产业兴镇之路。

1.戈壁滩上打造葡萄酒产业链。闽宁镇位于贺兰山东麓，地处贺兰山洪积平原中下部，气候干燥，日照充足，热量丰富，全年平均气温 8.6℃，无霜期平均为 164 天，昼夜温差大，是生产优质酿酒葡萄的最佳生态区。福建籍商人陈德启在贺兰山东麓一口气承包了 10 万亩荒地，打造葡萄生态产业园。凭借优越的自然条件和福建的投资与技术，结合当地的移民和土地，葡萄酒产业就这样在这片戈壁滩上发展起来了。

近年来，随着中粮集团、德龙酒业、立兰酒庄等知名企业的大力引进，不仅稳定了葡萄种植面积，有效解决了酿酒葡萄的销路，还可以实现葡萄亩均增收 3000 元以上，并有效解决镇上村民的就业问题。在葡萄生产季节，葡萄酒生产企业可以为周边移民提供大约 5000 人以上的工作机会，季节用工可达月收入 2000 元，年总收入约 12000 元；长期用工稳定在 600 人左右，年收入 30000 元以上。陈德启的德龙酒业就对口闽宁镇招工，帮助解决了当地 4000 多名移民的就业问题，带动人均年收入增加到 3 万余元，90 名建档立卡贫困户借此摆脱贫困。如今，闽宁镇已建成武河、原隆 2 个生态移民葡萄标准化生产示范村，通过采取"公司＋基地＋农户"，带动散户整村推进的模式，葡萄种植面积超过万亩。闽宁镇已建成大大小小的酒庄10余座，葡萄酒注册商标10多个。葡萄种植业已形成了一个从种植、加工到销售的完整产业链，成为了闽宁镇的支柱产业。

2. 特色养殖扩规提档。闽宁镇上的移民有养殖的传统和经验，从庭院圈舍养殖起步，到现在，闽宁镇的养殖业已形成较大规模。闽宁镇大力实施"散户养殖、整村推进"项目，从2012年开始，整合资金近1000万元，在对有养殖基础且养殖牛5头、羊30只的家庭进行养殖环境提升的同时，对武河、园艺、福宁3个养殖园区进行补栏，还发展出庭院养殖示范村4个，改造圈舍553栋。同时，联系专家对养殖示范村农民进行整体培训，增加养殖业科技含量。2017年，闽宁镇新增肉牛存栏2100头、羊存栏12000只，累计肉牛存栏1.8万头、羊存栏4.4万只。引进东阿集团黑毛驴标准化繁育基地项目，一期工程1万头黑毛驴养殖场在原隆村已建设，能辐射带动10个500头以上标准化黑毛驴养殖场。此外，闽宁镇现已建成宁夏壹泰牧业万头肉牛养殖基地、金顺友养殖基地及园艺村万亩草畜基地，并成功注册3个"闽宁镇牛羊肉"清真品牌，正式开展电商和市区直销点品牌化运营。

3. 育菌草拓宽致富路。闽宁镇干旱缺水，但种蘑菇不占大片土地，可以在小环境里操作，而福建刚好是食用菌技术的发源地。1997年的闽宁对口协作扶贫第二次联席会议上，福建省决定积极帮助宁夏发展菌草业。从那时起，在人称"菌草之父"的福建菌草专家林占熺的带领下，福建农林大学菌草研究所先后派出15批200多名技术人员到宁夏传授菌草技术，并分别在闽宁村和彭阳、原州、海原三县区建立食用菌示范点，发展菌草种植农户1万多户，培训5200余名农民，带动了1000余户农民脱贫致富。从2011年起，闽宁镇将菌草产业与生态移民安置有机结合，引进宁夏锐森源农业技术开发公司开展食用菌种植，在武河村菌草示范园区建设菌棚50栋，配齐了温棚种植的全套设备。2017年，在闽宁扶贫产业园建成青岛昌盛盛源菌链科技有限公司菌包加工线项目，年生产力达300万包，是西北最大的菌包生产线，可解决稳定就业150人。2018年，闽宁镇引进的双孢蘑菇工厂化栽培项目正式揭牌和出菇。按规划，此项目总占地面积210亩，分三期建设菇房8栋。项目建成后可实现年加工双孢菇800吨，年养殖销售双孢菇2000吨,销售收入预计达4000余万元,带动150人左右就业,可实现人均月收入3000元以上。

(三)抓劳务,促进转移就业脱贫

仅靠种植和养殖,还远远不够让移民脱贫致富,闽宁镇决定把劳务输出作为增加农民收入的突破口。长期以来,闽宁两省区人社部门定期签订"劳务合作协议书",召开"闽宁劳务合作座谈会",两省区还有9对县(市、区)结成劳务合作对口县,建立了劳务合作的长效机制。闽宁镇依托宁夏生态移民培训示范基地和移民创业就业服务中心,采取"政府 + 合作社 + 企业"的模式,加大定向、订单、定期技能培训。近年来,累计举办培训班150多期,培育各类人员9500多人;培育劳务派遣公司21家,劳务经纪人126人,有组织地输出务工人员。2017年,输出劳务人员1.1万人,年人均劳务收入由2015年的11430元增长到13636元。现如今,劳务收入已经成为闽宁镇移民收入的主要来源,占到收入的70%以上。

(四)建园区,承接东部产业转移

为承接福建以及沿海地区劳动密集型产业的转移,解决农村剩余劳动力的就业增收难题,闽宁镇规划建设了闽宁扶贫产业园和闽宁产业城。闽宁扶贫产业园规划面积4200多亩,主要发展葡萄酒酿造加工、物流配送、食品加工等无污染的劳动密集型企业。产业园一期基础设施建设全面完成并相继入驻企业,投产后将有效解决闽宁镇3000人的就业问题。高起点起步的中银绒业100万件针织衫加工项目,可以为闽宁镇解决1000多人的就业问题。闽宁产业城,仅在2013年就签约项目13个,签约额达189.95亿元,银峰铝业、人和管业、金强建材等企业也陆续进驻。2017年,闽宁产业城引进总投资20亿元比亚迪跨座式单轨产业项目、纯电动客车产业项目,预计全部建成后年产值可实现100亿元以上。

三 成 效

在福建、宁夏两省区密切配合和共同努力下，闽宁镇的扶贫开发取得显著成效。2016 年年底，随着全镇 6 个贫困村退出销号，建档立卡的贫困户1593 户 6798 人全部脱贫，贫困发生率也降至 0.9%。如今，闽宁镇已成为生态移民示范镇，进入全国重点乡镇行列，获得"全国社会扶贫先进集体"荣誉称号。

（一）基础设施极大改善

20 余年来，闽宁镇的生态环境和基础设施已发生了质的飞跃。当年地瘠民贫、满目黄沙的移民区，不仅有了水、电、路等配套设施，还有标准化的移民新居。学校、医院、商店、广场等也应有尽有，并实现了广播、电视"户户通"和公路"村村通"及"零距离"民生服务全程代办点的一站式服务。在昔日戈壁滩上，一座功能完备、配套齐全、民族融合的集"文化＋休闲＋商业＋生态＋居住"五位一体的闽南风情小镇已初具规模。

（二）支柱产业培育壮大

产业是闽宁镇经济的支撑，也是闽宁镇扶贫由"输血"到"造血"转变的关键。从最开始的福建派技术员手把手地教导种植、养殖技术，闽宁镇发展起了"种葡萄、养黄牛、育菌草"等种植业、养殖业及劳务产业，实现了由最初的传统种植到产业融合发展。在此基础上，闽宁镇还与福建等沿海地区企业进一步合作，相继引进了光伏、黑枸杞、红树莓、长毛兔等新产业。为进一步与福建实行经济合作、产业对接，闽宁镇建造了闽宁扶贫产业园和闽宁产业城，承接福建及沿海地区的劳动密集型产业。截至 2017 年年底，闽宁镇共有 48 个农产品商标、2 个宁夏著名商标、5 家农业产业化龙头企业，全镇产业总值达到 30 多亿元，20 余年来增长了 20 多倍。

（三）农民收入持续增长

20多年来，闽宁镇农村居民人均可支配收入从开发建设初期的不足500元增长到2018年底的12988元，增长了25倍多，福宁村人均可支配收入更是达到21640元，远高于全国水平。通过闽宁两省区共同开发建设，闽宁镇的村集体经济也得到了大力提升。

四　思考与启示

从1996年起，4.4万西海固贫困地区的农民陆续走出大山来到闽宁镇。通过"兴基建、育产业、抓劳务"等一系列扶贫措施，闽宁镇从无到有，从弱到强，由荒芜戈壁滩上的贫困移民村发展为产业兴旺、人民富裕的生态移民示范镇。闽宁镇之所以能实现移民搬得出、稳得住、能致富，其主要经验在于：

（一）顶层设计，建立长效对口扶贫协作机制是前提

1996年10月，"福建省对口帮扶宁夏领导小组"正式成立，时任福建省委副书记的习近平担任组长。为完成好闽宁对口帮扶这个重大政治任务，习近平倡议两省区强化顶层设计，建立联席会议制度，每年轮流举办一次。20多年来，闽宁联席会议从未间断，每年的协作项目都能紧扣宁夏的扶贫开发和发展大局。在逐步探索和总结经验的基础上，闽宁对口协作创立了"省区联席会议、市县结对帮扶、选派干部挂职、部门协作带动、企业投资合作"五大帮扶机制，使福建的人才、资金、科技、经验、市场要素等深深植入到宁夏发展的方方面面，把协作帮扶的触角从省、市县（区）下沉至村一级，从根本上提升了宁夏贫困地区的发展能力。闽宁镇作为闽宁合作的"窗口镇"，极大地受益于这些顶层设计和对口协作机制。2014年，福建省漳州台商投资区角美镇与闽宁镇正式结成共建对子，角美镇6个村与闽宁镇6个村交流合作，这给闽宁镇带来极大的帮扶和发展红利。

（二）优势互补，产业带动是关键

1997 年 4 月，习近平接受宁夏媒体采访时说："我们要动员更多的企业到宁夏去找市场，到宁夏去搞开发，结成一些联合体、共同体，共同发展。"①闽宁镇有优厚的自然条件和资源优势，可以批量承接福建及沿海地区的转移产业；而福建有资金有技术，需要机会和市场，闽宁镇与福建能实现优势互补，互惠互利。在党和政府的动员下，一大批福建的企业家们带着资金与技术，以产业项目帮扶为重点，在闽宁镇培育和发展了一系列优势特色农业，不仅促进了镇内经济结构和经营方式的转变，而且以产业扩就业、促增收，带动脱贫致富。闽宁镇的成就告诉我们，东西对口扶贫协作，只有发挥互补优势，强化产业带动，深化产业合作，才能不断拓展贫困地区脱贫致富的路子，从根本上改变贫困地区的落后面貌。

（三）干群合力，激发内生动力是根本

闽宁镇的发展离不开一批批扶贫干部呕心沥血的帮扶和移民们的艰苦奋斗。闽宁两省区扶贫干部创造性地发挥政策优势，利用资本和市场规律，为闽宁镇引来了福建的优势企业和优质项目，并在市县结对帮扶基础上，建立行政村结对帮扶机制。同时，闽宁镇不断激发移民的脱贫信心和致富决心，激励和鞭策他们主动参与发展特色产业，变"要我干"为"我要干"，并鼓励返乡农民自主创业。在一批批扶贫干部的悉心帮扶下，闽宁镇的移民们，抓住机遇，学技术，谋就业，搞产业，日子越过越红火。

闽宁镇的华丽转变告诉我们，东西扶贫协作不仅要有深度的、多层次的协作机制和顶层设计，还要紧紧抓住特色产业这个关键，实现经济、技术和人才的多方位帮扶，在激发群众的内生动力的基础上，实现脱贫致富。闽宁镇为东西协作扶贫的其他地区提供了有价值的启示和示范，值得借鉴。正如 2016 年 7

---

① 李锦等.山海牵手不忘初心——闽宁对口扶贫协作20年纪实[N/OL].《宁夏日报》，2016-07-21。http://www.nxnews.net/zt/2016/mn/wztt/201607/t20160719_4095885.html。

月习总书记到闽宁镇视察时所言，"闽宁镇探索出了一条康庄大道，我们要把这个宝贵经验向全国推广"①。

编写执笔：邓小燕、盘章俊、王海志

---

① 霍小光.习近平在宁夏考察[N/OL].新华网，2016-07-19。http://www.xinhuanet.com//politics/2016-07/19/c_1119245499.htm。

案例 28 东西协作促脱贫 结对携手奔小康

——上海市结对帮扶青海省果洛藏族自治州脱贫攻坚

2010年，中央确定上海市对口支援青海省果洛藏族自治州（简称"果洛州"）。近几年，上海市和果洛州紧紧围绕打赢脱贫攻坚战这一核心任务，深入贯彻落实中央第五、第六次西藏工作座谈会和中央扶贫开发工作会议、东西部扶贫协作座谈会等会议精神，主动对接、密切配合，扶贫合作取得丰硕成果，走出一条东西部协作、携手奔小康的精准扶贫、精准脱贫之路。

一 背 景

果洛藏族自治州位于青海省东南部，地处青藏高原腹地的巴颜喀拉山和阿尼玛卿山之间。总面积 7.6 万平方公里，平均海拔 4200 米以上，高寒缺氧，气候恶劣，大气含氧量仅为海平面的 60%，年均降水量 400—700 毫米，年均气温为 -4℃，全年无绝对无霜期。果洛州现辖玛沁、玛多、甘德、达日、班玛、久治 6 个县 44 个乡（镇）185 个牧委会 28466 户（其中牧户为 27115 户），总人口 18.56 万人（其中农牧业人口 14.02 万人），藏族人口占 91.86%，是全国 30 个少数民族自治州中海拔最高、气候最恶劣、环境最艰苦、经济社会发展最滞后、单一民族成分比例最高的自治州。果洛州 6 个县全部为国家贫困县。到 2015 年年底，全州共有 10805 户贫困户 34003 人建档立卡贫困人口，贫困发生率 18.3%。

2010 年以来，上海市认真贯彻落实中央对口支援青海藏区决策部署，坚持"民生为本、产业为重、规划为先、人才为要"的工作方针，强力推进援青工作，共安排财政援助资金 17.79 亿元，实施各类援助项目 529 个。其中，2018 年援助资金达 3.03 亿元。上海援青项目注重将资金重点投向民生、公共服务和产业发展领域，先后支持了果洛州新农村建设，有力改善了农牧民的基本生产生活条件；支持县级以下中小学基本建设、师资培训和县乡医疗机构建设、远程医疗等，有力地提升了基层教育、医疗服务的条件和水平；组织实施了一批高原特色农牧业扶持项目，开展以"公司＋合作社＋牧户"的经营模式，增加农牧民收入。

二　做　法

（一）规划为先，明确目标

1. 做好相关规划。果洛州先后制定了《果洛州"十三五"脱贫攻坚规划》《"八个一批"脱贫攻坚行动计划》、"十二个"行业部门脱贫攻坚行动方案等。制订脱贫规划时，注重与省级规划、行业规划、藏区规划以及上海市对口帮扶规划相衔接，注重与新型城镇化建设、生态保护、县域经济发展统筹推进。果洛州的对口帮扶单位——上海市，也对应出台了《上海市对口支援果洛州经济社会发展规划》。

2. 明确目标任务。受惠于上海市对口帮扶的东风，果洛州结合本州实际，制定了 5 年脱贫攻坚工作目标：计划到 2019 年，全州贫困人口人均可支配收入达到 5480 元以上，所有建档立卡贫困人口全部脱贫；2020 年，进一步做好脱贫攻坚巩固提升工作，为全面建成小康社会创造条件。

（二）民生为本，突出重点

1. 完善基础设施。针对果洛基础设施薄弱实际，上海市在农牧民定居点及配套设施建设、牧区乡村人饮工程、新农村公共服务设施建设等方面给予了大力援助。在玛多等 3 县安排 1050 万元，实施 10 个定居点的人饮工程项目；在玛沁等 3 县安排 5800 万元新建和改建 344 套牧民定居点住房，并配套相关后续产业支撑项。2017 年，上海投资 500 万元建设玛沁县联防、联勤指挥分中心多功能室及相关配套设施的项目；投资 370 万元实施对口援青项目管理能力提升、援青干部供氧设施维护、援青项目信息化管理、绩效评价、审计、委托等三方项目管理，等等。此外，上海还援助公交"乡乡通"项目，大大降低了牧民出行成本。果洛州 2016 年投资 17.25 亿元实施农村电网改造延伸工程，目前已覆盖 34 个乡镇、92 个村、52 座寺院，有力破解了电力保障不足的瓶颈问题。

2. 援助基础教育短板。阻断贫困代际传递，根本举措在教育。上海发挥自身教育优势，对果洛的中小学教育从改善设施到充实教育力量等方面给予了援助。到 2018 年，上海共安排果洛教育项目 74 个，总投资 5.7 亿元，实施果洛中小学标准化建设等项目，建成 38 所标准化学校；累计培训骨干教师和管理人员 2324 人，推动果洛教育实现跨越式发展。

上海积极发挥自身科技优势，帮助建设藏汉双语信息化平台，两地教育部门共同研发适应果洛双语教育发展的软件资源、微课录像及视频资源。上海市虹口区教育局、嘉定区教育局、奉贤区教育局对口帮扶果洛州玛沁、久治、达日三县 9 所学校，并在此基础上，逐步将帮扶范围覆盖到全州条件成熟的基础教育学校和高中阶段学校。

果洛州紧紧抓住上海援建的有利时机，集中力量扩容改造县乡中小学，使全州各学校办学条件更加完善。目前，位于西宁市城北区由国家基本公共服务建设项目资金和上海市共同援建的西宁果洛中学正在加紧建设中。西宁果洛中学含初高中，占地 3.46 公顷，计划于 2019 年 9 月正式招生。西宁果洛中学将与上海市大同中学在名师支援、教育管理、特色课程、师资建设等方面开展资源共享、深度合作。果洛州还借助上海的教育优势，积极推进异地办学，扩大贫困家庭子女在上海、西宁等外地上学的规模。

3. 开展健康扶贫。医疗援建也是牧民群众获得感最强的领域之一。自上海—果洛建立对口帮扶关系起，上海援助果洛医疗卫生项目达 48 项，总投资达 1.7 亿元，包括果洛州人民医院制氧站，果洛州藏医院住院配套设施，果洛州人民医院医技楼 CT、彩超及部分设备配置，188 个村卫生室标准化配套设施项目等。在上海援建下，果洛州人民医院的设备配置及专业水平实现了质的飞跃。

上海卫生医疗援助对培养专业技术人才高度重视。据统计，2011 年至 2017 年，果洛州共选派 140 名医疗卫生专业技术骨干，分别在上海市宝山区社区医院，虹口区血液中心、社区服务中心，嘉定区社区医院、疾控中心，普陀区中医院，静安区人民医院等医疗机构，进行3至6个月以上的业务进修学习。此外，2013年至2017年，上海市卫计委选派上海市疾控中心、上海市华山医院、普陀区中医院、市第九人民医院、上海眼病医院等专家组团来果洛，进行学术讲座、业务培训、专题讲座。通过双向交流，果洛州、县、乡公共卫生服务能力、传染病防治以及州县级医院管理水平和急危重症的诊疗能力均有所提高，域内群众就近就医的可及性显著提升。

确定上海援青以来，上海选派医疗方面专家赴果洛州开展地方病、传染病筛查累计5万余人。上海市卫生系统组织了"光明使者久治行"活动，连续多年赴果洛州巡诊，为白内障患者义务手术。仅2017年，"光明行"医务人员在筛查700多位患者基础上，免费为45名白内障患者进行复明，成功率达100%。

果洛州对贫困人口参加城乡居民基本医疗保险个人缴费部分，给予全额资助。把贫困人口全部纳入重特大疾病救助范围，最大限度减轻贫困人口的医疗负担。2016年，全州开展临时性医疗救助4199人次，累计发放救助金1067.8万元。

（三）人才为要，激发内力

1. 推进党政干部交流。提升果洛干部队伍素质、增强干部队伍能力，是上海对口支援的工作重点。截至2018年7月，上海市已先后选派三批援青干部48人赴果洛挂职，接收果洛干部来沪挂职172人次。先后累计举办帮扶培训和本地培训130期，共为果洛州培训各类人才4600余人次，为当地发展提供了有力的人才支撑。

2. 强化职业技能培训。上海出资3300万元，援建了果洛州职业技术学校的教学楼、宿舍楼、实训楼等，这是全果洛州首个公办职业技术学校。果洛州与上海建立了职业教育联盟，每年选送100名学生到上海培训，促进两地学校之间、校企之间在课程建设、师资建设、实习就业等方面深入合作，共为果洛州培养实用技能人才540余名，就业率达100%。

2018 年，上海市浦东外事服务学校首届藏族班学生毕业，4 名学生被东方航空公司录用为空乘人员，通过后续体检、培训等环节后将在青藏高原执飞航班。另有 2 人被录取为东航地勤，8 人就业于西宁机场和玉树机场。在上海市房地产学校就学的 16 名毕业生中，砌筑工、安全员获证率 100%，水电工获证率 88%，全部被青海省建筑职业技术学院录取。上海市新陆职业技术学校 29 名青海应届毕业生，全部升入青海省西宁市城市职业技术学院或上海开放大学继续深造。

（四）产业为基，增强造血

产业援青是提升果洛自我造血能力，实现长远发展的重要途径。果洛州结合本地地理资源情况，充分挖掘自身产业潜力，把生态畜牧业、高原生态旅游及特色文化旅游确立为本地重点发展产业，并将全州建档立卡户中有劳动能力的贫困人口纳入发展特色产业脱贫范围。与之相配合，上海发挥自身人财物的优势，并将先进的经营管理理念传到果洛。2017 年上海在果洛州安排扶贫产业发展项目 22 个，援助资金 8380 万元。

1. 生态畜牧业扶贫。上海援建果洛的 5369 生态牧业科技有限公司，以"龙头企业 + 合作社 + 牧户"的经营模式，形成现代畜牧业"种草—养殖—加工—高端生态制品—保健食品—生化制品"的完整牦牛产业链，带动农牧民累计增收 300 万元，1000 余户建档立卡贫困户受益。以森多镇 184 户贫困户为例，截至 2018 年，户均年增收 4046 元。果洛州积极整合上海援青等资金，全州 185 个行政村全部建立了生态畜牧业合作社，入社农牧民达 65009 人，入社率 41.9%；整合入股牲畜 53.59 万（头、只），整合率 38.5%，通过配股模式吸引牧民入社。

2. 高原生态旅游及特色文化旅游扶贫。果洛州依托独特的地理资源优势，打造高原生态及特色文化旅游目的地。上海投资 1700 多万元，在年保玉则神山景区建设风情小镇，吸引外地游客旅游居住，增加牧民就业与收入，景区门票收入从 400 万元增加到了 600 万元。上海市投资 200 万元援建黄河源景区，投资 480 万元建设班玛县红色教育基地展览馆、红军沟展览馆、雕塑群、纪念碑等基础设施。

三　成　效

（一）脱贫攻坚告捷

实施脱贫攻坚 3 年来，到 2017 年，全州 60% 的贫困户住房困难问题得到解决，2.8 万余人住进了设施齐全的新居。全州累计 4.8 万人实现脱贫，34 个贫困村出列。

基础设施建设。截至 2017 年年底，果洛州实现高速公路通州、二级公路覆盖全州六县、交界地区互联互通公路建设全面推进。乡村通车里程达 4500 公里，实现了所有乡镇通硬化路。建成通航果洛机场。实现国家大电网六县全覆盖。近 5 年累计投入 3.3 亿元实施农村安全饮水建设工程，受益人口占全州农牧民总人口的 87%。

教育援助。截至 2017 年年底，共累计投资 18 亿元，新建高中 2 所、职业学校 1 所，改扩建各级各类学校 124 所，标准化学校数量从 5 所增加到 68 所，幼儿园从 5 年前的 6 所增加到 57 所，44 个乡镇实现学前教育全覆盖。先后输送 2000 余名学生赴北京、上海等地就读初高中和中职学校。值得一提的是，果洛已经率先在全省实行 15 年免费教育，切实减轻了群众负担。

医疗援助。截至 2017 年年底，果洛州累计投资 7 亿元实施州县公立医院硬件达标和乡村卫生机构标准化建设工程，其投资力度为上个五年期间的 1.8 倍，大幅度改善了全州医疗卫生基础条件。全州医疗服务技术、服务能力得到明显提升，城乡居民医疗保险基本实现全覆盖。

文化惠民。果洛州县乡村四级公共文化基础设施全面改善，全民健身工程有效推进。公共文化和体育健身服务体系日趋完善，群众性文化体育活动丰富多样，广播电视基本实现全覆盖。特色文化资源得到发掘继承。发源于果洛州的藏族著名史诗《格萨尔》于 2006 年列入第一批国家级非物质文化遗产名录。2017 年 9 月底，以《格萨尔》为主题的果洛藏族自治州非遗文化和旅游展示活动在上海大世界举行。经过为期一周的展示巡演，取得圆满成功，获得国际性赞誉。

（二）特色产业得到了快速发展

果洛州"三江源"有机产业园区建设初见成效。园区已完成基础设施投资近1.5亿元，园区道路、给排水、供电等基础设施建设已日趋完善。已与14家企业签订入驻园区协议，6家企业开工建设，园区肉、乳、矿泉水、物流配送等产业正逐步形成。

生态畜牧业取得了长足发展。建成肉牛肉羊养殖、奶牛养殖、饲草基地、野血牦牛种畜基地、大黄种植基地、高原蔬菜种植基地68个，覆盖44个乡镇中31个。上海援建的5369生态牧业科技有限公司，22种牦牛肉系列产品通过了有机认证，成为青海省第三家畜产品加工有机认证企业。甘德县1010万亩草地通过有机认证，成为全国面积最大的有机畜产品生产地区。"果洛大黄""果洛蕨麻""久治牦牛""玛多藏羊""甘德牦牛"等5个农产品获得国家农业部地理标志认证，标志着果洛州依托甘德有机牦牛、藏羊为原料的完整有机畜产品产业链初步形成。

（三）以项目建设为中心的扶贫协作长效机制逐步确立

2016年，时任中共中央政治局委员、上海市委书记韩正等到果洛州调研；青海省、果洛州主要领导也到上海对接，谋划总结对口援助工作；确定上海六区结对帮扶果洛六县，确保对口援助工作有力有序有效推进。研究出台了《上海市对口支援果洛州项目暂行管理办法》《上海市对口支援青海省果洛州项目管理实施细则》等规章制度。仅2017年，上海市就向果洛州安排对口支援项目109个，援助资金达28064万元。近8年来，上海市共落实对果洛支援项目522个、投资达17.79亿元。

上海与果洛州建立了联席会议制度、定期回访沟通制度、对口援青工作专题会议制度、各相关部门援青项目联查联检制度、项目绩效考核机制和项目巡查机制等一系列行之有效的工作制度。开展经常性项目建设现场检查，检查内容包括工程档案、财务收支情况、工程质量、安全管理等。聘请项目管理公司对对口支援项目进行全程管理，进一步健全了体制机制。

四　思考与启示

如何深化东西扶贫协作，帮助深度贫困地区尽快脱贫致富？上海对口帮扶果洛州的经验和做法，对其他类似地区有积极的借鉴意义。

首先，应建立起东部发达地区对口帮扶西部贫困地区的长效协作机制。果洛州属于少数民族聚居地区，地理条件差，贫困程度深，脱贫难度大。上海地处沿海，是改革开放的高地，是国际化的大都市。邓小平的"两个大局"思想和习近平总书记"小康路上一个都不能掉队"的嘱托，将两地紧密连接在一起，并建立起长效合作机制。8年来，几届上海党政主要领导亲自担任对口援建工作领导小组组长，定期召开专题会议研究部署相关工作，全方位、多层次、多形式地支援果洛州，援建干部全身心投入对口支援工作。果洛州主动作为，积极对接，推动东西扶贫长期协作。

其次，应注重发挥贫困地区自身相对优势，重点发展优势产业，增加自身造血功能。援建工作既要注重当前，通过"输血"帮助当地百姓解决民生困难；又要着眼长远，通过"造血"提高当地可持续发展能力。果洛气候恶劣，自然资源尤为匮乏，又地处三江源保护区、生态要求极为严格，果洛州重点发展具有比较优势的高原生态畜牧业和生态旅游业。在带动扶贫的同时，也让地方民族特色优势产业焕发时代光华。

再次，在发展战略和帮扶工作上要优先改善民生事业。果洛州经济社会发展落后，农牧民生产生活条件差。果洛州坚持"项目和资金聚焦民生，向基层倾斜、向农牧民倾斜"的重要原则，以改善基层群众的实际生活为出发点，着力改善民生和加强公共服务功能设施建设。一批重点惠民项目初步发挥出了示范、引领作用，帮助当地改善了群众的生产、生活条件，使人民群众真真切切得到实惠，也为稳定脱贫、后续发展打下了坚实基础。

编写：余志强、李聚森

案例 29　感恩反哺　励志担当

——广州恒大集团帮扶贵州省大方县的经验与启示

2017 年 12 月 27 日，中国社会科学院发布《扶贫蓝皮书：中国扶贫开发报告（2017）》，评价广州恒大集团帮扶贵州省毕节市大方县"在扶贫领域创新性地实现了政府与企业的合作"，是"国内甚至国际公益领域中的一个创举"。2017 年 12 月 28 日，人民日报社"第五届民生发展论坛"在北京人民大会堂举行，恒大扶贫模式获评"2017 年度中国民生示范工程"。

一　背　景

大方县隶属于贵州省毕节市，是国家扶贫开发工作重点县和乌蒙山特困地区片区县。全县总面积 3505.21 平方公里，辖 36 个乡（镇）389 个村（居）委会，居住着汉、彝、苗、白等 24 个民族，总人口 104.3 万人，其中少数民族人口占 33.2%。2014 年全县农村建档立卡贫困人口 20.04 万人，贫困发生率为 23.51%[①]。

2015 年 11 月底，中央扶贫开发工作会议召开。12 月 1 日，广州恒大集团响应中央号召，在全国政协支持鼓励下，结对帮扶大方县。

二　做　法

恒大集团从六个方面参与大方县的脱贫攻坚帮扶工作，即产业扶贫、吸纳

---

① 2014年大方县农村贫困人口数据引自《贵州统计年鉴2015》。

就业扶贫、搬迁扶贫、教育扶贫、创业扶贫、特困群体生活保障扶贫。

（一）产业扶贫：补短板，点燃产业星星之火

1.打造中国的安格斯牛之乡。恒大扶贫团队进驻后，对大方的气候、土壤、牧草以及劳动力结构等进行实地考察，并经相关专家反复论证，制定了从澳大利亚引进3000头安格斯牛作公畜，从牧区引进5000头牛作基础母畜，培植优质肉牛产业，三到五年之后，大方将成为一个供应种牛、出售冻精、出售优质牛肉的基地，成为中国的安格斯牛之乡。2016年6月5日，历经115天的越洋运输，恒大集团从澳大利亚引进用于产业扶贫的首批安格斯种牛抵达大方县凤山乡养殖场，这批飘洋过海的优质肉牛，承载着大方百姓"赶着黄牛奔小康"的梦想。

2.建立种植产业合作社。在三元乡胜丰村，由村干部罗永权、周密等6人依靠恒大支持、投资18万元建立恒利种植养殖专业合作社已初具规模。合作社流转土地300余亩，规模化种植大白菜、辣椒等有机蔬菜，辐射当地80余户贫困户。村民周登文当了一辈子农民，没想到64岁当上了股东。他流转了11.8亩土地入股合作社。"除了每亩地400元的流转费，还有年底分红，我占六，合作社占四，一年至少都有3万多元的收入。"周登文自豪地说。

3.建立中药材林果基地。恒大援建种苗基地、中药材加工基地等基础设施，引进一力制药等上下游龙头企业统一组织生产和销售，建立起稳定的产供销体系。土地流转收入、务工收入、分红收入，让部分贫困户合计年人均纯收入超过5500元。

（二）就业扶贫：授之以"鱼"更授之以"渔"

破败不堪的屋顶，一阵风吹过，腐烂的茅草到处乱飞。黄泥乡槽门村村民徐兰兰指着那栋一堂两厢的破板壁房说，"这就是我们的房子"。徐兰兰和丈夫刘正朋都没有读完小学，文化程度低，更无一技之长，外出打工挣钱既没信心又没底气，只能在家里守着贫困干着急。在大方，这样的情况十分普遍。"一人就业、全家脱贫"。针对贫困家庭实际情况，恒大集团组织职业技能培训，

吸纳贫困家庭劳动力到恒大集团及战略合作企业就业。刘正朋成为了被恒大集团吸纳就业输出的第一批务工人员。如今，他在恒大集团安徽六安公司做水电工，除了吃穿住用，一月的工资有4000多元，除了供女儿上幼儿园的开销外，还大有结余。妻子徐兰兰心里乐开了花："以前我们都怕出去打工，就是偶尔出去，每个月打工挣来的钱除了缴房租和生活费用，几乎没有结余。"

（三）搬迁扶贫：易地挪"穷窝"，产业发展住"金窝"

"没有想到这么快，我们国庆节就能搬进新家了。我的孙女晚上睡觉也不担心被雨淋了。"村民陈显琴无比期待地说。针对住在深山老林里面，路不通、水不通、电不通，房子不遮风、不挡雨的贫困群体，光"挪穷窝"还不是恒大扶贫的终极目标。对此，恒大集团结合新型城镇化和新农村建设，建设带产业依托的新农村，每村配建2栋蔬菜大棚，配备肉牛养殖、乡村旅游等作为"第二产业"，确保贫困户"能脱贫、稳得住"。这种易地搬迁并不是简单的一搬了之，而是将搬迁与就业、城镇化、产业化进行了有机结合。

（四）教育扶贫：阻断贫困代际传递

大方县二中校长陈永柏说："二中有些学生成绩非常优秀，但家里困难，特别是有的女孩子一顿饭只花一块多钱，有的老师经常自己给学生的饭卡里充钱。"为了解决这个普遍的问题，恒大决定在大方设立助学奖励基金，由恒大捐资3000万元作为本金，用委托投资收益支付奖金。按平均收益5%计算，每年150万元收益，评选出300名贫困家庭优秀学生和200名偏远地区优秀教师，每人每年奖金3000元用于扶贫助学。另外一项流泽久远的项目就是援建学校。至2017年6月初，恒大集团无偿投入5亿元援建的11所小学、13所幼儿园、1所完全中学、1所现代职业技术学院全部投入使用。

（五）创业扶贫：激发贫困人口的内生动力

为鼓励支持贫困户创业，激发脱贫致富的内生动力，恒大集团设立了3亿元的"恒大大方贫困家庭创业基金"，三年内分期分批，以贴息和奖补等形式鼓励贫困家庭创业，帮助 3 万人脱贫致富。

（六）特困群体生活保障扶贫：精准扶贫不落一人

对无劳动能力的特殊困难人群，恒大的做法是精准滴灌、不落一人。他们设立了 2 亿元的"恒大大方慈善基金"，另外为 14140 名特困人群每人购买了一份固定收益的商业保险，补足当地低保标准与脱贫标准之间的差额，实现了直接脱贫。同时，恒大积极组织集团员工"一助一"帮扶全县农村留守儿童，困境儿童和孤儿 4993 人。2017 年 6 月，恒大投资了 3 亿元开工建设的 1 所慈善医院，1 所养老院，1 所儿童福利院已全部交付使用。

三　成　效

从 2015 年 12 月 1 日开始，恒大结对帮扶大方县，通过六大帮扶措施，贫困人口覆盖率高达 80%。到 2017 年年底，帮助 12.73 万贫困人口实现脱贫。10223 栋蔬菜大棚星罗棋布，33 个中药材及经果林基地生机勃勃；50 个幸福新村拔地而起，14000 名贫困人口喜迁新居；26 所学校书声琅琅，1000 名师生获得奖励资助；17332 名贫困群众掌握致富技能，14208 人稳定就业；5290 万创业基金帮助 13302 户贫困户实现创业梦；保障扶贫惠及 19133 名困难群体。

四　思考与启示

仅仅两年的时间，恒大集团结对帮扶大方县，就取得如此斐然的成绩，人们不禁要问：恒大高效率扶贫过程中，有哪些独创的帮扶工作机制？企业与政府之间是如何实现精诚高效的合作？恒大集团如何实现与上下游企业的共赢？对贫困群众的帮扶又有哪些独特之处？恒大扶贫模式可复制可推广的主要精髓有哪些？这些问题也许是人们十分关心的。

（一）恒大帮扶大方的运作机制

在以往的社会扶贫和企业扶贫中，主要的方式是间接扶贫，即捐钱捐物给政府和目标群体，很少有直接地参与。在目前政府主导的精准扶贫工作中，有些社会组织和企业不知道如何参与，如何与政府合作。恒大在扶贫领域创新性地实现了政府与企业的合作，其扶贫效率远远好于以政府为主体的扶贫模式，实现了贫困户、合作企业、大方县以及恒大自身的多赢，为稳定脱贫和可持续发展做出了科学的机制设计和长远的制度安排。

1. 恒大与政府的合作机制。一是组织保障机制。为了保证公开透明，恒大将无偿投入的 30 亿元资金捐给贵州扶贫基金会，再由贵州扶贫基金会捐给恒大大方扶贫基金会，由恒大成立资金管理公司运作。这些资金完全用于恒大在大方的各种扶贫项目。恒大在大方的员工的工资、日常开销、办公经费等由恒大公司自己出。为了更好地提高扶贫的效率，恒大方面成立综合协调室，政府方面成立扶贫指挥中心，恒大与大方县委县政府联合设立了政企联席会议的运作机制。二是资金和项目方面的合作与分工。在项目的选择上，一般是政府提出需求，恒大进行复核，双方共同调研和协商，复核后双方共同制定实施方案，由恒大实施项目。在精准识别和贫困户建档立卡方面，政府与恒大一起下乡，同时恒大自己也建立了贫困户的档案，目前恒大覆盖的贫困户占大方县贫困户的 80%。在项目的实施上，双方形成方案后明确各自的任务，进行合理分工。如在易地搬迁方面，大方政府负责"三通一平"等基础建设，企业则利用援建资金完成房屋建设、装修和简易家具置办；企业负责慈善医院、儿童福利院、养老院的前期修建，政府则负责后期运营相关工作。在蔬菜大棚和中药材基地项目的建设上，政府负责流转土地，由恒大实施建设和招商引资。在扶贫资金管理上，恒大与政府的资金各自独立，各自负责，封闭运行，没有交叉。政府负责的部分由政府提供资金来完成，恒大负责的部分由恒大的资金来完成。在项目的后续管理上，恒大实施的项目完工后，所形成的资产全部交给政府管理，恒大不要任何一部分资产。交给政府的资产一部分产权归属政府，如学校、医院、部分产业基地等，一部分归属贫困户，如易地搬迁形成的房屋、部分蔬菜大棚的产权等，项目的后续经营由恒大引入的

43 家上下游企业经营管理，政府不直接经营管理。

2. 恒大与上下游企业的合作机制。恒大筛选合作企业注重三个因素：一是能带动多少农户，需要合作企业拿出相应的带动方案；二是企业是否注重社会责任，要求合作企业不能只考虑利润；三是企业的长期行为，要求企业也要承担一部分基础设施建设，以防止企业的短期行为，从而保证项目的可持续发展。恒大与这些企业的合作主要在以下两个方面展开：一是就业扶贫。恒大对大方县贫困户的劳动力进行就业培训，在他们掌握一定的相关技能后，安排到恒大和恒大引入的上下游企业就业。二是项目合作。为了保障项目的后续管理和可持续发展，恒大将产业扶贫基地和奢香古镇建设好以后，这些资产的产权归县政府和贫困户所有，经营管理权归 43 家公司所有。这些公司与政府签订的合同期长达 20 年，以保证扶贫项目的可持续发展。

（二）恒大帮扶大方实现多方受益

恒大集团结对帮扶大方县实施精准脱贫的同时，大方县地方经济、政府工作效率、合作企业以及恒大集团自身等多方也同时获益。

1. 大方县受益。一是帮助大方县加快脱贫攻坚进程，为打赢脱贫攻坚战注入了强大的帮扶力量。二是促进了地方经济的发展。恒大通过 30 亿元巨额投资以及引进的 43 家龙头企业，为大方县经济发展引入了活力和增量，带动了建筑业、商业、农业、畜牧业、餐饮业、住宿业、快递业、交通运输业等多个行业的快速发展。这是恒大通过示范效应、拉动效应、产业效应发生作用的结果。三是促进了政府工作效率的提高。与恒大合作后，政府的会议通常只需要 1—2 个小时就可以结束。促进政府文风转变，直奔主题，长度只需要 1—2 页纸。

2. 合作企业受益。恒大引入的 43 家龙头企业，是按市场原则与恒大进行合作的。通过与恒大合作，企业实现了扩张和做大做强。一是形成了稳定的供货基地；二是减少了市场风险；三是开拓了市场；四是受恒大精神的影响，这些企业也积极为当地扶贫事业出力，促进了公益事业的发展。大方县当地企业也主动参与扶贫，有 305 名本土企业家自愿担任 298 个村的名誉村主任，帮助村民脱贫致富。

3.恒大自身受益。一是锻炼和打造了一支精兵强将队伍。恒大集团专门成立扶贫办公室，从全国8万名员工中抽调287名精兵强将，带领3000多人的专业扶贫队伍常驻大方。这些人才被恒大集团输送到全国各地分公司。大方已成为恒大的人才培养基地。二是树立了良好的品牌和社会形象。恒大集团整体帮扶大方的行动是一个创新之举。这一创新之举得到了中央领导、政府部门、全国各界的关注和重视，在房地产企业中树立了一个全新的形象。恒大的扶贫之举已经深入人心。

（三）恒大帮扶大方的创新之举

1.恒大的直接式项目扶贫，为企业扶贫探索了新路子。企业扶贫是中国社会扶贫的一个重要组成部分，但以前企业扶贫并没有找到一个好的参与机制。恒大的直接式项目扶贫，开辟了企业扶贫的先河。恒大集团一改过去局部式、间接式、慈善式企业帮扶方式，为整县式、参与式、直接式、开发式的项目帮扶方式，即"直接式项目扶贫"。恒大集团直接投入人力、物力、财力，直接参与扶贫全过程。不仅参与贫困户识别、贫困原因分析，还参与项目设计、项目施工、项目监管、后期发展等，直到全县贫困人口全部脱贫、贫困县摘帽。

2.恒大把公司管理中的目标管理和责任考核方法直接运用于扶贫。恒大将大方县2020年整体脱贫工作任务层层分解为各个阶段的具体目标，然后分工落实到各个团队和个人，进行目标管理和责任考核，这种方式极大地提高了扶贫团队的工作效率，节约了时间成本和资金成本。

3.恒大将企业和企业家引入产业扶贫，保证了扶贫产业的高效率和持续稳定发展。在产业扶贫中引入企业家，能成功地化解产业扶贫中的市场风险和自然风险，从而使扶贫产业能持续稳定发展，贫困人口可持续稳定增收入，形成一种长效机制。

4.恒大为巩固脱贫攻坚成果和可持续发展，做出了长远制度安排。根据恒大与大方双方的协议,恒大在2020年完成扶贫任务后将结束在大方的一切活动。扶贫活动结束后，扶贫效果是否可持续？是否会出现返贫？为此，恒大做出了相应的制度性安排，一是建立了四个长期性的基金，分别是慈善基金 2 亿元、创业基金 3 亿元、教育奖励基金 0.3 亿元、产业担保基金 1 亿元，这些基金的运营时间都为 20 年。二是将扶贫过程中形成的公共固定资产转移给政府，由政府成立相应的公司进行管理和市场化运营。三是将产业扶贫建设的产业基地的产权转移给贫困户和贫困户组成的合作社，形成产权明晰、分配合理的机制，同时引入上下游公司，与农民签订长达 20 年的合同，以保证产业扶贫的可持续性。四是在易地搬迁中，为每个易地搬迁点设立两个产业扶贫基地，将易地搬迁与产业扶贫结合起来。

因此，恒大的扶贫是高质量的扶贫，使贫困户一举摆脱了贫困的恶性循环，跳出了返贫、低水平脱贫、不稳定脱贫的陷阱。这些措施彻底改变了大方县的贫困面貌，可以有效阻断贫困的代际传递。不仅实现了整体的全面的脱贫，还为乡村的全面振兴和可持续发展打下了基础。

（四）恒大模式的可复制性

一是恒大投身扶贫的精神可复制可推广。企业扶贫是社会扶贫的重要组成部分，企业扶贫和公益组织是其中的主要力量。不论是企业，还是公益组织，都可以学习恒大的社会责任感和奉献精神。二是政企合作模式可以复制。恒大与大方县政府合作扶贫产生了"恒大速度"和"大方奇迹"，这一合作模式可以向全国其他地区推广，而且这一政企合作模式不仅可以应用于扶贫领域，在其他领域，如美丽乡村、特色小镇、新农村建设、公共服务等方面都可以复制和推广。各地政府可以借鉴恒大—大方的政企合作的经验与模式。三是恒大的直接式项目扶贫模式可以复制和推广。恒大扶贫是通过设立的恒大大方扶贫公司来直接进行的。在扶贫工作的各个方面，完全按企业的项目管理和考核等方式进行。任何一家企业，包括国有企业，都可以在企业的社会责任方面学习恒大的做法，改变以往间接扶贫的做法，直接投入具体的扶贫工作。这方面的复制和推广应该是没有任何困难的，不同的只是范围大小、领域多少的问题。

编写执笔：邹德菊、史洪山

案例30　从游居牧村变身秀美藏寨

——天津市帮扶甘南藏区尕秀村建设生态旅游村

"欢迎您来到碌曲县尕海乡尕秀村！这里没有雾霾和喧嚣，而有海拔3500米的生态牧场，为您起伏生命的高度，等您体会美丽的乡愁，带您栖息心灵的家园。"进入有着"九色甘南香巴拉"美誉的碌曲草原腹地，你会收到这样一条短信，随即进入视野的是草原山脉四周环绕的藏寨，一排排藏家民居，一座座藏式门楼，一顶顶藏族帐篷，这便是被称为"生态旅游第一藏寨"的尕秀村。近年来，经过天津市的精准帮扶，尕秀从昔日的居无定所、颠沛流离的游牧村嬗变为生态秀美、令人向往的生态旅游样板村。

一　背　景

甘南州是全国"三区三州"和甘肃省"两州一县"深度贫困地区。尕秀村位于甘南藏族自治州碌曲县城南部23公里处，辖迪本、多喀、什合地3个自然村（村民小组），共有391户1867人。2014年，尕秀村识别建档立卡精准扶贫户65户223人。长期以来，尕秀村牧民过着"逐水草游居"的游牧生活，"一年四季一顶帐篷"，居住条件很差，炊具、卧具等必备物品都十分简陋，俨然一幅原始游牧部落的生活场景。20世纪90年代，草场承包到户，有十几户牧民在一个叫晒银滩（藏语意"撒满金子的草滩"，汉语意"聚宝盆"，如今的尕秀村中心所在地）的平缓山凹上修建了简易的房屋，才逐渐开始了定居生活。随着国家实施牧民集中定居点项目，2003年尕秀新牧村示范点工程建设动工，总占地面积129亩，按照"三统"（统一规划、统一标准、统一建设）要求，建设了完善的道路、供水、供电和学校、卫生室、村委会、活动室等公共服务设施。此外，每户有 80 平方米以上的住房及围墙、大门、厕所等配套设施和养畜暖棚、牲畜棚圈、储草棚等配套生产设施。经过十多年的分批易地搬迁，尕秀村全体牧民实现了梦寐以求的定居化。

可是，尕秀村群众仍"拿院子当草原、拿房子当帐篷"，乱堆乱放、乱倒乱扔、乱搭乱挂、乱丢乱弃等问题突出，使得村里村外垃圾遍地、污水横流、蚊蝇乱飞、人畜混居，糟糕的环境和传统陋习让游客过村而不入村、避而远之。再加上村民单纯依靠传统放牧、缺乏技能、村民文化素质低下等原因，村民收入一直难以提高，尕秀村还是在贫困线上苦苦挣扎。2012 年，天津市和甘肃省签订东西部扶贫协作框架协议，确定由天津市对口支援甘南藏区，自此两省市踏上了携手奔小康的征程，尕秀村也迎来了新的发展机遇。

二　做　法

（一）智力帮扶谋发展

集中定居为尕秀的发展打下了坚实的基础，但村民普遍文化程度较低，天津市把智力帮扶作为帮扶的重点工作。尕秀村重视学前教育和"双语教育"，既让他们学好藏语、了解本民族的优秀历史和文化，也要让他们学习掌握汉语、熟练应用汉语。同时加强技能培训，组织村组党员干部、科技带头人、致富能人和青壮年劳动力，重点培训暖棚养畜管理、畜种改良、餐饮和电商等方面的技术知识。还帮助村里设置了"农村书屋""青年之家"等，为青少年提供公益服务、信息咨询、文化学习以及就业创业、留守儿童关爱等特色服务项目。引导和帮助群众寻找致富的门路，确保每个贫困户家庭至少有 1 人掌握 1 门致富技能，有 1 个以上劳动力实现转移就业。牧民祁江扎西大儿子初中毕业后学了缝纫技术，现在已经在外就业，每个月都有三四千元收入。聘请高级厨师，对贫困户开展藏餐培训，提升贫困户技能水平，开上了牧家乐，有效带动贫困户脱贫。

（二）环境革命换新颜

2017 年以来，天津市援助尕秀村建设甘南州环境革命升级版样板村和生态文明小康村。尕秀村积极推行"两清一建一确保""五户联保"机制，按照"把草原当作背景来烘托，把村庄当作风景来打造，把家庭当作盆景来培育"理念，开展了房前屋后、院内院外环境卫生整治，户内配套设施、村内基础设施建设等工程。通过村内绿化、街面改造、室内卫浴改造、房屋内部装修等建设，对村容村貌、家庭环境、个人卫生进行了彻底的整治，极大地优化了人居环境和生态环境，形成了"尕秀模式"。刚开始有村民不理解"为啥连扫院子、擦窗户也要管？"通过开展"草根宣讲"活动，反反复复开了 13 次村民大会，党员干部深入一家一户做工作，最后全村有 360 户投了赞同票，将"爱护环境卫生"写入村规民约和环境卫生奖罚制度。桑吉加木措感触地说："一开始他们让我把院子里的牛粪一袋一袋放整齐，然后再拿出一袋子日常用，这怎么可能呢？我们这样散堆了一辈子，突然让我收起来我可不习惯。后来我们知道了整治环境的重要性，现在不光我们家的房前屋后，无论走在哪条街上，都不见胡乱堆放的现象了。"

（三）特色产业富牧民

天津市针对甘南实际情况，精心谋划实施了一批特色产业扶持项目，周边旅游资源丰富的尕秀村有幸成为其重点帮扶打造的旅游示范村。天津市邀请天津规划设计院对尕秀村进行整体规划和项目设计，打造藏寨旅游品牌。尕秀村因地制宜大力发展高原生态旅游业和现代畜牧养殖业。通过突出民族化、特色化、差异化，注重藏族文化元素与现代文化元素的深度交融，初步形成了村级"旅游＋观光＋娱乐＋餐饮＋住宿＋购物"一体化的旅游产业发展链条。天津市投资 600 万元建设由 108 座帐篷组成的草原帐篷城，建设完成后交归村集体所有，运营委托专业公司运作。建档立卡贫困户以"扶贫帐篷"入股帐篷城，贫困户每户一股，每股 15000 元，年底按盈利总额和股份分红。通过统一院落设计、铺设渗水砖、空地绿化、修缮太阳能暖廊及其他设施，采取"技能培训＋党员带

头 + 群众开办"的营业模式，党员户纷纷带头，高标准打造了各具特色的牧家乐67家。同时，挖掘民俗体验游，游客可以体验藏家生活，比如煮奶茶、拌糌粑、做藏包等，还可以扫扫二维码，认领一只小羊羔，通过远程视频关注其成长状况。天津帮助尕秀村改造升级游客中心、停车场、游步道、旅游厕所、帐篷营地等旅游配套设施。在电子商务体验室内陈列着曲拉、蕨麻、雪菊、民族服装、藏银、唐卡、汉藏药材以及牛羊头、骨、皮等为原材料开发生产的具有藏族特色的旅游纪念品等。还开发了"智慧尕秀"平台，搭建720度全景VR、微信公众号和电子商务三大平台，让游客利用新媒体全方位、立体化地了解尕秀的美。

三　成　效

（一）人居环境得到根本改善

如今的尕秀村到处可见四通八达的硬化道路，红色的瓦房，精雕细刻的大门，自动冲洗的卫生间，太阳能路灯、太阳能热水器，电视接收天线，等等，这些富有现代气息的藏族民居，提升了藏族同胞的生活质量和生活水平，为实现脱贫致富奔小康目标插上了腾飞的翅膀。

（二）生态保护观念逐渐深入人心

从最初的群众不理解和生活习惯难以改变，到群众自觉加入到村庄及周边环境整治中来，生态保护观念逐渐深入人心。如今，看到的是摆放整齐的垃圾桶，统一着装的保洁员，一条条干净整洁的道路，家家户户庭院别致、暖廊温馨、房间清爽、窗台明亮、炕台整洁、灶台卫生、炉台干净。村里村外的环境变好了，过去很少有人光顾的牧民家庭，现在成了接待游客的牧家乐，招来了一拨又一拨的客人，成为生态旅游村庄。

（三）"三变"改革激发经济活力

尕秀村借着"三变"（资源变资产、资金变股金、牧民变股东）改革东风，摸索出一条生态旅游、产业扶贫的经验之路。村民投入29.7万元现金入股村集体经济，通过贫困户 30%、一般户 40%、村集体经济投资风险金 30% 的"334模式"进行投资分红；将村上的旅游资源优化整合，探索出"5+1"模式，在整合东喀尔自然古城风貌、晒金滩帐篷度假中心、牧家乐、民间弹唱艺术团及东喀尔马队、电子商务等五大主体板块的基础上，依托光伏发电产业投资 609万元注册成立投资公司，建成 254 户 3 千瓦光伏发电设备。通过"公司 + 牧户"的经营模式，村集体经济年收益达到 280 万元，分红资金达到 90 余万元，仅光伏发电一项户均分红收入达到 2500 元。

（四）贫困牧民脱贫致富有了门路

尕秀村围绕特色旅游专业村定位，延伸现代畜牧业和生态旅游业两大产业链，形成了集品草原美食、看草原歌舞、住草原帐篷于一体的生态民俗体验一条龙服务产业链。尕秀村旅游人数和综合收入实现"井喷式"增长，2017 年，尕秀村接待游客 30 万人次，牧家乐中有些户收入可达 13 万元，农牧民人均可支配收入提高到 9192 元。东喀尔民族文化传媒公司将文化和旅游深度融合起来，进行马术、射箭、弹唱、锅庄等民族文化表演，现有从业人员 80 余人，优先考虑贫困户就业，每户能够增收工资性收入 15000 元。截至 2018 年 8 月，尕秀村共有旅游从业人员 300 余人，其中，东喀尔集体经济开发有限公司共有员工 110 人，有劳动力的建档立卡户实现了全覆盖，每年人均工资性收入 13000元至 15000 元。

四　思考与启示

经过短短十几年的发展，尕秀村从居无定所到集中定居再到生态旅游第一藏寨，可谓实现了"三级跳"。尕秀村的脱贫崛起之路有何秘密？

（一）在提升素质上下功夫

由于地理区位、历史文化、思想观念等多重因素影响，甘南藏区群众文化素质整体水平偏低，要从根本上改变贫困的状况，必须扶贫先扶智，从源头上阻断贫困的传递。天津市的扶贫援助正是从夯实基础做起的，通过援建改善教学基础设施，支教提升师资力量，爱心助学帮扶贫困生，助推贫困藏区人口文化素质提升。2013年以来，由天津医科大学、天津中医药大学、天津医科大学临床医学院三所高校为甘肃藏区培养定向医学本科生，四年共招生306名，第一批8名定向学生已于2017年7月毕业，正式服务于甘肃藏区医疗事业。经过努力，尕秀村小学也从之前的只有二三十名学生发展到现在在校生200多名。

（二）在生态保护上下功夫

甘南藏区存在着发展经济、精准脱贫和生态保护的矛盾。天津市没有引进大产业、援建大项目，而是全力支持生态文明小康村建设。草原上的牧民天生有着朴素的"生态信仰"情怀，甘南藏区因势利导统筹推进生态旅游与村容村貌整治的新型发展模式，实现"绿色崛起"。尕秀村成为甘南州的生态文明小康村的样板，为藏区农牧村发展做出了示范和表率。

（三）在强化"造血"上下功夫

天津产业援建精准投向适合甘南藏区的生态文化旅游业和特色现代农牧业"两大首位产业"。尕秀村就是由单一的农牧业转型为农牧业和旅游业等第三产业兼顾，农牧业正朝着现代化、智能化方向发展，旅游业朝着藏区特色、体验式和电子商务购物方向发展，形成特色产业链。天津利用资金和技术的优势，对传统的畜牧业进行升级，构建"农牧户+合作社+企业"的产业帮扶模式，发展适度规模经营。天津援建的帐篷城就是典型的文化旅游扶贫项目，不是简单的援建交付使用，而是让贫困户入股帐篷城获得稳定的分红收益，解决了贫困户缺资金、技术等难题，成为脱贫创收的新途径。

东西携手脱贫攻坚，对深度贫困地区在2020年如期全面建成小康社会具有巨大推动作用，对我们有何启示？

第一，东西协作对口帮扶是实现脱贫攻坚直接而有效的举措。东西协作源于"先富带后富"的发展逻辑，通过健全完善的东西扶贫协作和对口支援机制，投入大量的人力、物力无偿支援西部贫困地区发展，充分彰显了我们的政治优势和制度优势，必须长期坚持下去。据统计，20 年来，东部省市通过东西扶贫协作向西部 10 个省区市提供财政援助资金 132.7 亿元，动员社会力量捐助款物 27.6 亿元，引导企业实际投资 1.5 万亿元。

第二，找准产业定位是实现深度贫困地区脱贫致富可持续发展的关键。西部少数民族地区生态环境脆弱，要根据主体功能区定位，坚守生态红线，因地制宜找到保护生态环境和发展经济的绿色发展之路，培植区域发展的独特优势，使其焕发出内生动力，实现精准脱贫。

第三，党的领导在精准扶贫精准脱贫中发挥着核心作用。少数民族的观念思想与现代文明生活有一定差距，恪守传统的生产和生活方式，不知道怎样去发展经济，这就需要党加强领导，带领群众发展。尕秀村通过民主评选创建"党员先锋户""党员示范户"，增强了农牧民党员的荣誉感和责任感。基层党组织要成为坚强领导核心，党员干部要当好脱贫致富"带头人"，当好服务群众的"贴心人"，把广大群众凝聚在一起干事创业。

编写执笔：许伟

案例 31　"万企帮万村"的布拖实践

——好医生药业集团帮助四川省布拖县发展附子产业

2015 年 11 月，习近平总书记在中央扶贫开发工作会议上强调："动员全社会力量广泛参与扶贫事业，鼓励支持各类企业、社会组织、个人参与脱贫攻坚。同时，要引导社会扶贫重心下沉，促进帮扶资源向贫困村和贫困户流动，实现同精准扶贫有效对接。"[①] 习总书记的重要讲话，为民营企业参与深度贫困地区脱贫攻坚战指明了方向。四川省好医生药业集团积极参与"万企帮万村"行动，向人们讲述了帮扶深度贫困地区凉山彝族自治州布拖县发展中药材产业的好故事，带动 4000 多农户种植附子，户均增收 5000 元以上；在凉山州兴办9 家企业，提供 2000 余个就业岗位，人均年务工收入达 3 万元以上。集团董事长耿福能荣获 2018 年脱贫攻坚奉献奖。

一　背　景

布拖县隶属于四川省凉山彝族自治州，是国家扶贫开发工作重点县，属高寒山区半农半牧县，其地貌可概括为"三个坝子四片坡，两条江河绕县过，九分高山一分沟，立体气候灾害多"。布拖县幅员面积 1685 平方公里，耕地31.65 万亩，林地 84 万亩，草地 118 万亩，辖 3 个镇 27 乡 189 个行政村，总人口 19.12 万人，其中彝族人口占 94%。全县有 163 个贫困村，建档立卡贫困户 9620 户，贫困发生率达 33%。

布拖县深度贫困现象比较突出，农村贫困人口生活十分困难。有的家徒四

---

① 中共中央党史和文献研究院编：《习近平扶贫论述摘编》，中央文献出版社 2018 年版，第 100—101 页。

壁，人畜混居，一口锅既煮荞饭又煮猪食。布拖县火灯村二组村民马查尼尔，2011 年以前靠种植洋芋、荞麦、燕麦等农作物维持生活，没有其他经济收入，一家人住在陈旧的土坯房内，穿着单衣薄裤，吃着粗食杂粮，是典型的贫困农户。像马查尼尔这样的情况，在布拖县农村相当普遍。

所有这些，从 2012 年开始发生了改变。这一年，马查尼尔一家加入了"好医生"规范种植中药材附子产业队伍。布拖地处高寒山区，其广袤的山地和良好的气候条件非常适宜种植中药材附子。种植附子要求平均海拔在 2800 米左右，腐殖质壤，年均气温 10℃—15℃，无工业污染。而布拖为附子的种植提供了得天独厚的生长条件。在布拖的优质地域环境下，附子生长特别好，产量高、质量优，每亩附子收入是种植其他农作物的 5 倍以上，是高寒山区贫困的少数民族脱贫致富的好项目。这一项目，让布拖与"好医生"药业结下了不解之缘，也让种植附子成为众多像马查尼尔这样的贫困农民找到了脱贫致富的好路子。

二 做 法

（一）选准产业强引领

作为凉山本土企业，好医生药业与布拖可谓缘分不浅。早在 1998 年，好医生旗下四川佳能达攀西药业有限公司就开始动员布拖县有条件的农民种植附子，由公司收购加工销售，还组织种植区域的乡村干部和种植大户去外地学习考察。党的十八大以来，好医生药业集团认真贯彻落实习近平总书记和党中央关于扶贫攻坚的战略部署，积极参与"万企帮万村"精准扶贫行动，逐年扩大附子种植规模，畅通销售渠道，打响附子品牌。布拖县提出了"建立附子基地，壮大附子产业，打造全国附子第一县"的发展思路。

布拖县在重点支持佳能达攀西药业的附子产业同时，积极推行"企业＋支部＋协会＋农户"的运作模式，帮助企业和药农建立利益联结机制和风险防范机制，组织农户为企业提供生产原料，引导支持企业建立自己的附子生产基地，实施订单收购。按照"提供种苗、技术培训、保底价收购"的带动方式推广附子种植，最大限度降低贫困农户种植风险。

火灯村刚引入附子产业项目时，马查尼尔一家对种附子没有多大兴趣。驻村书记多次做工作后，第一年他拿出3亩多地试种。没钱买种子，好医生药业免费提供；不懂种植技术，企业派技术人员、专家来地里手把手培训。收获季节，一亩产量1200—1500斤，收购价格每斤7.5元，算下来，一亩附子抵几亩土豆的收入。其经济状况大为改观，村里人也跟着效仿。

这样，通过政府引导、企业运作、农民自愿、科技先行和订单农业、最低价保护的运行机制，把企业利益和农民利益有机结合起来，既使企业受益，又让农民得实惠，有效地促进了附子产业的快速发展。到 2017 年，布拖县有 6 个乡，28 个村种植附子，种植面积达 5000 亩，共带动 4000 多种植户，户均增收 5000 元以上。

（二）严控品质保长远

在种植面积扩大的同时，好医生药业集团对附子的品质进行严格把关，从源头上加强对附子质量控制，还原其道地性。采取了"公司＋农户＋科研单位＋基地"的联动经营模式，在附子主产区开展了规范种植、品种选育、精细管理等积极有效的措施。

为提高种植技术和管理水平，企业组织当地乡村党政领导和种植大户到四川江油等地学习参观附子发展经验。依托科研单位和专家力量，聘请外地有种植经验的药农，对布拖种植户从种植、施肥到培育全过程进行全面系统指导，加强了合理密植、轮作、重施底肥、修根、抹芽、去顶等精耕细作管理。为选育品种，树立品牌，好医生药业还与成都中医药大学合作开展科研开发，以科研促生产，以品质拓市场。在附子专家的牵头下，进行附子的品种选育、选优、汰劣研究，杜绝杂劣品种，使附子品质大幅度提高。好医生药业集团投资建设了国内最大的附子 GMP 饮片生产厂，形成了从种植、加工、产品到营销的完整产业链，解除了种植户的后顾之忧。

（三）扶贫扶智巧结合

对于少数民族聚居的深度贫困地区，要真正实现脱贫致富，不仅要大力发展特色产业，而且还要开展教育文化扶贫，阻断贫困的代际传递。好医生药业集团在大凉山地区大力支持教育发展，设立"好医生奖学金"，为贫困家庭进行"一对一"助学；携手成都中医药大学开展支教活动和义诊活动，并深入到山区，向彝族学生和村民宣导"禁毒防艾"知识，开设"急救课堂"。同时，还在大凉山举办艺术展，所有作品全部用于慈善义捐，以支持贫困山区的艺术教育。

三　成　效

在附子产业的带动下，布拖县大力发展特色产业，为农民增收提供了持续不断的收入支撑，全县扶贫攻坚取得了阶段性成果。最先种植附子的火灯村，率先摘掉了贫困村帽子。截至 2017 年，全县有 104 个贫困村实现脱贫摘帽，1.8 万建档立卡贫困人口实现精准脱贫；预计 2018 年年底，全县 163 个贫困村、7511 户 3 万贫困人口全部实现精准脱贫。

好医生药业集团的长足发展，为当地群众就业提供了岗位，更多老百姓不用背井离乡能在当地务工挣到钱。目前，好医生药业集团在凉山已投资 9 家企业，提供就业岗位近 2000 个，其中有 667 名员工来自贫困家庭；布拖附子饮片厂、西昌制药厂的彝族员工分别占员工总数的 90% 和 30%，员工人均年收入达 3 万元以上。附业成主业，"附农"们得到了真正的实惠，看到了希望。

更值得一提的是，贫困群众特别是彝族同胞，进入工厂接受现代企业管理教育后，思想解放了，生活习惯改变了，文明素质提升了，既扶了"贫"，又扶了"志"和"智"。

四　思考与启示

在"啃硬骨头、攻坚拔寨"的决战期，如何引导民营企业把资金、技术、人才优势与深度贫困地区的资源、环境、劳动力深度融合，既为深度贫困地区经济可持续发展注入内生动力，同时也促使企业不断发展壮大，达到双赢。好医生药业集团积极参与布拖县的产业扶贫，为我们提供了一些有益的启示。

（一）科学研判与规划是基础

在产业规划上，企业要结合自身转型发展需求，认真研判贫困地区资源禀赋特点，因地制宜，确保项目能够落地落实、提质增效。正是由于好医生药业深知大凉山山高路远、资源匮乏，靠输血式的扶贫项目解决不了其深度的贫困，但大凉山的环境对于种植中药材又具有得天独厚的优势，考虑到当地的彝族群众有长期种植土豆、荞麦等农作物的民族传统，抓住彝区群众"想致富但不敢种"的心理，立足企业自身经营项目，在经过深入调研、实验、论证后，集中资源开始在平均海拔 2400 米的火烈乡火灯村种植附子。这既符合当地老百姓的耕种习惯，又能快速给他们带来经济效益，应该说为推动附子产业化开了好头。另一方面，当地政府在引导民营企业参与扶贫事业过程中，也从长远考虑了乡村长期发展，综合考虑了项目落地对其周边生态环境的影响，没有走以牺牲生态环境为代价换取经济发展的老路。比如，凉山州委州政府在贫困山区实施的坡上种植经济林木长期收益规划，坡下种植中药材的中短期收益计划，这种以长期加中短期的规划相结合，正体现了规划理念的科学性与发展的可持续性。

（二）产品创新与发展是动力

深耕市场和打造品牌是保证企业持续发展、农户保收增效、扶贫长效推进的生命之源。好医生药业集团在大力推广附子种植、加工的基础上，不断推进扶贫项目的生产企业化、绿色化、规模化、品牌化。好医生的附子种植基地早在 2009 年通过国家食药监总局 GAP 认证，建立了布拖附子质量标准。"布拖附子"不但获得"国家地理标志保护产品""四川省名牌产品"称号，也获得中国进出口商会颁发的优质产品证书，被称为"离太阳最近的附子"。在关键技术研发方面，攻克了附子规范化种植、饮片炮制工艺、常见炮制品质量标准、已上市产品的质量标准提升与安全性再评价等一系列影响附子产业发展的核心技术。目前，好医生药业集团已成为集科、工、贸为一体，以药业为核心的"大健康"产业集团，是"中国医药工业企业百强"，"好医生"品牌荣获"中国驰名商标"。

（三）企业责任与担当是根本

好医生药业集团以附子产业为扶贫抓手，真抓实干 20 年，真情帮扶高寒山区彝族同胞，不仅从增加收入、提供就业等方面激发村民的生产积极性，而且还专门针对贫困群众文化程度低，开展岗前培训、技能实训，让贫困群众成为拥有一技之长的劳动者，帮他们走上稳定脱贫不返贫的可持续发展之路。好医生药业集团不仅从物质上予以帮扶，还致力于阻断深度贫困地区的代际贫困问题，在教育、医疗、文化等各方面倾心帮扶，把"补短板"向"搭跳板"延伸，践行了"先富帮后富、实现共同富"的时代要求，彰显了履行责任、敢于担当、服务社会的新时代企业家精神。

编写执笔：刘娟、黄万凡

第五篇 党建引领创新扶贫

农村基层党组织是党在农村全部工作和战斗力的基础，是贯彻落实党的扶贫开发工作部署的战斗堡垒。抓好党建促扶贫，是贫困地区脱贫致富的重要经验。要把扶贫开发同基层组织建设有机结合起来，抓好以村党组织为核心的村级组织配套建设，把基层党组织建设成为带领乡亲们脱贫致富、维护农村稳定的坚强领导核心，发展经济、改善民生，建设服务型党支部，寓管理于服务之中，真正发挥战斗堡垒作用。

——习近平在河北省阜平县考察扶贫开发工作时的讲话
（2012年12月29日、30日）

案例 32　点亮一盏灯　造福一大片

——湖南省花垣县十八洞村抓党建促脱贫

在湖南省湘西土家苗族自治州花垣县排碧乡十八洞村村口的石碑上，"精准扶贫"四个大字格外引人瞩目。村内，黄泥竹篾的苗家宅院，青草点缀的石板路，让人赏心悦目。2013 年 11 月 3 日，习近平总书记来到排碧乡调研，与十八洞村的苗族同胞促膝谈心，谋划发展，并作出了"实事求是、因地制宜、分类指导、精准扶贫"的重要指示，明确提出了扶贫工作"可复制""可推广"的原则。从此，十八洞村成为"精准扶贫"工作的"摇篮"，全国的精准扶贫从这里出发。

一　背　景

十八洞村是一个典型的贫困村，它位于我国集中连片特困地区之一的武陵山片区中段，自然条件较为恶劣，自来水、通信、住房、牲畜饲养等方面的条件也比较落后。在实施精准脱贫之前，十八洞村村民用水用电都成问题。全村 225 户 939 人，人均耕地 0.8 亩，人多地少是该村最主要的矛盾。由于人均土地面积少，村里 200 多人外出打工，寄回村的钱几乎是唯一的收入来源。2013 年，该村人均纯收入仅有 1668 元。

截至 2013 年年底，十八洞村 225 户中有 136 户贫困户，40 岁以上的"光棍"有 30 多人。在文化教育上，村里没有自己的幼儿园和学校，全村平均受教育水平较低。由此也造成大部分村民存在"靠天吃饭"的观念，习惯了"日出而作、日落而息"的惯性生活，缺乏长远的眼光和宽阔的视野，"等、靠、要"倾向比较严重。

二　做　法

（一）发展以猕猴桃产业为龙头的系列乡村种养殖业

为了带领全村人民脱贫致富，十八洞村村"两委"努力突破人多地少瓶颈，按照"跳出十八洞村建设十八洞产业"的新思路，探索以"飞地经济"为主要形式的村级集体经济发展模式，并在外乡流转土地1000亩，组织村民资金入股，规模发展猕猴桃产业。2017年，猕猴桃挂果，2019年进入盛果期后，预计入股贫困户人均纯收入可达5000元以上。在谋划长远的同时，十八洞村领导也着眼目前，努力让贫困群众的实惠看得见、摸得着，有实实在在的获得感。因此，他们将眼光瞄准了一些"短平快"的产业，如温室花卉、手工苗绣、大棚蔬菜、冬桃黄桃、稻花鱼养殖等，使十八洞村居民的年收入逐年稳中有升。

（二）发展有苗族文化特点的乡村旅游业

在发展"飞地经济"和"短平快"产业的同时，村"两委"还组织村民发展具有苗寨特色的乡村休闲旅游这种资金投入小、学习上手快的产业项目，这样既可以宣传苗族民俗文化，又可以促进农副产品和手工产品的销售。在十八洞村村委会的组织下，村里成立十八洞村游苗寨文化传媒有限责任公司，引领村民创办了6家苗族文化元素农家乐。目前，每月来村旅游的人数达15000人以上。同时，十八洞村积极盘活文化资源，争取部门、团体支持，举办苗族赶秋、"你是大姐"主题画展、微电影《寂寨》开机仪式等文化活动20多次。引进文化艺人、企业法人、产业强人、技术能人等260多人。当前，十八洞村在努力提升旅游设施、培养解说员的同时，正在抓紧开发十八溶洞，让十八洞的景观、十八洞的风情、十八洞的故事吸引更多的人。

（三）建立专业合作社，带头创业持续致富

在村"两委"的带动下，十八洞村全村23名党员带领村民在村里首开"产业发展股份合作制"，按照"公司＋合作社＋党员＋村'两委'＋村民"的模式，

引导村民入股创业、按股分红。仅猕猴桃产业，在盛果期，入股贫困户人均分红就达 2000 元以上。通过党员带动，120 多名农民工回乡创业，30 多位光棍由懒惰变勤劳，开始发展农家乐、稻田养鱼等产业。同时成立十八洞村苗绣特产农民专业合作社，该合作社一年多生产苗绣 9000 余件，村里"绣娘"累计拿到加工费 10 余万元。专业合作社的发展与壮大，使十八洞村人真切地感受到：跟党致富、团结致富、勤劳致富、创新发展致富，生活充满美好的希望与未来。

（四）探索道德扶贫作用，提高村民思想文化素质

十八洞村党支部注重用道德和诚信的力量来管理和约束村民，狠抓组织活动，凝聚人心和发展力量。开设道德讲堂，围绕助人为乐、团结互助、遵纪守法等内容，讲述身边道德模范事迹、组织道德评比、评选星级家庭等活动。在各级媒体宣传村里先进模范个人，开展民风民俗、道德礼仪、民族文化、先进模范精神等宣传活动。村民道德素质在各种文化活动中得到激发，现在的十八洞村，产业发展蓬勃向上，党员群众干劲风发，党旗红遍希望的田野，勤劳的十八洞人民与村"两委"一起，正在谱写一曲曲精准扶贫的交响乐章。

就这样，十八洞村广大群众在村党支部的领导下，跟随村"两委"一班人，在脱贫攻坚战中啃"硬骨头"，探索出享誉全国的精准扶贫"十八洞模式"，被人民日报、中央电视台等 10 多家主流媒体多次报道。

三　成　效

（一）基础设施明显改善

3 年前，十八洞村连一条像样的水泥路都没有，出门不是晴天一身灰，就是雨天一身泥，逢年过节走家串户很不方便，几个月不出山更是"家常便饭"。如今走在十八洞村的路上，层峦叠嶂尽收眼底，大自然的鬼斧神工成就了十八洞村得天独厚的风光。4.8 公里村道全部拓宽硬化，铺上了沥青路面，双向两车道通行，家家户户房前屋后都铺了青石板路。除了新修的沥青路，还有新修的木板房、新扎的竹篾墙、新添的青片瓦……在驻村工作队和第一书记帮助下，

家家户户实施了民居改造，厨房、厕所修葺一新，土坪也铺了青石板，过去靠挑水吃的农户现在全部用上了自来水。

（二）产业发展更加兴旺

产业发展是十八洞村真正能实现脱贫的关键。十八洞村因地制宜确定了六大产业：即烤烟、猕猴桃种植，黄牛、羊、猪养殖，苗绣专业合作社，劳务输出，电商平台销售农副产品，乡村旅游产业。经过一段时期的发展，各项产业取得明显成效。烤烟由 2013 年的 100 多亩发展至 2017 年的 318 亩，猕猴桃开发近 1000 亩。同时，十八洞村充分利用习近平总书记前来考察调研的影响力，依托优美的自然风光、古朴的苗寨以及纯朴的民风民俗，致力于把村子建设成贫困地区少数民族乡村旅游样板。

（三）精神面貌焕然一新

美好的生活，不仅是"仓廪实衣食足"的物质生活，还包含"知礼节知荣辱"的社会风气。十八洞村在实施精准扶贫的过程中，进行了有益探索和实践。"十八洞"这个名字带来的荣誉感，把村民们的心凝聚在了一起，思想的统一，为整个村寨脱贫发展注入了强大精神动力。工作队和村"两委"从文化活动入手，过苗年、赶秋、文艺汇演、相亲会，他们每次都特意打破村寨界限，让全村村民参与帮忙。走动多了，心理距离自然近了。他们注重宣传思想道德精神，积极探索精神文明建设新路子，让精神的力量发挥先导作用，为精准扶贫奠定思想基础。

作为精准扶贫的起源地，如今的十八洞村因习近平总书记的视察成为闻名全国的"明星村"，品牌效应已经初步显现，潜力巨大。但当地的老百姓并没有因此产生"等、靠、要"的思想，而是积极探索和实践着精准扶贫的思想内涵，走出了一条"可复制、可推广"的脱贫之路。鸟儿回来了、鱼儿回来了、打工的人回来了、外面的客人也来了，十八洞村先后荣获全国先进基层党组织、全国第三批宜居村寨、湖南省美丽少数民族特色村寨、湖南省文明村等荣誉。习近平总书记提出的精准扶贫的思想在十八洞村得到了初步的实践。

四　思考与启示

作为一个自然条件和硬件条件都比较落后的村落，十八洞村为什么能够通过自身的努力实现脱贫致富？在其脱贫致富的过程中，党组织扮演着什么样的角色？而又是什么样的决定促进了十八洞村的经济发展？十八洞村的巨大变化说明，班子强、产业好是其快速精准脱贫的主要原因。

（一）班子强，作为大

脱贫工作一开始，十八洞村就组建了一个坚强有力的班子，从"顶层设计"到具体落实，都采取了一系列适合当地的举措：一是在强有力的班子带领下，于2014年3月8日出台了《十八洞村2014—2016年扶贫工作总体规划》(讨论稿)，使精准脱贫有了明确目标。二是带领村民改善基础设施。十八洞是一个纯苗族村落，民族文化元素在房屋改造、改厨、改厕、改浴、改圈等"五改"中得到了充分体现。在建筑特色上，展现民族文化，做到修旧如旧。三是发展民生事业。一方面进行苗族文化的挖掘和发扬，为村民致富创造条件；另一方面维修和改造当地小学并实行村小分级分班教学，建立健全学区教师交流机制。四是创新扶贫机制。发展猕猴桃产业，是十八洞村创新扶贫模式的生动实践。以股份合作扶贫的新模式，发展猕猴桃1000亩，其中在十八洞村境内流转100亩土地建设精品猕猴桃示范基地，跳出十八洞在道二乡的花垣县现代农业科技示范园流转900亩土地，建设十八洞村猕猴桃辐射基地，农户以入股的方式受益。实现了发展一种产业、培育一家专业合作社、带动一片农户的目标。

（二）产业好，成效显

十八洞村因地制宜确定了五大产业：一是发展劳务输出经济。全村200余名富余劳动力外出务工，年人均收入2万元以上。二是发展特色种植业，重点发展烤烟、猕猴桃、野生蔬菜、冬桃、油茶等种植。三是发展特色养殖业，如湘西黄牛、养猪和稻田养鱼。四是发展以苗绣织锦为主的加工业。五是依托自然景观、民风民俗等，发展乡村旅游服务业，以对接周边县市短期游为主。引领村民创办了 6 家苗族文化元素农家乐，打造湘西乡村生态旅游示范点。经过一个时期的发展，取得了明显成效。2017 年，烤烟由 2013 年的 100 多亩发展到318 亩；猕猴桃开发近 1000 亩；以花垣县苗汉子合作社为依托，采取"公司 + 农户 + 基地"形式，发展野生蔬菜 110 亩，落实种植面积 41 亩；225 户村民每户房前屋后完成 10 株冬桃种植；每月来村旅游的人数达 2.5 万人以上。

十八洞村组建坚强有力的领导班子，在村干部的直接带领下，充分发挥党组织的优势和号召力，带领村民发展合适的产业、选择恰当的扶贫办法，其脱贫致富的故事给了我们以下启示：

1. 充分发挥党支部的堡垒作用。火车跑得快，全靠车头带。"农村富不富，关键看支部"，党支部是把党的精准扶贫政策真正在农村落地落实的关键所在。外在力量再强，没有一个坚强的党支部作支撑，脱贫攻坚工作也很难开展。要加强村级带头人队伍建设，选好书记，配强班子，建好队伍，重点从外出务工经商人员、农村能人、大学生村官、村医村教中选人用人，把培养年轻的大学生村官和致富带头人作为工作重点，为顺利推进各项工作奠定了良好的基础。

2. 充分发挥"扶贫先扶志"引领作用。通过生动细致的思想文化建设，十八洞村群众的精神面貌焕然一新。由过去"等、靠、要"思想严重到现在"家家户户把活忙、热火朝天建家园"，形势喜人。"投入有限，民力无穷"，脱贫致富终究要靠贫困群众用自己的辛勤劳动来实现。正是激发了内生动力，贫困群众才有了紧迫感和荣誉感，形成了脱贫攻坚的合力。

3. 充分发挥群众的主体作用。充分发挥贫困地区群众的"主人翁"意识，主动投入到脱贫攻坚战中，为当地率先脱贫、率先小康洒汗出力。十八洞村到处张贴着提振脱贫攻坚信心的标语，如一户人家的对联就写着：投入有限力量无穷，自力更生建设家园，横批：精神力量。营造浓厚的脱贫攻坚氛围，从扶贫干部到村干部（包括驻村干部），再到村里的致富带头人，再到普通村民，都要齐心协力，激发起脱贫致富的信心和斗志。

4. 充分发挥外在帮扶作用。扶贫亟须的资源排在第一位的并不是资金，而是组织资源，其中就包括人才资源，基层干部、村"两委"队伍、致富带头人、明白人、能人大户等。花垣县从职能部门中选派了解民风民俗、精通地方语言的干部，作为十八洞村精准扶贫工作队队员，他们农村工作经验丰富，很快就能进入角色，工作开展得心应手。在脱贫攻坚进程中，驻村工作队和村干部的作用很大，他们有思路、有办法、有担当。一些长期以来思想观念比较陈旧和闭塞的村民，经工作队和村干部反复做工作，就会有积极转变，效果显著。

编写执笔：邵永红、邓洪洁

案例 33　基层党建引领精准扶贫

——宁夏泾源县杨岭村脱贫攻坚之路

2016年7月18日，习近平总书记来到宁夏泾源县大湾乡杨岭村看望父老乡亲，实地考察精准扶贫。习总书记察看村容村貌，向当地干部了解村子脱贫情况，叮嘱当地干部："把基层党组织和基层政权建设好，团结带领广大群众奔小康。我们还要更上一层楼！"泾源县大湾乡杨岭村"两委"牢记习总书记的嘱托，以加强基层党建为统领，把支部建立在产业链上，充分发挥党员先锋模范作用，带领广大群众苦干实干，一举摘掉杨岭村贫困村帽子。

一　背　景

宁夏回族自治区固原市泾源县，地处六盘山下，因泾河发源于此而得名。泾源位于"苦瘠甲天下"的西海固地区，是国家级贫困县，也是革命老区和少数民族聚居区。大湾乡杨岭村是泾源县重点贫困村之一。全村6个村民小组，319户1226人，其中有87户341人为建档立卡贫困户，贫困发生率27.8%。在贫困户中，除9户23人无劳动能力需要实行政策保障兜底以外，其余约90%的贫困户需要通过产业带动和就业务工才能实现脱贫。于是，如何有效推进"两业"扶贫（即产业扶贫、就业扶贫），为建档立卡贫困户提供更多增收机会，成为杨岭村打赢脱贫攻坚战亟须解决的一个关键性问题。

二　做　法

（一）龙头企业带领贫困群众发展产业脱贫

杨岭村是个回族聚居村，家家户户都有老黄牛，挑水、耕地、出行，哪样都少不了它。村支书马文生曾多次鼓励村民们养些肉牛，发展养殖业，无奈大伙儿的老观念改变不了。"养牛是为了干农活的，哪里能赚钱呢？"群众最讲眼见为实，需要有人站出来带头做示范。

2010 年，村里动员在外创业小有成就的马克明回村创业。他牵头成立泾源县萧关农业综合开发有限公司，自筹资金 100 多万元，建成高标准、规范化肉牛养殖园区一个，占地面积 20 亩，双列式牛棚四栋 2400 平方米。牛存栏数已由当初的 30 多头增加到如今的 185 头，年出栏数达 300 多头。公司非常注重肉牛养殖质量，在政府的大力帮扶和支持下，引进澳大利亚安格斯基础母牛进行扩育和繁育，如今基础母牛有 160 多头，年产牛犊 90 多头。

眼看着马克明的养牛场越来越有规模，杨岭村的乡亲们纷纷上门取经，这正是马文生几年前最希望看到的情形。"乡亲们有了发展的动力，我们应该鼓励才对。"2015 年，马克明依托公司成立了萧关肉牛养殖合作社，村"两委"对识别出的贫困户中有发展条件和能力的 63 户，由政府按照每户发放贴息贷款 5 万—10 万元的标准，鼓励群众养殖高档安格斯基础母牛 3—5 头，加入杨岭村萧关养牛合作社。合作社不仅提供各种技术指导，还以高于市场价 36% 的价格回购村民的安格斯牛犊，带动老百姓一同养殖致富。

（二）第一书记解决生产资金难题

优质肉牛养殖要引进进口种牛，投资大，养殖技术要求高，资金和技术都是贫困户的短板。泾源县农行信贷员权能 2015 年春天进驻杨岭村，同时担任第一书记，经过一段时间的了解和深入调查，当得知由于年龄等因素，农民经常贷不到款时，决定以杨岭肉牛养殖合作社为主体提供贷款 165 万元，由合作社将其发放给 33 户贷款困难户作为养牛启动资金。银行和合作社形成直接债务关系，风险更多由合作社承担，贫困户通过这种方式贷到款，发展有了希望。越来越多的贫困户迈过了门槛，加入到养殖肉牛脱贫致富的队伍中来。

（三）拓展产业链增加就业机会

泾源县的肉牛养殖业是重点产业，饲草料的市场需求巨大。虽然当地牧草资源丰富，但资源利用率低。2016年年底，泾源县农牧局牵头的草畜一体化杨岭村生态牧场项目开始招商引资，西安大田新天地有限公司承担了此项目建设。该项目高起点规划，将1500亩草地用来建设花田花海景观带以及莲花台生态旅游度假区，从根本上将原有的分散养殖模式变为集中放养。开始大伙并不理解。他们认为："明明几年前还在动员大家伙儿养牛，现在又不让养了，非得集中管理，究竟是为什么？"村支书马文生忙前忙后协助项目组做村民的思想工作："有专门的技术人员管理，咱们自己不用操心！"公司通过集中管理，"散养出来的牛，出肉率比原来家养时高出50%，肉质更高，能卖高价！"马文生不厌其烦地一遍遍给大家解释，慢慢地村民接受了这个项目。集中放养全面提高养殖效率和经济效益，使优质肉牛的养殖产业化水平得到大幅提升，同时实现出户入园、人畜分离，有利于旅游业发展，使转移出来的劳动力可以被新发展产业如苗木花卉业、乡村旅游业吸纳，收入水平能得到进一步提高。

除了建立生态牧场，萧关农业综合开发有限公司与宁夏大田新天地公司合作建成的3万吨饲草料加工和配送基地，进行玉米的加工青贮和紫花苜蓿的打包，对周边农户进行订单收购青贮玉米和紫花苜蓿，既为当地养殖户饲草料提供了稳定来源，又给周边养牛基地进行配送，降低了成本，提高了效益，使当地农户每亩土地的收入在原来基础上翻了一番达到1000多元，同时，为闲置劳动力提供了工作岗位，使他们能够获得一份打工收入。

（四）产业链上建立联合党支部

随着肉牛产业、草畜业的不断发展，为让更多的贫困户参与产业脱贫，泾源县以"地域相邻、产业相近"的原则，采取"党支部＋企业＋合作社＋致富带头人＋农户"的模式，依托当地资源，带领群众开展特色养殖、种植、休闲旅游、休闲农庄、劳务输出等产业抱团发展。2016 年，在当地党委的大力支持下，组织成立了由杨岭、大湾、绿源、牛营、董庄五个村联合组建的泾源县杨岭村产业联合党支部，由马克明担任产业联合党支部书记，带领这几个村的群众走共同发展、共同富裕道路。联合党支部党员，除了指导村民发展草畜、苗木、中蜂、劳务产业外，还与村上 33 户建档立卡贫困户签订结对帮扶协议。村民尹万林高兴地说："自己一分钱没花，就领回 5 头牛饲养，3 年就可以还清贷款了，这都是产业联合党支部的功劳。"目前，联合党支部已经带动几个村的170 户建档立卡贫困户参与产业项目。

（五）让科技示范户带动技能培训

在精准扶贫工作实践中，村"两委"既注重帮助贫困户树立起摆脱困境的斗志和勇气，利用脱贫工作中的先进典型激励其他贫困户，又注重采取各项措施帮助和指导贫困群众着力提升脱贫致富的综合素质。59 岁的马克俊家是村上的贫困户，在村"两委"的帮助下养了 5 头牛，成为村里的科技示范户。在科技示范户的带动下，杨岭村采取多种措施对村民进行花田花海种植栽培、烹饪、接待礼仪、手工编织、刺绣、特色小吃、农业机械、电子商务等技能培训，提高他们的自我发展能力。目前，村里大部分农民获得了培训合格证或劳动技能资格证。

（六）加强美丽乡村治理建设

杨岭村抓住美丽乡村建设机遇，多方争取投资实施基础设施、民宿改造、产业提升、旅游发展等项目建设。目前，已建成村道 5 条，改造民宿 137 户、危房 83 户，建成花田 930 亩，造林绿化 2300 亩。新修文化广场 1 处、新建垃圾填埋点 1 处、硬化村内巷道 6 公里，安装太阳能路灯 33 盏。规划的两个停车场已完成建设，游客接待中心、旅游观景台、景观小品、游步道等旅游配套设施建设正在推进；生态观光牧场一期工程、旅游扶贫"三改一整"（改厨、改厕、改客房、整理院落）样板示范户一期工程建设已全部完成。

为了加强乡风文明建设，村里组建了三支以基层党员为骨干的志愿者队伍，分别是化解邻里纠纷和卫生监督的老年服务队、从事攻坚急难险重的青年突击队、活跃乡间文化生活的文艺娱乐队。此外，村里还成立了红白理事会和道德评议会，制定了村规民约、卫生公约、婚丧公约等制度，摒弃陋习，移风易俗。

三　成　效

杨岭村坚持因户施策、产业到户，引导和帮助贫困户参与优质肉牛养殖、苗木、旅游三大产业项目，全村有 53 户贫困户通过加入养牛合作社，利用合作社的养殖技术、饲草配送体系和销售渠道实现了增收脱贫；13 户贫困户依靠劳务、2 户发展中蜂养殖实现增收脱贫。无发展能力的 9 户采取政府兜底方式解决生活困难。2016 年，村民人均可支配收入 6060 元，当年实现贫困村脱贫出列目标。近两年，杨岭村在巩固脱贫攻坚成果方面又迈出了新步伐、呈现出新变化。

四　思考与启示

杨岭村在不长的时间内实现整村脱贫目标，其经验可归多条，但最根本的经验是加强基层党建、发挥引领作用。

（一）派驻精兵强将任村第一书记

杨岭村先后三任第一书记兰竹林、权能、部贤，分别来自大湾乡党委、泾源县农行和自治区党委政研室。他们事业心、责任心和基层工作能力很强。既能抓党建，又能抓发展，在第一书记岗位上兢兢业业、勤勤恳恳，成为杨岭村以党建促产业发展的中坚力量和主心骨。

（二）强化党员干部扶贫责任意识

杨岭村把帮扶贫困户的责任落实到党员干部身上，村党支部书记和第一书记以身作则。村里建立了党员干部帮扶贫困户责任制和激励机制，定期进行扶贫效果评估。对表现优秀、群众公认的群众党员和大学生村官优先选拔进入村"两委"班子；对不称职者进行调整，以增强村"两委"的战斗力。

（三）注重发挥产业支部引领作用

杨岭村采取"党支部＋公司＋合作社＋贫困户（农户）"模式，成立产业联合党支部，把党组织建在产业链上，把党员作用聚集在产业发展上，实现基层党建和产业发展有效对接。联合党支部充分发挥在产业发展方面的凝心聚力作用，将村民、贫困户纳入合作社利益共同体，提高他们的组织化程度和抵御风险能力，在做大做强产业的同时，帮助贫困群众实现稳定增收。

（四）激发贫困群众内生动力是根本

杨岭村党支部十分重视扶贫扶志工作。发动基层党员做群众工作，帮助贫困户转变观念，激发内生动力。教育贫困群众从思想和行动上，由"站着看、等着扶"变为"想法子、主动干"，引导贫困群众积极参与种植业、养殖业等产业项目，靠劳动实现脱贫致富。

编写执笔：王爱君、李大、高进、李家涛、常晓玥

案例34 电子商务助推陇南打造扶贫发展升级版

——甘肃省陇南市的电商扶贫及分析

甘肃省陇南市有丰富的特色优质农产品，但因交通不便、信息闭塞，难以转化为群众收入。2015年年初，陇南市成为全国电商扶贫首个试点市。三年来，通过网店带动、电商产业带动、电商创业带动、电商就业带动和电商入股带动，截至2018年3月底，陇南市共开办网店13555家、微店9600多家，累计实现销售额90多亿元，带动贫困人口18万人，通过电子商务实现累计就业人数8.3万人。

一 背 景

（一）端着金饭碗的贫困地区

陇南市位于甘肃省东南部，地处秦巴山地与岷山山脉、黄土高原交汇地带，东邻陕西，南接四川，总面积2.79万平方公里，总人口近280万人，辖一区八县：武都区、两当县、宕昌县、成县、西和县、康县、文县、礼县、徽县，是甘肃省唯一的长江流域地区。

陇南市生物资源荟萃，自然生长的树种达1300多种，其中经济树种400多种，是甘肃省森林覆盖面积最大、树种最多、植被最好的绿色走廊。全市核桃种植面积350万亩，位居全国地级市第二位；花椒种植面积220万亩，位居全国地级市第二位；油橄榄种植面积35万亩，几乎占全国油橄榄种植面积的三分之二，已成为全国最大的油橄榄种植基地；各类中药材种植面积100万亩，排在全国前列……

然而，陇南的这一切优势都被山高沟深的自然环境、落后闭塞的交通条件和发展滞后的教育状况所抵消，造成陇南很多地区的人们守着金饭碗而贫穷。

这里贫困人口多、贫困程度深、贫困发生率高，所辖9个县区均为国家级贫困县，是全国脱贫攻坚主战场之一。2014年陇南市共有贫困人口64.4万人，贫困发生率为26.04%。如何让这60多万贫困人口尽快脱贫，是压在陇南市各级领导心头上一副沉甸甸的重担。

为帮助广大贫困户脱贫，陇南市各级政府采取了各种措施，采用了各种扶贫模式，在众多的扶贫措施中，电商扶贫的成效显得格外耀眼，被誉为电商扶贫的"陇南模式"。

（二）樱桃引发的"触电"

成县位于甘肃省南部的陇南山区，境内多高山峡谷，土地总面积1677平方公里，其中耕地41.2万亩，林地118.7万亩，天然草场15.5万亩，森林覆盖率47.9%。全县总户数6.22万户，总人口26.68万人，常住人口为25.89万人。农业人口占全县总人口80%，2011年被纳入国家集中连片特困地区秦巴山片区贫困县，也是甘肃省58个集中连片贫困县之一。2013年年底，全县有102个建档立卡贫困村，5.58万名贫困人口，贫困发生率为25.47%，农村居民人均可支配收入4875.6元。

2013年5月的一个周末，县委宣传部的一位工作人员邀请几位兰州市的朋友来成县采摘樱桃。那时，兰州市场上的樱桃售价40元到50元一斤，而成县樱桃的市场价每斤才15元，于是，这几位从兰州来的朋友就用自己的微博搞了一次小范围的樱桃预售，没想到引起了一波抢购热潮。

受微博售樱桃的启发，在核桃快成熟的时候，时任县委书记李祥在自己实名认证的新浪微博上发了一条卖核桃的信息，这条微博在网上引起了极大的反响。微友们对县委书记卖核桃十分好奇，不少人前来围观或转发；大家觉得县委书记卖的核桃应该不会差，很想品尝一下。于是很多人前来询问或下单购买，短短的十几个小时，该微博的访问量就超过了50万次。在此后一个月的时间里，成县鲜核桃的网销预订量就超过了2000吨。李祥也因此走红网络，被誉为"核桃书记"。

尝到网络销售的甜头，成县从上到下都看到了电商平台大有可为的前景，他们随即派团前往浙江余姚、宁波等地考察学习。2013 年 7 月 1 日，成县成立了电子商务协会，开始在全县大力发展电子商务。

为了把电子商务延伸到基层，成县县委县政府积极鼓励大学生村官做农村电商。2013 年 9 月，当时还是大学生村官的张璇在全县率先开办了"鸡峰山珍品"淘宝店，帮助村民销售土特产，助推贫困户脱贫致富。1 个土鸡蛋从线下的 5 角到线上的 2 元、1 斤土鸡从线下的 10 元到线上 20 元的突变，让村民真真切切地感受到了电商的好处。

成县建村是一个贫困村，共有 185 户 698 名村民，2013 年有 101 户 365 人是建档立卡的贫困户和贫困人口。在电商扶贫的带动下，到 2016 年年底仅剩下 49 户 140 人还没有脱贫，贫困发生率由 52% 下降到 18.3%。

（三）成县成为"陇南模式"当之无愧的开创者

成县的成功探索，让深受山高沟深困扰的陇南各地的发展空间变得豁然开朗。2013 年年底，陇南市决定在今后发展方向"433"的重大决策里，将电子商务列为全市三大集中突破战略之首；同时，陇南市委、市政府研究出台了《关于推进电子商务实现集中突破的意见》等一系列方案，全力推动电子商务的快速发展。

2014 年年底，陇南市被国务院扶贫办确定为全国唯一的电商扶贫试点市，陇南市先后在 9 县区 1365 个建档立卡村中选择确定了 750 个贫困村开展电商扶贫试点工作，获得了"2015 中国消除贫困创新奖"。

二　做　法

陇南选择大力发展以农特产品为主的电子商务，主要基于三点考虑：一是力图解决农特产品销售难的问题；二是决心打破信息长期闭塞的局面；三是有助激发干部群众观念的转变。方向既定，他们便从以下五个方面狠抓落实：

（一）政府推动，先托后扶再监管

根据发展基础薄弱的现实，确定电子商务发展不同阶段的思路：在发展初期，政府精心呵护，耐心提供服务，全方位提供帮助；在发展中期，政府加强指导，出台系列扶持政策，培育壮大电商产业；当各项工作走上正轨时，政府退居幕后，加强对市场主体的监管，推动电子商务健康持续发展。注重组织领导，市、县均成立了电子商务工作领导小组及办公室，明确职责任务，人员定岗定编，大力推动电子商务快速发展。把电子商务纳入全市目标责任管理体系，进行评价考核，形成加快发展电子商务的责任倒逼机制。注重金融支持，市、县分别设立电子商务财政专项扶持资金，以贴息和以奖代补等方式对发展电子商务给予支持。

（二）市场运作，企业为主生活力

尊重市场规律，发挥企业的主体作用。一是招商引资，建设阿里巴巴产业带、电商产业孵化园、农产品交易中心、顺通电商物流园等基础服务平台，大力推进农村信息化建设，支持电信、移动、联通运营商加快宽带网络配套步伐，鼓励群众采取集资的办法架通光缆。二是引导传统企业转型，激活民间资本投资，加快建设网货供应平台、物流中心、产品研发中心和包装仓储中心。通过双轮驱动，不断完善电商发展的链条。

（三）大众创业，广泛动员齐参与

探索"网吧变网店、网民变网商"的电商发展路子，通过广泛宣传和开展培训，有效凝聚各方力量。通过"走出去、请进来"等办法，选派骨干人员和青年电商讲师外出学习培训，组建陇南电子商务协会培训中心。在政府的动员引导下，各行各业、不同群体积极参与电商发展，大学生村官、返乡青年、农村"两后生"（初、高中毕业未能继续升学的贫困家庭中的富余劳动力）、致富带头人、农产品购销商、专业大户纷纷开办网店，形成男女老少齐上阵的电商创业热潮。

（四）协会服务，三商联动一盘棋

依靠行业协会提高发展层次，建立市、县区、乡镇和村四级电商协会327个。发挥组织、协调、服务、监管功能，建立行业自律规则和退出机制。引导龙头企业按照网店销售特点生产加工适销对路的产品，彰显陇南地域特色，注重本地品牌培育，提高陇南特产的影响力。建立健全部门协作机制和落实监管责任，规范网上交易，建立质量追溯和监督管理体系，及时处理交易中出现的纠纷，严厉惩处违规行为，树立陇南电子商务的良好形象。着眼于解决制约陇南电商发展的深层次问题，发挥职能作用，推进电商资源整合，提出促进三商（网商、供货商、物流商）形成产业链条，搭建区域行业共享平台的思路，推动电子商务向更高层次、更高水平发展。

（五）微媒营销，绿色产品广宣传

把"新媒体营销"作为宣传推介贫困乡村特色资源、打造电商扶贫名片、实现电子商务集中突破的"助推器"，发挥电子商务的宣传促销和增值作用，扩大陇南特色农产品的知名度和影响力。全市共开设政务微博2690个，开通政务微信公众平台180个、政务网站385家、商业网站27家，培育了一批知名博主和"陇南美"等影响较大的自媒体。市县乡村广大干部带头，利用微博、微信等新媒体宣传推介电子商务知识和特色农产品，通过挖掘产品特色和文化内涵讲故事、自编微视频等方式宣传当地的特色产品、良好生态、旅游产品、民俗文化，促进品牌效应的不断增强。

三 成 效

（一）礼县，电商助苹果产销两旺

礼县位于陇南市北部，全县面积4299.92平方公里，山地面积占全县总面积的91%，而川坝地仅占全县总面积的9%。礼县盛产苹果、核桃，2011年苹果产量56580.52吨，核桃产量达3639吨，林果产业是农民增收的重要途径。

2014 年 10 月的一天，礼县分管农业的副县长在九图村调研的过程中，发现地里堆着大量的苹果，老乡们正为苹果卖不出去发愁。经了解，是苹果在生长过程中遭遇了一场冰雹灾害，打伤了果面，成熟以后的苹果虽然香甜，但果面坑坑洼洼不好看，影响了卖相。

正巧这位副县长分管电子商务，他立即发了一条微博，说今年九图村苹果丰收了，味道香甜可口，营养价值丰富，但因为受了雹灾，看相不好，影响了销售，果农心急如焚。

微博发出以后，引起了网络的关注，陇南市 2000 多家政务微博微信平台进行了转发，淘宝网也转发了这篇微博，并号召网民购买爱心苹果。网民应声而动，仅用了四天四夜的时间，九图村的 25 万斤苹果就售卖一空。

礼县，短短几年时间，就发展了物流快递公司 27 家，区域物流中心 2 个，物流快递点 150 个，使城镇村物流配送实现乡镇覆盖率达到 100%，有效解决了物流最后一公里问题。同时县政府还积极破解融资难题，协调兰州银行、甘肃银行等推出电商信贷产品，仅 2016 年，就放贷 4600 万元，为电商发展提供了融资保障。电商的兴起带动了礼县将近 4000 人就业，涉及包装箱加工、苹果包装、仓储、物流、网店运营等领域，增收 1.3 亿元。

（二）康县，电商盘活了土特产

康县面积 2958.46 平方公里，总人口 20.2 万人（2015 年），辖 14 镇、7 乡、8 个社区、350 个行政村。境内气候温和，雨量充沛，风景优美，是"中国有机茶之乡""中国核桃之乡""中国黑木耳之乡""中国食用菌之乡"，名优特产有龙神茶、核桃、以康县黑木耳为代表的食用菌等。2015 年 1 月至 5 月份，康县在网上完成交易 7747 笔，实现销售额 1174.05 万元。农特产品已成为康县网店的金字招牌。

（三）宕昌县，电商扶贫初见成效

宕昌县辖 25 个乡镇 336 个行政村，总人口 31.94 万人，其中农业人口 28.36 万人。截至 2014 年年底，全县共有重点贫困村 150 个，贫困人口 9.34 万人，贫困面为32.9%。该县贫困面大、贫困程度深，脱贫攻坚的任务十分艰巨。

为了较好地推进电商扶贫工作，县领导在深入调研、科学论证的基础上，确定了24个乡镇的50个贫困村为电商扶贫试点，引导传统产业与电商互动融合，促进传统农业和工业转型升级。县里成立了电商扶贫服务中心，各试点乡村也成立了电商扶贫服务站点，电商试点村网店建设工作全面铺开，各项工作扎实有序推进。

宕昌县网店店主乔伍忠夫妻，2015年"双十二"狂欢节当天下单100个，成交额3万余元，同时与深圳新客户签约中药材订单30万元。

2015年，宕昌县建成1个县级电商扶贫服务中心、3家县级网货供应中心、5家区域网货供应中心、12家乡级电商扶贫服务站、41家村级电商扶贫示范网店、49个覆盖城乡的快递网点，开发53大类264种中药材等网销产品，培训电商人才1020人，累计开办网店906家，2家皇冠店，1钻以上23家，线上销售额实现8062万元，线下销售额实现19630万元，帮助3600名贫困户销售农产品2785.4万元。

（四）其他县，争先恐后快速跟上

徽县在电商扶贫工作中坚持政府主导、社会参与、市场推进、协会运作、金融支撑、媒体助力"六位一体"的发展路子，积极完善和推广"一店带多户、一店带一村"的电商扶贫机制，引导电商网店努力销售贫困户特色产品，同时积极吸纳贫困户就业，充分发挥电商助贫增收的作用。2015年，全县共开办了863家网店，培育5大类120多个网销特色产品，实现电商销售额3.3亿元。

2015年，两当县成立了电商扶贫工作组，以县分管领导挂帅，重点工作对象为建档立卡的48个贫困村、0.64万贫困人口，在电商扶贫精准摸底深入调查的基础上，确定了黄疙瘩村、黄崖村、炉坪村等21个村为电商扶贫试点村，帮助他们发展农村电子商务，推动电子商务与扶贫开发的深度融合。

截至2016年9月，文县累计建设了20个乡镇电商扶贫服务站、71个电商扶贫服务点、28个电商扶贫示范点，电商扶贫试点村网店总数达到212家，实现销售总额6455万元，其中建档立卡户实现销售额4438万元，有力带动了贫困户的增收。

（五）陇南市电商助扶贫成绩斐然

通过电商扶贫，陇南市 2015 年的贫困人口人均增收 430 元，2016 年人均增收 620 元。全市贫困人口由 2014 年的 64.4 万人下降到 2016 年的 36.9 万人，减少了 42.7%；贫困发生率由 26.04% 下降到 14.86%，下降了近 12 个百分点。2014 年至 2016 年，共有 166 个贫困村脱贫出列。

2016 年，陇南市被评为全国电商扶贫示范市，2017 年中央政治局第 39 次集体学习中把陇南电商扶贫作为一个典型案例编入参考资料。

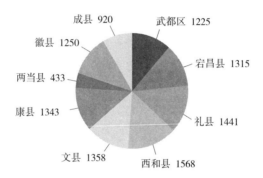

2017 年陇南市网店总数

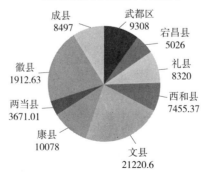

2017 年陇南市网店销售额

上图显示，2017 年陇南市电商的发展情况是非常喜人的，但各区县的电商发展并不均衡，这与各县的具体情况有关，也为落后县今后的工作留下了提升的空间。

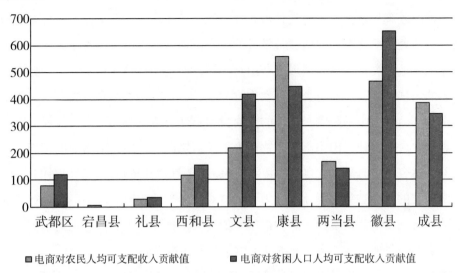

■电商对农民人均可支配收入贡献值　　■电商对贫困人口人均可支配收入贡献值

2017 年陇南市电商对农民人均可支配收入及贫困人口人均可支配收入贡献值

从上图可以看出，除宕昌县统计数据不齐全外，其余 8 个区县中，有 5 个区县的电商对贫困人口人均可支配收入的贡献值高于农民人均可支配收入的贡献值，另两个县的这两个数据十分接近，这说明陇南市电商扶贫的效果是明显的。

截至 2018 年 3 月底，陇南市共开办网店 13555 家、微店 9600 多家，累计实现销售额 90 多亿元，带动贫困人口 18 万人，通过电子商务实现累计就业人数 8.3 万人，开展电子商务培训 19 万余人，电商扶贫对贫困群众的人均收入贡献额最高达到 650 元。

四　思考与启示

（一）思考

为什么电商扶贫试点在山大沟深、交通不便、信息闭塞的陇南获得如此成功？全国各地电商扶贫的案例很多，为什么"陇南模式"这么备受关注？

1.陇南地区的贫困状况有其自身的特殊性。陇南电商扶贫之所以能够取得显著的成绩，是因为抓住陇南物产丰富与交通闭塞这一致贫的主要矛盾，采取了正确的政策与措施。陇南是甘肃省唯一属于长江水系并拥有亚热带气候的地区，虽地处西秦岭东西向褶皱带发育的陇南山地，秦巴山区、青藏高原、黄土高原三大地形交汇区域，地形复杂山高沟深，但这里水系发达，大山中分布着众多的川坝地区，气候适合多种农作物的生长，物产种类丰富，被誉为"陇上江南"。由于大山的阻隔，这里的交通极为不便，信息极为闭塞，外界的客商很难进入大山腹地，山中丰富的物产也很难运输出去，因此陇南地区相当大的一部分贫穷的形成是有其自身的特殊性的，只要针对其特殊性找到应对的办法，陇南地区的很多贫穷问题就可迎刃而解。对此，当地政府制定了一系列行之有效的、有利于电商扶贫的政策和措施，如《关于推进电子商务实现集中突破的意见》等一系列方案，有力地推动了电子商务快速发展。

2.电商扶贫扫清了陇南产品营销中的障碍。陇南地区山大沟深、交通不便、信息闭塞，当地农产品销售一方面还停留在乡村集市提篮小卖、小商小贩收购贩运的较低层次，农产品的商品率低，农民收入微薄，产品的影响很难突破地域的限制；另一方面即使加入了大规模的营销网络，但由于不掌握定价权，难以取得应有的收益。以花椒为例，2010年，武都花椒已经占到全国花椒生产面积的22%，产量是全国的20%。但武都花椒进入成都、重庆等地的全国花椒大宗市场后，由于定价机制被一些花椒寡头所把控，武都花椒商很难自己掌握定价权，所以卖不出好价钱。电商提供的是端到端的销售模式，没有中间商的盘剥，生产者可以以市场价直接向消费者销售产品，这不但可以使生产者获得比以前大得多的收益，也可使消费者获得优质的产品，这又进一步促使生产者提供更好的、个性化的服务，形成了供销双方都欢迎的双赢格局。

（二）启示

电商扶贫"陇南模式"的成功有三个要件：一是当地具有丰富的物产资源并且市场对这种资源有较大的需求。二是互联网已经覆盖到这个地区，并且存在一定的交通基础设施，或者经过建设，互联网能够覆盖这个地区，交通基础设施能够得到较大的改善。通过这些设施能够把优质产品直接送到最终消费者的手中。三是当地政府激发脱贫内生动力的政策与措施得力。如果能够满足这三点，电商扶贫"陇南模式"就是可以复制的。

事实上，在西部地区和一些偏远地区的很多地方都有着与陇南相似的情形，即那里有着丰富优质的物产资源，并且这些资源也是深受市场欢迎的，落后的基础设施与落后的观念，是造成那里贫困发生率高的重要原因，从这个意义上说，电商扶贫"陇南模式"已不仅仅是帮助群众卖了多少农产品、增收了多少这么简单，而是为西部和偏远贫困地区在"互联网+"时代依托互联网、电子商务等新业态下后发赶超提供了一种可以借鉴或者复制的模式。

编写执笔：高鸥

案例 35　　一着下活一盘棋

——吉林省通榆县陆家村长效脱贫机制探索与实践

　　吉林省白城市通榆县是国家扶贫开发工作重点县，也是大兴安岭南麓山区片区县。陆家村是通榆县的重点贫困村。在脱贫攻坚总体部署下，陆家村通过深化农村综合改革，盘活土地资源，建立脱贫发展长效机制，"一着下活一盘棋"，仅用两年时间就实现整村脱贫。陆家村奇迹是如何发生的呢？

一　背　景

　　通榆县乌兰花镇陆家村，共有 3 个村民小组、391 户 917 人，有耕地 17217 亩。该村以农业为主，耕地面积大是一大优势资源。由于土地沙碱化严重，干旱频发，陆家村的耕作条件十分恶劣。再加上基础设施严重落后，农产品市场化程度低，农民收入增长缓慢，甚至徘徊不前。2015 年农民人均纯收入仅 5000 多元，全村 70% 的农户欠有外债，村集体负债 100 多万元。全村建档立卡贫困户 92 户 198 人，贫困发生率 21.6%。单一的种植结构、传统的耕作方式，使这个村不仅经济落后，思想观念也比较封闭，没有摆脱贫困的思路。

二　做　法

　　2016 年，陆家村正式全面启动精准扶贫工作。白城市农村集体资产管理中心主任、高级经济师徐宝山（2018 年全国脱贫攻坚奖创新奖获得者），被组织选派到陆家村任驻村第一书记。到任后，徐宝山迅速进入角色，带领村里 17 名党员干部和群众代表，到镇赉县建平乡民主村、洮北区青山镇复兴村和平安镇中兴村等地考察学习，统一干部群众思想认识，坚定脱贫攻坚信心。徐宝山充分发挥专业人做专业事的优势，积极与省、市农业部门和通榆县有关部门沟通，在得到农民群众充分认可后，抓住机遇在村里开展市级农村土地规模经营试点、省级易地扶贫搬迁试点和省级农村集体产权制度改革试点。旨在通过盘活土地资源这一着棋，下活深化农村综合改革这盘大棋，在脱贫攻坚中打出一套漂亮的组合拳，建立起脱贫发展长效机制。

（一）率先实行整村土地经营权流转

发展带动全村农民脱贫致富的特色农业，需要实现规模种植，形成规模效益。如何发挥本村耕地资源多的优势，把土地资源盘活？陆家村人在政策宣传、多方考察学习的基础上，充分利用农村土地确权成果，于 2016 年 3 月在白城市率先成立了首家农民土地股份合作社——通榆县陆家村土地股份合作社。土地股份合作社遵循中央关于农村土地"三权"分置改革政策，在村"两委"监督下，本着"自主经营、自负盈亏、利益共享、风险共担"原则，引导农民自愿以二轮承包土地经营权作价入社。第一批合作社成员 41 人，以集中连片的 525 亩二轮承包土地经营权入股合作社，实行集中连片种植"天意红"辣椒。

2016 年 9 月，陆家村扩大启动整村土地经营权流转工作，制定了《陆家村整村土地经营权流转实施方案》《陆家村整村二轮承包土地经营权入股及集体机动地、册外地承包经营权转包合同》《陆家村整村土地承包经营权出租合同》等。到 2017 年 3 月，全村 237 户土地承包农户全部将二轮承包土地经营权作价入股土地股份合作社，实现资源变股权，陆家村率先进入整村土地规模化经营新阶段。土地股份合作社将农民入股的土地经营权，向龙头企业和本村 6 个家庭农场进行出租，以促进农业规模化、集约化经营。

整村土地经营权流转，为发展农业适度规模经营创造了有利条件，也打开了陆家村精准扶贫的大门。农户及贫困户流转的土地享有保底收益，每年可得到稳定的土地流转费收入；到了年底，还可按股分红，再次增加收入。同时，还可获得基地务工机会，年人均务工收入 2 万元以上。陆家村的贫困户因土地流转受益，每公顷二轮承包土地每年有 4985 元的"保底收益"和 1000 元的"保障分红"收入，确保稳定脱贫不返贫。

（二）加快发展农业适度规模经营

陆家村土地股份合作社与通榆县天意农产品经贸有限责任公司合作，供产销按农业产业化模式运作，发展"天意红"小辣椒产业规模经营。与通榆县震泽牧业有限公司合作，投资2970万元建设占地480亩（盐碱地）肉羊养殖园区，打造年出栏5万只肉羊养殖及年屠宰16万只肉羊生产线项目。陆家村的贫困户、养殖户可拿羊作价入股震泽牧业有限公司，作价标准不低于市场行情；没有羊源的可以用资金入股，按股分红。公司负责统一管理肉羊养殖园区，贫困户、养殖户可以到公司务工（贫困户优先），长期工每年基本工资24000元左右，解决就业50人以上。震泽牧业公司为需要生产资金的贫困户、养殖户提供担保贷款，专项用于贫困户、养殖户入股养羊。

（三）增减挂钩解决扶贫搬迁用地和资金问题

2016年2月，国土资源部下发《关于用好用活增减挂钩政策积极支持扶贫开发及易地扶贫搬迁工作的通知》，出台了一项利好政策：集中连片特困地区、国家扶贫开发工作重点县和开展易地扶贫搬迁的贫困老区开展增减挂钩的，可将增减挂钩结余指标在省域范围内流转使用。陆家村抓住国家政策新契机，经地方政府与长春新区沟通协调，并征得全体陆家村村民同意，陆家村与长春新区达成建设用地增减挂钩指标流转协议。协议约定，陆家村将村民1950亩宅基地腾出，除了其中375亩用于易地搬迁集中建房以外，其余1575亩宅基地全部复垦；陆家村将复垦的1575亩建设用地指标调剂给长春新区，长春新区以每亩6.66万元（即每公顷100万元）价格与陆家村交易用地指标，支付调剂资金1亿多元。两地通过增减挂钩实现双赢。更重要的是，陆家村筹集了一笔数额过亿的可用于易地搬迁和扶贫开发的自有资金。

（四）易地搬迁就近实现城镇化

过去，陆家村村民散居住在各自然屯，生产生活很不方便，提供公共服务成本很高。根据国家和吉林省出台的易地扶贫搬迁政策，在充分征求群众意愿的基础上，在县发改局、国土局、财政局、住建局和扶贫办等相关部门通力支持下，陆家村制定了《易地扶贫搬迁实施方案》。按照"搬得出、稳得住、有产业、能致富"的基本要求，采取政府积极引导、群众主动参与的方式，用"宜居、生态、文化"新理念打造现代化新农村多功能集中安置小区。搬迁集中安置新区建筑面积2.3万平方米，包括住宅楼、公寓楼、综合办公楼、敬老院、幼儿园等。新区配套建设了供排水、暖、电、道路等公共设施，并确保每户有稳定的蔬菜种植地点、农机具固定放置地点等。易地扶贫搬迁工作从2016年2月开始安排部署，2017年年底农户全部搬进了新家。

三　成　效

经过两年多的努力，陆家村面貌为之一新。如今的陆家村，基础设施条件全面改观，现代农业规模经营发展兴旺，新建搬迁小区服务功能齐全、村民安居乐业。2017年，陆家村全村农户家庭经营性收入、转移性收入、工资性收入、财产性收入四项叠加，户均达41082元，农民人均纯收入17516元；村集体经济收入达100万元。建档立卡贫困户实现了"两不愁、三保障"脱贫目标，不仅还清了债务，而且还有了存款。陆家村成为通榆县整村脱贫第一村和美丽乡村建设第一村。

四　思考与启示

陆家村两年时间成为全县整村脱贫第一村和美丽乡村建设第一村，关键在于通过盘活土地资源这"一着棋"，下活了农村综合改革、脱贫攻坚这"一盘棋"，让广大村民除经营土地之外，还有了财产性收入，为类似的土地资源富集村、贫困村探索了一条建立脱贫致富长效机制的好路子。以下经验和启示值得借鉴：

一是注重以改革促发展促扶贫。陆家村人在驻村第一书记徐宝山的带领下，解放思想、敢为人先，积极推行"资源变股权、资金变股金、农民变股民"的农村产权制度改革，通过流转二轮承包土地经营权成立土地股份合作社，由合作社与农牧业公司进行合资合作等方式经营集体资产、发展规模经营，不仅将小辣椒做成了大产业，而且促进种养加农工商一体化联动发展，创新了农村经营体制，使陆家村农民及贫困户从合作社发展中长期受益，为农民实现共同致富梦想奠定了坚实基础。

二是注重形成一体化产业链。农业产业要持续发展，必须打造产业链条。陆家村在搬迁移民过程中，引导搬迁群众将土地、林地等生产资源向龙头企业和产业大户流转，注重形成农工商、产加销一体化产业链条。将搬迁集中安置区与现代农业、精品牧业、乡村旅游、电子商务、加工业等进行统筹规划建设，并将该区域内的贫困户、移民搬迁户全部纳入产业链条，使得农业产业和其他产业能够相互配合，持续发展，形成长效机制，带领农民脱贫致富。

三是注重增加农民劳动和财产双重收益。陆家村集体经济组织产权制度改革的成功实践，形成了规模绿色产业，发展了规模经营，不仅壮大了集体经济，而且还拓宽了农民增收渠道。陆家村通过村集体成立公司及与农牧业公司、合作社等合资合作方式，对搬迁户和贫困户逐户制定产业发展计划，实施产权入股、园区务工，促进群众增加财产性、经营性和工资性收入，使广大村民除经营土地之外，还有了财产性收入，为资源型村、负债村、贫困村探索出一条脱贫致富路子。

四是注重搬迁建设与文化建设并重。通榆县将易地扶贫搬迁新村建设与美丽乡村建设有机结合，高起点规划、高标准设计、高质量建设易地搬迁住宅小区、配套基础设施和公共服务设施。本着一手抓搬迁安置，一手抓文化建设，成功打造具有乡土味道、保留乡村风貌、留住乡村美景、留住乡村传统文化的美丽乡村建设旗舰村。同时，注重扶贫、扶志、扶智，提升村民文化素质，加强村民乡风文明道德法治教育，加强乡村治理村规民约制度化建设。这些，都为陆家村的脱贫致富、振兴发展注入了持久动力。

编写执笔：王爱君、杨于祥、王成军、潘陈静、陈纪宏

第六篇　志智双扶激发内力

我常讲，扶贫要同扶智、扶志结合起来。智和志就是内力、内因。我在福建宁德工作时就讲"弱鸟先飞"，就是说贫困地区、贫困群众首先要有"飞"的意识和"先飞"的行动。没有内在动力，仅靠外部帮扶，帮扶再多，你不愿意"飞"，也不能从根本上解决问题。现在，一些地方出现干部作用发挥有余、群众作用发挥不足现象，"干部干，群众看"、"干部着急，群众不急"。一些贫困群众"等、靠、要"思想严重，"靠着墙根晒太阳，等着别人送小康"。要注重调动贫困群众的积极性、主动性、创造性，注重培育贫困群众发展生产和务工经商的基本技能，注重激发贫困地区和贫困群众脱贫致富的内在活力，注重提高贫困地区和贫困群众自我发展能力。

——习近平在深度贫困地区脱贫攻坚座谈会上的讲话

（2017 年 6 月 23 日）

案例36　扶贫扶智　点亮大理希望之光

——云南省大理白族自治州教育扶贫之路探析

　　绝大多数地区的贫困往往伴随着教育的落后。在全国建档立卡贫困人口中，超过 50% 的人只有小学以下文化程度；22.3% 的家庭表示，因为缺少技能摆脱不了贫困。摆脱贫困需要智慧，治贫先治愚，扶贫必扶智。"发展教育脱贫一批"是扶贫开发的重要任务。习近平总书记在不同的场合都强调过："古人有'家贫子读书'的传统。把贫困地区孩子培养出来，这才是根本的扶贫之策。"云南省大理白族自治州聚焦教育扶贫攻坚，建立起覆盖学前教育到高等教育全学段、多层次的教育扶贫体系和教育资助体系，汇聚高校教育帮扶力量，为大理的未来点亮了希望之光。

一　背　景

　　云南省大理白族自治州，地处中国西南边陲。纵横三滇的"南方丝绸之路——博南古道"和"茶马古道"在这里交汇，特殊的地理区位，使之成为滇西要塞。唐、宋时期，南诏、大理国政权都以大理为都，多元文化在此交融，大理被称为"亚洲文化十字路口的古都"。

　　悠久的历史、苍山洱海、"金花"、"阿鹏哥"吸引着全国游客对大理趋之若鹜。然而，由于山区面积占比 93.4%，坝区面积占 6.6%，山多坝子少，大理同时也是全国 14 个集中连片特困地区之一——滇西边境山区的主战场。素质型贫困是这里致贫的主要原因之一。由于地处偏僻、封闭落后，有些民众几乎是从原始社会直接过渡到社会主义社会，文盲率较高，人均受教育程度只有 6.2 年，思想理念上和内地其他地区存在较大差异。村民普遍缺乏脱贫致富技能，农业科技普及率低，与外界交往少，生产生活方式落后。2015 年年末，大理州下辖 12 个县市中有 11 个县是贫困县，其中 9 个国家级贫困县，2 个省级贫困县；有建档立卡贫困乡镇 34 个（其中深度贫困乡镇 5 个）、贫困村 541 个（其中深度贫困村 153 个），建档立卡贫困户 25.41 万人，主要分布在山区和民族地区。

二　做　法

针对素质型贫困问题，教育的意义尤为突出。选择教育扶贫，针对不同学段的对象提升贫困人口素质，进而提高生产力水平，是大理脱贫致富、阻断贫困代际传递的必然之路。

（一）补齐农村学前教育的短板

"基础教育是教育脱贫的根基，学前教育是基础教育的基础"。目前在贫困地区，学前教育仍是基础教育的短板。2015 年，大理州先后出台《第二期学前教育三年行动计划（2015—2017）》《幼儿园教师学历提升计划（2015—2020）》。3 年来，大理重点推进贫困地区"一村一幼、一乡一公办、一县一示范"建设，推动直过民族 ① 等民族聚居区学前双语教育，切实解决贫困地区学前教育基础设施薄弱、适龄幼儿"入园难"、学前教育优质资源稀缺等一系列难题。累计投入 32069.08 万元建设资金。

巍山彝族回族自治县马鞍山乡位于哀牢山腹地，居住着彝、汉、白、苗等各族群众 1.6 万人，是一个地广人稀的高寒山区乡。过去，这里"行路基本靠走，交流基本靠吼"，全乡的学前教育基本为零。针对全乡山高路远、群众居住分散、留守儿童较多的情况，3 年间，马鞍山乡建成了高大敞亮的中心幼儿园，覆盖乡政府片区和三胜村委会 15 个村民小组 782 户农户 3200 多人。此外还建成青云幼儿园、三鹤幼儿园两所公办寄宿制幼儿园，合理的区位布局解决了山区孩子入园难问题，让孩子们可以在这里学习玩耍、快乐成长。

---

① 直过民族，指从原始社会直接过渡到社会主义社会的民族。

现在，大理全州学前教育资源总量逐年增加，普及程度大幅提升，保基本、广覆盖、多形式的学前教育体系初步构建。2018年后，大理州还将实施第三期学前教育行动计划，继续扩充农村学前教育资源，推动公办资源向农村聚集"兜底线"、引导市场力量向城镇发展为动力，构建更公平更有质量的学前教育公共服务体系。

（二）推进义务教育均衡发展

在大理洱源县龙门完小海星校点，杨金元作为唯一的教师，已在这里耕耘了37个年头。截至2017年年底，大理遍布村级教学点362个，其中"一师一校"教学点89个。尽管农村教学点在学人数总量不大，但却集中着贫困程度较深、无力送子女进城上学、处于社会"后20%"弱势人群家庭子女，是阻断贫困代际传递的核心目标人群，也是教育现代化最难啃的"硬骨头"。

大理山区面积广大，人口居住分散，让所有低龄儿童都往返奔波或是离家住校不现实，保留并建设好一定数量的教学点有助于农村儿童就近入学、控辍保学。然而，这些教学点的环境普遍还十分艰苦，校舍老旧，设施落后，教学质量难以提高。

从2015年起，大理州在《云南省贫困退出机制实施方案》中，把实现县域内义务教育基本均衡，并通过国家认定，作为贫困县脱贫摘帽的基本条件之一。州教育局成立均衡发展办公室，列出时间表、路线图，实施动态监测、跟踪问效，举全州之力改善贫困地区办学条件，推进义务教育均衡发展。通过中小学校舍安全工程、"全面改薄"工程、寄宿制学校建设等工程项目的实施，大理提升了贫困地区义务教育阶段学校办学条件。3.6亿元投入让中小学多媒体"班班通"配备达88.29%。现在，即便是一个人驻守的海星教学点，硬件设施和教学设备也是今非昔比。

在改善办学条件的同时，大理州按照"一个都不能少"的要求，保证建档立卡贫困户子女在义务教育阶段无辍学，全力劝返辍学学生复学。2017年共劝返辍学学生1040人，其中建档立卡贫困户学生439人。

（三）激活职业教育发展动力

职业教育可以帮助一个贫困家庭实现快速脱贫。2017 年 9 月，教育部启动了《职业教育东西协作行动计划滇西实施方案（2017—2020 年）》，实施上海、江苏、天津、浙江东部四省市对口兜底式招录滇西 10 州市建档立卡户未升学应往届初高中毕业生接受优质中等职业教育，确保建档立卡户子女、"两后生"（初中毕业后、高中毕业后未升学的学生）实施职业教育精准帮扶。

以此为契机，大理州全面深化职业教育改革，强化精准招生，不断扩大职教规模。实施中等职业教育招生、五年制大专专项招生、东西协作招生等各项招生扶贫政策，鼓励广大初中毕业生到职业学校学习一技之长；为促进职业教育与企业用工紧密结合，把与省内外高校、大中型企业联合办学，以及订单培养作为学校工作重点，提升学校办学质量，拓宽就业渠道；为保障"招得好、送得出、稳得住、学得好，送出一个学生脱贫一个家庭"的目标，确保建档立卡贫困家庭学生去江苏顺利完成学业和就业，推出了多项资助政策，在给予前往学习的学生享受免学费、国家助学金及当地学生同等奖补政策的基础上，还给予每名学生每年 9000 多元的资助，分别是"润雨计划"每生每年 5000 元、中国教育发展基金"雨露计划"每生每年 2000 元，以及州县两级给予的生活和交通补贴。有了以上补助，可基本满足学生的学习生活各项开支，一般情况下家庭不需要再承担更多的费用。2017 年，大理中等职业教育录取近 2.2 万人，形成了职业教育发展的良好氛围。

此外，大理还启动了新型职业农民培育工程，通过职业教育助力产业扶贫，举办现代青年农场主等新型职业农民培训班、农村劳动力技能培训班。结合个人意愿和现实需求，采取送训下乡、集中办班、现场实训等多种形式，灵活开展中药材和水果种植、水产养殖、家畜家禽饲养建筑、家庭农场经营管理、装潢、汽车维修、厨师、保洁、餐饮服务、客栈服务等培训，提升脱贫带头人致富带富能力和贫困户职业技能与综合素质，确保每个建档立卡贫困户有 1 人接受职业技能培训，每户家庭至少掌握一门致富技能。

（四）打造高等教育两翼齐飞

大理是文献名邦，办一所大学，是当地人民的夙愿。搭乘教育部定点联系帮扶滇西的东风，大理人愿望成真。2015 年 4 月 28 日，教育部正式批准"滇西应用技术大学"总部在大理筹建；次日，教育部发文批准"大理学院"正式更名为"大理大学"。大理大学同时被北京大学、清华大学等 7 所部属高校确定为学科建设对口帮扶单位。结合滇西地区拥有的丰富的生物资源，大理大学致力于开展昆虫药物产学研一体化研究，目前昆虫药研究或专利授权 93 项，其中发明专利 71 项，达到云南领先，全国先进水平；参与两个国家级重大科技专项——"水体污染控制与治理"及"艾滋病和病毒性肝炎等重大传染病防治"的研究工作；围绕"三江并流"区域的生物多样性保护和研究，取得了丰硕的成果，直接服务于长江上游地区的生态保护。

在大理大学的对面，滇西应用技术大学在崛起。作为"扶智"的标志性工程，这是我国第一所为扶贫而生的大学。它借鉴瑞士应用技术大学模式，结合滇西10 个州市的特色优势产业，以"创办一个学院、振兴一个产业，造福一方百姓，传承一方文化"为目标，采取总部加若干特色学院、研究中心的开放式办学构架建设新型应用技术大学，所属各特色学院按"空间贴近、立足滇西、服务云南、辐射带动周边"的原则布局在产业聚集区，通过购买服务、委托管理、网络资源共享等形式，嫁接优质教育资源，将区域特色优势产业需求与特色学院专业设置有机结合，实现资源最大整合与共享。首批已启动了普洱茶学院、珠宝学院、傣医药学院。

至此，大理高等教育"两翼齐飞"的格局初步形成，不仅为贫困学生就近接受高等教育创造了条件，而且共同为滇西经济社会发展提供智力支持。

（五）实行教育资助体系全面覆盖

学前教育、义务教育、高中教育、职业教育到高等教育的多层次教育扶贫服务体系如何保障实施呢？为此，大理建立了以政府为主导、学校和社会为补充的"三位一体"资助格局，形成普惠性资助、特困性资助、奖励性和补偿性资助有机结合的"多元混合"资助模式，实现"三个全覆盖"，即各个学段全覆盖、公办民办学校全覆盖、家庭经济困难学生全覆盖，确保贫困户子女100%享受教育资助政策。

对贫困人口受教育信息建档立卡，建立健全教育扶贫信息员制度，实行教育精准扶贫信息在线管理、动态更新、精准资助，突出做好建档立卡家庭经济困难学前幼儿精准资助、义务教育学生生活补助、高中生精准资助、中职学生生活补助、大学生精准资助和绿色通道、普通高校面向农村和贫困地区的专项招生计划及对建档立卡家庭经济困难大学毕业生就业创业的帮扶这7项政策，让国家的教育惠民政策落到实处。

自2008年起，大理州连续10年实施"爱心圆梦"行动，多渠道筹措资金帮助家庭经济困难大学新生顺利入学，视家庭情况对在当年高考中被二本高校以上录取的家庭经济困难学生给予3000元或5000元资助，资助金额累计达7500多万元。此外，云南省优秀贫困学子奖励计划等多种资助政策同步实施，免除建档立卡普通高中和职业学校家庭经济困难学生学费，覆盖率达100%，让所有家庭经济困难大学生都能顺利入学。

在澜沧江畔云龙县检槽乡出生的邓昊哲，原本是一个幸福的孩子，从未想过自己的人生会有那么多波折。2000年、2012年，父母先后因病去世，年仅16岁的邓昊哲成了孤儿。面对家庭剧变，他几乎失去了继续读书的信念。在老师、亲友的劝说和鼓励下，邓昊哲回到了学校，2015年考入云南民族大学，大理"爱心圆梦"行动给他颁发了助学金，使他安心踏上了求学之路。

（六）汇聚高校教育帮扶力量

"用一年时间做一生难忘的事，这是我们一届届传下来的理念。"上海交通大学支教团的6名研究生带着这一目的，来到大理洱源县洱源一中，开始为期一年的支教生活。自2012年上海交大挂钩帮扶大理洱源县后，结合团中央西部志愿者支教计划，先后选派优秀研究生在洱源乡镇学校支教。同时，在洱源县开展干部挂职联系、支持基础设施建设、教育资源共享等帮扶项目。

这只是高校帮扶大理的一个缩影。2011年，中央扶贫开发工作会议确定教育部为滇西地区定点扶贫联系单位。此后，教育部指定北京大学、清华大学等一批知名高校和人民教育出版社助力大理脱贫攻坚。先后派驻多批挂职干部，为大理教育、卫生、扶贫开发、产业发展、干部培训等方面协调资金及组织各类捐赠达1亿元以上，组织党政干部600多人次到高校开展培训，组织教师、医生等专业技术人员2000多人次到高校学习、实习，组织高校教授、专家、研究生等到大理调研、支教1000多人次，高校领导、教授、专家到大理开展培训和服务，受训受益人数近5万人次。

三　成　效

通过多年致力于教育扶贫，截至2018年，大理已建立起多层次的教育扶贫体系。**学前教育迅速发展**。学前教育资源总量逐年增加，普及程度大幅提升。据统计，全州省一级幼儿园数量增至34所，全面实现了"一县一示范"目标；全州幼儿园数由2015年的770所增加到2017年的805所，在园（班）幼儿增幅3.67%。**义务教育趋向均衡**。截至2018年上半年，大理义务教育均衡发展累计投入资金达52.7亿元，均衡县比例达91.66%，城乡教育资源不断趋向均衡，中小学办学条件发生了翻天覆地的变化。**职业教育成果丰硕**。目前，大理州已招录和输送1300多名建档立卡贫困家庭子女到江苏省接受优质职业教育，711名"两后生"在当地入企实习。积极开展种植、养殖等农技培训，近3年培训农户150多万人次，其中建档立卡贫困家庭劳动力4万人次，转移就业1.12万人。首批505名村（社区）干部能力素质和学历水平提升任务全面完成。**资助体系作用突出**。自2008年起，大理州连续10年开展"爱心圆梦"行动，多渠道筹措资金力保所有苍洱学子圆梦大学。仅2017年，大理州从学前教育到高等教育阶段共帮助家庭经济困难学生138.5万人次、资助10.75亿元，免除建档立卡等普通高中家庭经济困难学生7366人学费及中等职业教育28588名学生学费，覆盖率达100%，建档立卡贫困户学生高考升学率达94.4%、中考升学率达85.4%。近3年来，大理州从学前教育到高中教育阶段共投入25.1亿元资助资金，资助家庭经济困难学生近500万人次，坚决不让一个孩子因贫失学，不让一个家庭因学致贫。

一系列教育扶贫政策，让大理悄然发生变化。自党的十八大以来，大理州累计减贫 30 万人，贫困发生率从 14.7% 降至 4.07%，24 个贫困乡镇 328 个贫困村已脱贫出列。其中，巍山、祥云、宾川等 5 县已成为云南省首批脱贫摘帽退出县，漾濞等 6 县的脱贫攻坚工作正有力有序推进，脱贫攻坚取得了决定性进展、阶段性成果。

四　思考与启示

大理州立足本地实际，将教育扶贫作为打赢打好脱贫攻坚战的基础性、长远性举措，努力让大理千万家庭享有教育获得感，走出了一条特色鲜明的教育扶贫之路，带给我们许多启示。

（一）输血与造血相结合，由"因学致贫"转向"以学治贫"

"发展教育脱贫一批"工程既要"扶教育之贫"，更要"靠教育脱贫"。既要将教育作为扶贫的目标、任务和内容，通过结构调整、政策扶持和投入增加等手段实现教育领域脱贫，还要将教育作为扶贫的手段、途径或方式，通过发展教育实现贫困地区及贫困人口脱贫。

教育扶贫旨在增强帮扶地区的"造血功能"，而经费投入则是为教育扶贫工作本身"输血"。为资助贫困地区办学，"十二五"以来，教育部累计安排学前教育发展专项资金 45 亿元，安排义务教育经费保障资金 309 亿元，义务教育营养改善计划资金 115 亿元，"薄改计划"①资金 120 亿元，特岗计划资金 22 亿元，支持云南巩固提升义务教育发展水平。现代职业教育质量提升计划资金 13.9 亿元，中等职业教育国家助学金和免学费资金 60.5 亿元，支持云南加快普及高中阶段教育等等。促进教育公平是国家的基本教育政策，在公共教育服务上下功夫、补短板是各级政府的首要职责。国家教育经费要继续向贫

---

① "薄改计划"指"农村义务教育薄弱学校改造计划"。

困地区倾斜、向基础教育倾斜、向职业教育倾斜，帮助贫困地区改善办学条件，对农村贫困家庭幼儿特别是留守儿童给予特殊关爱。

为实现"以学治贫"，大理探索发展当地高等教育，同时积极利用优质高校支援帮扶，共同服务区域经济社会发展。教育落后容易导致思想贫困、观念贫困、文化贫困，造成知识和科技洼地，陷入教育水平低—劳动力素质低—经济收入低—处于贫困状况—教育投入低—教育水平低的贫困恶性循环，切断贫困循环链条的关键是教育。高校教育可以走出一条教育扶贫带动智力扶贫—科技扶贫—健康扶贫—生态扶贫—产业扶贫的新路子，利用高校在教育、科技、人才、智力、信息等方面优势，考虑贫困地区地域人文特征，将政府脱贫政策与当地特色相结合，深入推进教育扶贫、科技成果转化扶贫、产业扶贫、健康扶贫等。比如，滇西地区少数民族众多，这里有 56 个民族中的 26 个，民族文化多彩纷呈，历史悠久，但由于经济发展落后，很多特有文化面临失传。大理大学进行南诏大理国历史文化和白族等少数民族文化艺术研究，促进了民族文化的传承和创新，推动了滇西民族团结示范区的建设。在教育部重点高校定点帮扶大理 10 个县的实践中，各高校从自身特点出发，发挥自身优势，探索出了多样化的帮扶路子。有的高校着眼于教育扶贫，通过师资培训、高校招生、人才培养、人力资源保障，隔断贫困代际传递；有的高校着眼于咨政扶贫，通过提供决策咨询、政策建议、规划编制等贫困地区的稀缺资源，提升地方科学发展的能力；有的高校着眼于产业扶贫，通过把当地资源与高校科技成果结合，帮助贫困地区培育产业，连接市场；有的高校着眼于医疗卫生扶贫，组织教育系统医疗资源，通过巡回医疗、远程医疗、对口帮扶，提高贫困地区公共卫生服务水平。通过智力帮扶，提升大理人力资源开发水平、助推当地产业发展升级、支持社会事业发展、提供多样化决策咨询服务等，让小到一户人家的脱贫，大到一个县、一个州的发展都从中受益。

（二）起点与过程相结合，让贫困地区孩子共享教育机会和资源

贫困地区教育脱贫要解决教育公平的问题。对于贫困地区的孩子尤其要注意起点公平与过程公平，从根本上保障他们受教育的权利。

首先要注重起点公平，让每一个孩子都享有平等的教育机会。一是加强贫困地区义务教育薄弱学校建设，改善贫困地区教学基础设施，适度控制撤点并校；二是改善贫困地区学生生活条件，积极实施农村儿童的营养改善计划，努力缓解住宿紧张的状况；三是提高家庭经济困难学生资助水平，保证有能力、有意愿上学的贫困学子不因贫困丧失受教育的权利。

其次要加强过程公平，让贫困地区共享优质教育资源。这就需要通过合理调配教育资源，发挥优质教育资源的帮扶功能，保证深度贫困地区能够享受到我国教育现代化所带来的福利，比如远程教育、"互联网＋"等，提高贫困地区教育教学质量、缩小城乡差距，在保障顺利脱贫的同时，也保证贫困地区群众在建设教育强国道路上不掉队。比如，多数贫困地区孩子由于地处偏僻，与外界接触少，接受新生事物能力不强，迫切需要打开视野。大理实施"职业教育东西协作计划"，将贫困家庭子女送到东部沿海地区开展职业技能学习和就业创业培训，不仅培养了新型劳动者，而且在东部沿海地区就业，就业率高待遇好，有效加快了大理州脱贫攻坚进程。把山里的问题在山外解决，把扶贫的问题用扶智的办法来解决，让更多的山区孩子接受城市优质的教育资源，为他们用知识和技能反哺大山，成为带领家乡脱贫致富的主力军打下基础。

（三）短效与长效相结合，发展多层次的教育扶贫体系

教育扶贫是一项基础性工作，也是一项长期性工作。教育扶贫一般包括学前教育、义务教育、高中教育（中等职业教育）、高等教育、继续教育等几个扶贫学段，每一个学段的周期性很明显，这就导致教育扶贫周期长、见效慢。

面对脱贫攻坚步入倒计时，如何处理好教育扶贫工作的长期性与脱贫攻坚目标任务的紧迫性之间的关系呢？我们认为，需要短效与长效相结合。一般而言，农村学前教育能为贫困人口提供基本的学前启蒙，义务教育阶段和高中阶段既能促使贫困人口向上流动，又能阻止贫困的代际传递；人才职业教育、继续教育和成人教育能直接提高贫困人口的职业技能，增强贫困人口的就业能力。因此，要发展多层次的教育扶贫体系，才能兼顾长期与短期的扶贫效果，提高教育扶贫的效率。

一是提高基础教育质量，阻断贫困代际传递。基础教育投资时间最长，但是回报最大，可以起到"培养一个，致富一家，影响几代人"的作用。早期教育因为处于播种阶段，也缺乏可量化的评测体系，相对容易被忽视。然而，教育投资回报最大的是早期和学龄前的智力开发。农村孩子中的很大一部分是留守儿童，往往由教育水平较低的爷爷奶奶带大，即便是一小部分孩子的父母留在了农村，往往也难以像城市父母一样，全情投入地陪伴孩子。因此，对贫困山区来说，低龄段学生尽量恢复教学点，实现就近入学；高龄段学生适当集中，新建寄宿制学校，这种布局本身就是扶贫，因为这大大减轻了家庭的负担，同时还能保证教学质量。

二是发展职业教育，促进脱贫致富能力，提高继续教育服务劳动者就业创业能力。职业教育是脱贫攻坚"金钥匙"，也是教育扶贫见效最快的方式。通过培养与国家政策导向、经济发展需求有效衔接的生产经营熟练劳动力和初中级技术人才，将教育精准扶贫的政策供给与实际需求进行精准对接，在当地找能人育新人，培养本土化人才和新型职业农民，确保农村贫困人口掌握一技之长，通过"培训一人，输出一人，就业一人，脱贫一户，带动一批"。如大理州巍山县 2016 年通过劳动力转移培训，助力贫困人口增收脱贫，累计转移劳动力 60132 人，实现劳务收入 6.5 亿元。

教育扶贫任重道远，不可能一蹴而就。当前的教育扶贫工作不仅是一场攻坚战，也是一场持久战，我们要统筹各方资源，着重在输血与造血、起点与过程、短效与长效三个结合上下功夫，久久为功，方能完成"发展教育脱贫一批"的重要任务，为贫困地区群众实现稳定脱贫、共奔小康注入源源不断的动力。

编写执笔：张诗倩

案例37　"扶志""扶智"与"扶治"一个都不能少

——湖北省远安县精神扶贫的生动实践

2018年8月，湖北省政府正式发文：国定贫困县红安县、神农架林区已经通过国家专项评估检查，省定贫困县远安县已经通过省级核查，达到贫困县退出条件，现批准退出。这是2015年打响精准脱贫攻坚战以来，湖北省首批实现脱贫摘帽的县区。其中，远安是宜昌市第一个脱贫摘帽的县。"省定贫困县"的帽子戴了3年多，打赢脱贫攻坚这场硬仗，远安靠的是什么制胜法宝？"扶志向、扶志气、扶素质、扶思路、扶计划、扶本领，是远安县精神扶贫的主要内容，其成功经验可资借鉴。"省扶贫办有关负责同志总结出的"六扶"，直指问题的核心。

一　背　景

远安县，古称"临沮"，位于鄂西山地向江汉平原的过渡地带，历史文化悠久，是黄帝之妻、华夏之母嫘祖的故里和楚文化的发源地，距今已有2100多年的建县史。县域面积1752平方公里，辖6镇1乡、117个村（居），19.5万人。全县建档立卡贫困村15个，建档立卡贫困人口9751户23426人，综合贫困发生率达15.3%，2015年被纳入全省37个贫困县之一。远安，是全省唯一整体不对外开放县，不沿江、不通铁路，其交通、区位和信息资源都是短板。

先天条件不足，要成功实现脱贫不返贫，只能依靠远安县委县政府和全县人民后天的努力。习近平总书记强调，扶贫必先扶志，治贫必先治愚，要激发内生动力，调动贫困地区和贫困人口的积极性。如同其他很多贫困地区一样，贫困户中"懒汉"多、"等、靠、要"思想顽固、缺乏劳动技能，贫困的代际传递等问题，成为横亘在远安脱贫摘帽过程中的一座大山。

要搬开这座"大山"，就要发挥愚公的精神，将扶贫工作落实落细落小。远安县茅坪场镇白云村的贫困户蔡从清，年近五旬仍是单身一人。过去，他是村里出了名的"懒汉"。"你见过吃喝一周不下床的人吗？蔡从清过去就是这样，简直拿他没办法。"提到蔡从清，村支书王运红直摇头，"他啥也不想做，要他养鸡，他不养；要他养猪，他说要把猪宰了吃"。

为改善贫困户居住条件，村里把蔡从清安置在搬迁小区。"老蔡，现在政策好，给你搬了新家，你好歹要搞点事啊。"王运红隔三差五地到他家做工作。看着眼前的新房子，蔡从清终于有所触动。

周围邻居都开始操持自己的产业，养鸡的养鸡、养猪的养猪，日子一天天好起来。邻居们的变化，让蔡从清开始焦躁不安，时常跑到邻居家串串门，问问情况。

县驻村干部孙周拿着床单等生活用品，又到他家来宣传政策。已经记不得这是扶贫干部第几次来，蔡从清心热了。"扶贫干部是真心帮我，我必须做点什么，不然良心上过不去。"在一次扶贫会上，蔡从清说起了他当时的心路历程。

在村委会和扶贫干部的帮助下，他先是养了8只羊，之后，村委会又让他在村里施工队务工。仅仅做了一个月，便收入2500多元。蔡从清越来越觉得有奔头，便带上村里有劳动能力的贫困户，成立了6个人的白云村工程队，在村里砌水泥坎、挖水沟、建房子。当上这个工程队队长，蔡从清的干劲更足了。"活到这个岁数，第一次觉得活着很踏实，我对未来充满信心。"蔡从清说。

这样的"懒汉变形记"，在远安并不罕见。为了把工作做到贫困户心里，让群众能听懂、听得进、更爱听，各村的结对帮扶干部都练就了一身给贫困群众做思想工作的"好功夫"。他们用锲而不舍的精神、亲切多样的方法，与群众面对面解疑释惑，让贫困户暖心动情，起到了"四两拨千斤"的效果。每做通一个贫困户的思想工作，就像是在脱贫攻坚这个"愚公移山"的过程中又搬开了一块石头。

二 做 法

脱贫摘帽没有捷径，只有重心下移，苦干实干。远安始终扭住激发贫困人口的内生动力不放松，针对贫困子女教育短板和部分贫困户中存在的劳动技能匮乏、不思进取、散漫懒惰等问题，集中社会力量，发挥群众作用，创新"扶志"与"扶智"手段，逐渐形成了"脱贫光荣，我要脱贫"的浓厚社会氛围。

（一）教育扶贫阻断贫困代际传递

"教育扶贫不计成本"，为了从根本上阻断贫困的代际传递，让贫困学生接受良好教育，远安县将"雨露计划"补助标准提高至每年每生5000元，在保证建档立卡贫困家庭学生全部优先享受国家现行资助政策的同时，积极实施县级精准资助，推行"9+3"免费教育，落实"三补"（生活费、学费、保教费补助）政策。

除了资金支持，远安县还鼓励全社会采取多种方式参与教育扶贫。探索推行"第二导师"帮教政策，由县乡政府、职能部门和事业单位组建拥有766名成员的"第二导师"队伍，与建档立卡在读学生结对帮扶，帮助贫困学生答疑解惑、增强学习信心、明确人生发展方向。围绕每一名贫困生，实施入学保障、学业帮扶、精神充实、信心提振和生涯规划等五大工程。整合各方资源，推行"阳光家庭"关爱政策、"三留守"帮扶政策等独具特色的多元扶持与资助政策。

（二）技能培训提升群众脱贫本领

"全社会都在帮助我们，我们更要苦练本领，回报社会关爱。"在远安县首期就业扶贫职业技能培训班上，学员张铁生信心满满。以就业扶贫为抓手，远安启动扶贫万人成长成才工程，针对贫困户免费开展农业实用技术和就业技能"双提升"，为一大批贫困户谋到了"出路"。除了免费为贫困群众提供技能培训，还给予每天150元的培训综合补贴，对于通过技能培训考试的贫困户，实施企业稳定就业、建设工程项目临时就业、乡镇和村就地就近消化、公益性岗位安置。

（三）文化引领激荡勤劳积极乡风

只有"思想脱贫"才能真正脱贫。远安县注重以文化自信引领农民脱贫自信，结合"大走访、大督查、大整改"活动，组织党员干部通过群众大会、屋场会、入户走访等多种形式，有针对性地向贫困户深入细致地宣讲扶贫政策及具体帮扶措施，激活贫困户"我要脱贫"的内生动力。

宣讲基层政策时，针对群众听不懂、听不进、不爱听等问题，远安县在全县各村选拔出501名"上知政策、下接地气"的乡贤、文化中心户等，担任精准扶贫"百姓宣讲员"，用"远安话"宣讲精准扶贫政策，并将扶贫政策与百姓需求相结合，激发了贫困户的共鸣。

依靠群众改造环境，依靠环境改造人。以"扫干净、码整齐、收通豁"为基本目标，远安县开展了"最干净村""最干净农家"评选活动，大力实施村容户貌治理工程，卫生光荣、劳动光荣的荣辱观进一步强化，极大提振了脱贫信心，激活了发展动力。

（四）靶向治疗祛除脱贫路上"顽疾"

针对"懒汉""不养老""抹牌赌博"等现象，远安县结合乡镇领导干部包村、民情反馈交办、述职评议、党员及村民代表联系服务贫困户等村级"四项制度"落实，推行"三化一治"（社会教化、亲情感化、组织劝化、法治引导）模式开展综合治理，创造性地解决了"三类人员"问题。

组建由村委会、人民调解委员会、司法单位共同参与的调解网络，将法治、德治、自治结合起来，组建村级道德理事会，深度参与精准扶贫、脱贫攻坚、治理农村陋习，构建"民事民议、民事民办、民事民管"的基层治理新机制。理事会成员扮演政策法律宣传员、矛盾纠纷调解员、精准扶贫监督员、民生民意信息员和村庄环境督察员等五大角色。对于屡教不改的，组织村道德理事会上门进行道德劝导。

为了不让"懒汉"户成为脱贫路上的落伍者，远安还探索出"激""治""管"

的三字工作法。在摸底核查基础上，由各村结对帮扶干部一对一上门宣讲帮教，因户施策帮扶"懒汉"户转变思想，发展产业。拍摄和排练了以"懒汉脱贫"为主题的微电影《脱贫日的约定》、小品《吴大脱贫》，寓教于乐。

三　成　效

2015年以来，远安县在全省贫困县党政领导班子和领导干部经济社会发展与精准扶贫实绩考核中，连续两年被评A等。2017年，远安县共为724名精准扶贫对象开展了技能培训，贫困人口当年新成长劳动力参训率100%，全县建档立卡贫困人口从9751户23426人减少到264户569人，综合贫困发生率预计从15.3%降至1%以内，15个建档立卡贫困村全部出列。

"第二导师"队伍组建以来，全体成员利用节假日、双休日等时间开展家访活动1670次，电话探访3886次。县检察院23名"第二导师"赠送帮扶钱物近万元。县城市管理局规定每年对所帮扶的贫困学生给予帮扶资金每人不少于1000元。县产业园、招商局"第二导师"联系远安长缨化学动力原料有限公司一次性为玉华爱心工作室捐赠100万元，200多名贫困学生从中获得帮助。全县1765名建档立卡贫困家庭学生无一人因贫失学，高中阶段教育毛入学率达到97.8%。由政府、学校、社会机构和爱心人士多方共同参与的教育帮扶体系已经形成。

道德理事会也发挥着重要作用。自其成立以来，共督促签订赡养协议986份，排除认定懒汉51人、沉迷赌博58人。对子女有赡养能力的老年人纳入扶贫对象的，严格程序、标准、条件进行标识处理。道德理事会成员以乡音开路、带乡情进村，活跃在村"两委"与村民之间，"小事找乡贤，大事找政府"的理念深入人心。

四　思考与启示

深入开展脱贫攻坚，坚决打赢脱贫攻坚战，是确保2020年全面建成小康社会的重要任务。实现贫困人口的全面脱贫，重点是增强贫困人口保持收入稳步增长的能力，关键是强化贫困人口自身发展动力。通过外部力量的精准帮扶，贫困家庭生活状况的改善首先体现在吃、穿、住、行等物质层面的保障上，精神脱贫则体现为"软成果"并且具有一定的滞后性，但其对贫困家庭生活质量的持续改善，却有不可替代的积极作用。

脱贫攻坚是一项系统性、长期性、复杂性的工程，在完成既定脱贫攻坚目标任务的同时，还要夯实脱贫攻坚的基础，坚持以脱贫攻坚统领经济社会发展全局，实现长期稳定脱贫。激发贫困户的内生动力，不仅为了调动贫困户的积极性，还要创造打赢脱贫攻坚、迈向小康的环境氛围。所以，脱贫攻坚要同基层社会治理结合起来，把扶贫同扶志、扶智、扶治相结合，提高百姓满意度，增强百姓获得感和幸福感。

（一）扶贫先扶志

扶贫工作中"输血"重要，"造血"更重要。扶贫先扶志，是从精神脱贫调动内生动力的维度，帮助树立摆脱贫困的信心和志气。通过扶志，能够让贫困人口增强通过自身努力而摆脱贫困的信心。如果扶贫不扶志，扶贫的目的就难以达到，即使一度脱贫，也可能会再度返贫。一方面要为贫困户创造条件，发展乡村产业，提供就业岗位，提升劳动技能，让贫困户能脱贫；另一方面更要为贫困户营造主动脱贫的乡风氛围，通过典型树立、乡风引领、利益引导等方式，让贫困户想脱贫。要借助榜样的力量鞭策更多的贫困人口增长勤劳致富的志气。同时，合理利用负向激励手段，敦促欠缺脱贫主动性的人口尽快摆脱懒汉思维。借助农村社会同时是一个"人情网络"和"面子社会"的特征，重点瞄准具有劳动能力但"等、靠、要"思想严重的人群，设立"久扶不富"榜并在村社公布，通过反面典型提供精神教育。

（二）扶贫必扶智

让贫困地区的孩子们接受良好教育，是精准扶贫的重要任务，也是阻断贫困代际传递的重要途径。通过扶智，能够让贫困人口更加具备分析致贫原因、进而寻求脱贫路径的能力。大量针对国内贫困问题的研究表明，在贫困地区的农村家庭中，如果户主具有高中以上学历，则这样的家庭陷入贫困的风险会极低，并且这些家庭的子女接受高等教育的概率会显著高于其他家庭。因此，保证贫困家庭子女接受良好教育，是拔掉穷根，实现长期脱贫，迈向小康的根本途径。发展教育扶贫，一方面要解决贫困户家庭上学的资金成本和时间成本问题，另一方面还要完善乡村基础教育体系，提高乡村教育质量，优化乡村教育环境。

（三）扶贫需扶治

只有基层社会治理能力得到提高，老百姓的满意感、获得感才能增强。提高基层社会治理能力，一是要加强基层党组织建设。以提升组织力为重点，加强基层党组织带头人队伍建设，发挥"第一书记"和驻村工作队的带头作用。二是要发挥社会主义核心价值观的引领作用。重点要建立同社会主义核心价值观一致的扶贫信用体系，发挥教育引导和实践养成作用。三是要发挥村集体经济的凝聚作用。加强农村集体经济组织体制，引导资源流向农村集体经济，保障贫困户在集体经济中的权益。四是要引入社会治理模式。引入公益组织、慈善组织等社会力量参与扶贫，形成多方参与的多元化社会扶贫。

"要我富"并不难，关键是让贫困群众树立"我要富"的信心和决心；成功脱贫摘帽是眼前的，巩固脱贫成果让人民群众不返贫才是长远的；这一代的贫困是过去式，下一代的美好明天才是我们的未来式。湖北省远安县通过扭住精神脱贫这个关键，着力拔除贫困群众思想和能力上的穷根，走出了脱贫攻坚路上坚实的一步。

编写执笔：陈鹏宇、沙晔

案例38　陈其龙：从贫困户到致富带头人

——依靠内生动力演绎脱贫致富故事的启示

　　习近平总书记多次强调，贫困群众既是脱贫攻坚的对象，更是脱贫致富的主体。他曾指出："脱贫致富贵在立志，只要有志气、有信心，就没有迈不过去的坎。""脱贫致富终究要靠贫困群众用自己的辛勤劳动来实现。没有比人更高的山，没有比脚更长的路。"中共中央《关于打赢脱贫攻坚战三年行动的指导意见》明确提出，要"开展扶贫扶志行动，树立脱贫光荣导向，提高贫困群众自我发展能力"。贫困户的内生动力是其脱贫致富的主要动力来源，没有贫困户自身的脱贫意愿和脱贫能力，扶贫工作就像无源之水、无本之木。

　　陈其龙，一个从贫困户依靠自身努力变为致富带头人的典型，他是贵州省遵义市赤水市官渡镇龙宝村的一名普通群众，也是2014年建档立卡的贫困户。为改善自己的经济状况，陈其龙利用当地山多地少的实际情况，发展养殖赤水乌骨鸡，不仅自己成功脱贫，而且带领当地群众一起养殖乌骨鸡，成为当地脱贫致富的领头人。2018年，陈其龙入围贵州2018年全国脱贫攻坚奖，被贵州省推荐为全国脱贫攻坚奋进奖候选人。

一　背　景

　　龙宝村位于贵州省遵义市赤水市官渡镇集镇北面，占地2.9平方公里，全村共4个自然组。该村属城镇规划区范围，多高地，主要经济来源依靠传统种养殖业，是典型的传统农业村，主要产业包括粮食、畜禽、竹、木。当地集体经济薄弱，缺乏支柱产业，村民收入较低，致富渠道较少。

　　2001年，由于家境贫穷，16岁的陈其龙被迫放弃中考，选择了外出务工。

因为读书少、年纪小，在外打工期间，陈其龙没少吃苦受罪，但凭着一股勤劳肯干的劲，他也曾干得风生水起、略有所成。2011年成家后的陈其龙思忖：在外打工不是长久之计，父母年纪大了，妻子也有了身孕，为了方便照顾家人，他做出了回乡创业的决定。

2012年，经过实地考察后，陈其龙选择了发展林下乌骨鸡产业，正式踏上了他的创业之路。他曾说道："赤水的乌骨鸡在外名气挺大的，而且现在的人都喜欢原生态的东西，我们老家生态好，林下养鸡，绝对是一门好生意。"

然而现实往往是残酷的。陈其龙首批喂养了100多羽乌骨鸡，在他的精心照顾下，好不容易要出栏了，却遇上了禽流感风波，销路受阻，几乎血本无归。

第一批失败了，他没有放弃，继续第二批，然而又失败了……接着第三批……一批批下来，由于没有技术，完全靠自己摸索着干，陈其龙的乌骨鸡出栏率始终不高。随着时间的推移，养鸡失败导致他打工所挣的积蓄全部贴了进去，而且还欠下了不少的外债。屋漏偏逢连夜雨，孩子嗷嗷待哺、父母年老多病，这让陈其龙一家深陷贫困，成为建档立卡的贫困户。

二　做　法

（一）党政干部结对帮扶

贵州省遵义赤水市官渡镇群众多年来一直在散养土鸡，但由于缺少技术、不成规模，基本都是单打独斗，加上土鸡养殖周期长、主要依赖零星销售等原因，土鸡养殖业一直都没有发展起来，最多的时候就喂了200羽，全年人均可支配收入只有2000余元。

陈其龙立足实际，审时度势，紧紧围绕市农牧局大力扶持养殖赤水乌骨鸡这一难得的发展机遇，在许多村民还在等待观望之际，他主动请缨，要求发展乌骨鸡养殖产业，充满干劲的他梦想把龙宝村林下养鸡发展成为赤水乃至遵义市林下养鸡第一村。2014年，脱贫攻坚战役打响，陈其龙成了赤水市委副书记、市长谭海的帮扶对象。在谭海市长的帮扶下，陈其龙争取到"特惠贷"和农信社的资金，得到了龙头企业的技术帮扶和销售保障，有了资金，有了技术，有了销路，陈其龙的脱贫致富、创业发展的信心更足了，干劲更大了。

（二）"公司＋农户"的产业运作模式

通过谭海的结对帮扶，陈其龙在市扶贫办、农牧局和当地党委政府的帮助下，经过深入调查走访、科学分析，与贵州奇恳农业开发有限公司联系，确定了"公司＋农户"的产业运作模式。奇肯农业开发有限公司与陈其龙签订购销合同，为他提供技术服务，同时提供鸡苗、饲料、药品及成鸡回收，让他不担心产品销售，并通过"特惠贷"、政府补贴资金等形式，为陈其龙修建标准化养殖场，帮助他发展好乌骨鸡养殖产业。

（三）发展农业合作社

陈其龙养鸡的收入稳定增加，一年下来就脱贫摘帽了。懂了技术和管理，他还带动村里其他农户养殖乌骨鸡，有了乌骨鸡这个主导产业，村民们的收入也稳定增加。2016 年，村里的贫困发生率降到 1.72%，从贫困村出列。陈其龙被村民们推选为村副主任。一上任，陈其龙就谋划着要把合作社办起来，更好地对接市场。目前，龙宝村已经有超过 80 户准备加入合作社，陈其龙这个曾经的贫困户，如今的村副主任，现在又迎来一个新的身份——合作社社长，正带领村民一起接受市场的考验、让钱袋子不断鼓起来。

三　成　效

（一）陈其龙一举脱贫致富

2015 年，陈其龙销售林下散养乌骨鸡 1000 多羽，实现收入近 2 万元，顺利脱贫。当年底，他还建起了规模 1000 多平方米的乌骨鸡养殖场，进行规范化养殖。2016 年，养殖场年出栏 15000 羽，年净利润达 7 万元左右。

（二）产生示范效应

在自己养鸡规模不断扩大的同时，陈其龙不忘记自己发展养殖的初心，时刻把"一家富，不算富；大家富，才真富"的理想信念挂在心上。当地村民看到陈其龙发展乌骨鸡养殖取得成功，村民们个个都跃跃欲试。榜样的力量是强大的，许多村民参与到了乌骨鸡养殖的队伍中来。截至目前，在陈其龙的带领下，该村已有5户群众发展乌骨鸡规模养殖，并都到陈其龙的养殖场学习经验与技术。村民赵彬就是其中之一，现在赵彬的养殖场已初见规模，已出栏1000多羽，实现纯利润2万元。陈其龙实现了从贫困户到致富带头人的华丽转变。

（三）当选为村官

2016年年底，龙宝村进行村委会换届。因踏实肯干，带领村民走上致富路，陈其龙得到了村民的高度认可，最终以82%的高票当选龙宝村村委会副主任，他的身份又一次转变了。担任副主任后，陈其龙的大多数时间，都被村里的工作所占用，自己所坚持的养鸡事业也无暇兼顾。他把养殖场的事交给了家人，一心扑在工作上。在其位、谋其政，通过养殖致富的陈其龙深深明白，要让更多的村民脱贫致富，就必须加快产业发展，而林下乌骨鸡养殖就是非常适合当地致富的产业。

（四）筹划建立自己的产业链条

脱贫之后的陈其龙认为，与养殖场相比，林下养殖投入小、收益更好，普及面更广，也能够更好地帮助群众脱贫致富。于是他计划通过村级集体经济，在村里建立一家能够自养、自供、自销的企业，以"大户＋产业扶贫户＋村民"的模式，创建自己的品牌，统一技术、管理和销售，最终实现区域性经济发展，带动全村群众脱贫致富奔小康。

陈其龙的计划已经得到村"两委"的大力支持，并形成了计划书，正在积极向上级有关部门争取项目支持，相信很快将在龙宝村落地。

四　思考与启示

仅仅用了3年时间，龙宝村村民陈其龙不等不靠，自强不息，从一名建档立卡贫困户，成为一名致富带头人，再到高票当选村委会副主任，实现了两次华丽转变，演绎出脱贫攻坚中的一个"精彩"故事。

在了解了陈其龙及其脱贫致富的故事之后，我们不禁思考：陈其龙为什么能依靠自己的内生动力迅速脱贫致富？是什么激发了他脱贫致富的内生动力？

陈其龙之所以能够迅速依靠内生动力脱贫致富，首先在于他有"意愿"，一直在为摆脱贫困而不断努力。陈其龙打过工，有一定的文化，见过一定的世面，回乡创业是为了解决家庭困难的问题。然而返乡创业失败欠下外债，加上父母年老多病和自己结婚生子，让其一家深陷贫困，但陈其龙心里摆脱困境的愿望一直没有放弃过。其次在于他有一定"能力"，不仅年富力强而且拥有一定文化知识，为他的创业打下了基础。他具备一定的发展眼光，根据本地资源禀赋、产业基础，及其家庭实际和发展意愿，综合考虑项目技术要求和经济效益，因地制宜发展乌鸡养殖项目，找到了通过项目实现发展脱贫的路子，在较快的时间里实现了脱贫。最后在于陈其龙拥有许多外力的"帮扶"，无论是扶贫政策的支持，或者是扶贫联系人谭海在资金、技术、销路方面的扶助，还是贵州奇垦公司提供技术服务和鸡苗、饲料、药品，并回收商品鸡，都为他最后创业成功提供了前提条件。同时，村里抓党建工作取得有效性，治理环境不断好转也是陈其龙创业成功的重要外在因素。如果说前两点是陈其龙本身的内生动力，那么最后一点则是进一步激发了陈其龙的内生动力。

陈其龙成功摆脱贫困并带领村民致富的故事，体现了内生动力在脱贫致富过程中的重要性，他之所以能够脱贫致富不仅有他自己的努力，也因为有外在的帮助。通过他的故事，我们明白了内生动力不仅仅是个人思想问题，同时也是与扶贫工作方式、方法相关的问题。从陈其龙的故事中，我们至少得到以下启示：

第一，个人意愿与自身能力是产生脱贫致富内生动力不可或缺的两个方面。对于许多贫困户而言，除去部分因病、因残、因伤或者因学致贫之外，多数是因为思想上的"等、靠、要"或者行动上的"懒作为"而导致的。有一些贫困户是有一定劳动能力和知识经验的，但是缺少自食其力、踏实肯干的精神，从而长期陷于贫困生活之中；而另有一些贫困户脱贫的意愿很强烈，也愿意依靠自身努力来脱贫，但苦于致富无门路或者个人能力受限导致脱贫无望。因此，这对我们扶贫工作的启示在于，对不同的贫困群体应该首先有基本的预判，采取不同的工作方式。针对缺乏脱贫意愿而贫困的人群，通过做思想工作、鼓励加激励的办法激发他们的个人自尊感和上进心；针对有脱贫意愿而缺乏相应知识能力的贫困人群，通过开展技术指导、提供资讯等方式帮助他们提能增效，发挥潜力。

第二，外力帮扶是进一步激发贫困户脱贫致富内生动力的重要条件。从陈其龙的成功案例我们可以看出，陈其龙能够成功脱贫致富的很大一部分因素在于市长谭海的帮扶。如果没有谭海及其他政府部门为他联系的奇垦公司提供的帮助，包括提供的鸡苗、饲料、药品、技术指导和成鸡回收，陈其龙可能还会陷入养鸡失败的"魔咒"中无法逃脱，正是有了外力的帮助，加上陈其龙自身的努力，让他逐渐走上了成功的正轨。贫困户脱贫的内生动力的激发需要外力，外力的帮助不仅为贫困户的脱贫创造了条件，而且也进一步激发了贫困户努力、上进的动力。因此，这启示我们，在扶贫工作中，我们主要的工作依旧是为贫困户做些实实在在、扎扎实实的工作，例如协助他们链接资源、帮助他们寻找市场、提供给他们必要的技术知识、发展资金和相关信息等。

第三，发展合适的产业是保证贫困户脱贫致富内生动力持续可行的重要基础。对于贫困户而言，只要找到合适的产业项目就相当于找到了脱贫致富的"尚方宝剑"。如果没有林下乌骨鸡这一产业，陈其龙就是有再多脱贫意愿和能力素质也如"空中楼阁"，缺少承接的载体。尽管陈其龙一开始养鸡失败，但在后来的科学知识和龙头企业的帮助下，他逐渐找到了致富门路，并努力将这一产业做成产业链，不断发展壮大。由此可见，发展因地制宜的产业、选择科学合理的办法是贫困户脱贫致富的重要基础。对于扶贫工作者而言，就是要在了解贫困户意愿的基础之上，帮助贫困户制定适合自身和当地实际的产业计划，在发展过程中帮助贫困户解决各种实际困难，从而才能真正助力贫困户的脱贫成效。

编写执笔：李云清、黄永波、陈金国、邓洪洁

案例 39　科技引领产业脱贫　扶智带动穷乡摘帽

——湖北省郧西县长岗岭村科技扶贫探索

2015 年，长岗岭村被认定为湖北省重点扶贫村。同年 9 月，湖北省科技厅对口帮扶长岗岭村，运用科技手段推动其产业发展，运用科技增强贫困人口脱贫能力。至 2017 年年底，短短 2 年多时间，长岗岭村实现了整体脱贫，所有建档立卡贫困人口均已脱贫摘帽。长岗岭村科技扶贫的显著成效为贫困人口的扶贫扶智提供了有益的经验和启示。

一　背　景

长岗岭村位于湖北省十堰市郧西县安家乡北部，总面积 9.8 平方公里，现有耕地面积 1140 亩（其中水田 150 亩），林地面积 18000 多亩，属北亚热带大陆季风性湿润气候。2015 年，全村有 6 个村小组，共 229 户 829 人。其中，建档立卡贫困户 126 户，占村家庭总数的 55%；贫困人口 327 人，占村人口总数的 39%。

长岗岭村是一个典型的偏僻高山村，交通不便，缺地少水，土地面积不足以维持家庭的正常生活，发展空间极为有限，"九山、半坡、半分田，一亩地，八分旱"是其真实写照。同时，长岗岭村的农业生产基本上为传统耕作，没有效益高的品种和先进的种养殖技术，农业科技含量较低。此外，长岗岭村人才"空心化"现象严重，懂技术、善经营的青壮年劳动力缺乏，这在贫困户那里尤为明显。

二　做　法

湖北省科技厅对口帮扶长岗岭村后，以"突出科技支撑，发展富民产业"为主线，推广"1+X"的产业发展模式，支持长岗岭村发展食用菌主导产业，同时发展蚕桑、马头山羊等特色产业，通过科技创新带动产业发展，通过宣传、传授科技提高贫困户自我发展能力。

（一）大力发展食用菌主产业

1.选准支柱产业。长岗岭村有一定的种养殖产业基础。村里主要种植核桃、板栗；养殖以马头山羊、生猪为主，还有传统桑蚕业及桑树500亩。为选准主导产业，省科技厅组织华中农业大学、省农科院、十堰市农科院、武汉市农科院等高校、科研院所专家，赴长岗岭村进行实地考察，对已有的桑蚕、生猪、核桃、马头羊等产业"问诊把脉"，分析存在的问题与发展瓶颈。养猪、养牛、养羊投入太大，风险高，收益不稳定；传统桑蚕业涉及打桑叶、喂食、除沙多个工序，劳动强度大，机械化投入太高，效益比较低；种植业又需要大量优良的土地。因此，这些产业都不宜作为精准扶贫的主导产业，需另选特色产业。

新的特色产业既要依托本地资源禀赋，又要有发展远景，长岗岭村的数百亩桑树提供了新思路。村里养蚕剩下的废弃桑树枝粉碎后可做成菌袋，利用桑枝菌袋栽培出的食用菌不但色泽美、产量高，而且品质优、口感好，养完菌之后的桑枝末还可以作为燃料。据估算，一袋菌袋大概可以长出5斤食用菌，按市场价8元一斤估算，每袋利润大约在30元，按贫困户一年种植2000袋估算，每个贫困户一年增收在6万元左右。可见，整个食用菌种植不仅资金投入低，人工消耗少，而且产业周期短、销路畅、经济收益高，还可实现废弃物循环利用，经济和生态效益均十分显著。难得的是，长岗岭村历史上从未人工培育过食用菌，病虫、杂菌基数少，有利于生产高品质、无公害产品。同时，长岗岭村植被丰富，空气清新、水源甘澈，附近无各类企业、畜牧养殖加工厂、垃圾场、污水处理等污染源。基于上述条件，经过湖北省农科院等高校、科研院所专家的多方调研和现场验证，长岗岭村明确了食用菌产业为主导产业。在省科技厅的帮扶下，长岗岭村开启了食用菌标准生产线的建设，前期投入150万元扶贫资金搭建了食用菌养殖所需的大棚及其加工所需设备。2016年9月初建成了近2000平方米的食用菌种植基地，随后还建立了菌棒加工厂。

2. 构建带动减贫机制。发展食用菌产业，首要任务是带动贫困户脱贫。为保证食用菌产业带动减贫，长岗岭村成立了"郧西县天珍桑蚕菌合作社"，采取"合作社+贫困户"的扶贫方式。省科技厅指导合作社的决策和日常运作，并把握发展方向，确保合作社的公益性。为实现带动扶贫效应最大化，食用菌合作社采取入股的方式进行。省科技厅帮扶资金以股权形式投入，扶贫结束后股权由村集体共享。扶贫资金形成的资产交由合作社统一经营，资产收益权全部归村集体和贫困户所有，保证村集体和贫困户特别是部分无劳动能力贫困户都能享受发展红利。同时，合作社积极调动有市场眼光、有管理能力的种植大户和能人参股，但该部分的参股比例不超过30%。

为提高贫困户种植热情，降低种植成本，长岗岭村采取了用废弃桑枝免费换取食用菌袋料的办法，贫困户可以用每100斤桑枝换取15个食用菌袋料。长岗岭村的食用菌种植采取集中制袋和分散种植的方式。村集体建设菌包厂和示范大棚，统一进行管理和销售。在食用菌生产中对设备、技术要求高，劳动强度高的环节由村集体统一实施，降低贫困户风险。贫困户也可认领村集体的食用菌种植大棚，在划定区域进行种植，只需负责简单的管理、看护和采摘，仅2016年就有20多户贫困户认领。同时，贫困户也可进行分散种植，主要在自家房前屋后建设小规模的食用菌大棚，省科技厅补贴50%。此外，贫困户还可以到村集体的示范大棚里务工，每天可获得80元左右的工资。在食用菌销售上，长岗岭村与龙头企业合作进行兜底收购，确保贫困户种植收益。

这样，长岗岭村的贫困户不仅可以种植食用菌获得收益，有的还可以获得务工收入，同时还可以获得合作社的分红，食用菌产业的扶贫减贫效果得到了保证。

（二）统筹运用科技力量

针对农业科技含量低的现状，长岗岭村充分运用科技优势，整合科技资源积极为村里产业发展服务，在保障产业平稳健康发展的同时做大做强产业。

1. 扩大菌种，优化生产，强化菌菇产业发展。为了更好地发展食用菌产业，长岗岭村优化了桑蚕菌香菇生产配方，推广了菌渣生产有机肥技术，进一步提升食用菌产业的技术水平、管理水平和综合效益。同时，根据市场需求，长岗岭村在原有食用菌种植规模的基础上，试种桑黄菌，新增羊肚菌种植。此外，为解决作为食用菌袋原料的桑枝产量无法满足菌菇产量的问题，长岗岭村大力推广种植巨菌草，并加强鲜草饲养、青贮、种苗繁育以及食用菌袋料替代等技术的应用和推广。这既保证食用菌菌袋的供应，又扩大村民增收渠道。

2. 改良品种，改进技术，激发传统产业活力。长岗岭村通过引进新技术、新手段，不断优化传统产业，适度发展畜禽养殖、药材种植等多种互补产业。一是改良桑树品种，持续做好桑蚕产业。在已有桑蚕养殖基础上，适当扩大桑蚕基地规模，推进果桑等新品种引进和种养技术应用推广，增加桑蚕产量，提高桑蚕品质，实现年养蚕200张以上。二是持续支持核桃产业健康发展。切实加强对核桃品种改良、种植密度、修剪整枝、水肥管理、病虫防治以及市场服务等多环节的科技服务。三是提升中药材种植技术水平。引进林下种植、套种等中草药种植技术，支持农户发展苍术、白芨等药材。

3. 加强科研，开展试验，探索新产业发展。为了进一步强化以食用产业为主导、多种产业协同发展的产业格局，长岗岭村积极开展科研项目，如"桑蚕菌香菇生产配方优化及菌渣生产有机肥技术应用与示范""种养殖示范基地建设与科技推广""秦巴山区农业科技示范基地建设"等项目。依托这些项目，长岗岭村积极探索发展其他配套特色产业，延伸产业链，丰富产业结构。一是开展五味子产业发展试验。为储备新产业，长岗岭村邀请农技专家对该村发展五味子产业进行可行性论证和产业发展规划，并与郧西县湖北口乡五味子产业合作社共同建设五味子苗圃基地。2018年，先期试种五味子20亩，套种香椿，间播土豆、芋头等经济作物。二是开展小龙虾、黄鳝、泥鳅、红草等水产养殖，以及草莓、水萝卜、高山蔬菜等大棚蔬菜种植试验，实现产业多元化发展。

4.加强合作，强化技术指导，保障智力支持。长岗岭村充分利用湖北省科技资源优势，汇聚人才和智力支持。一是开展产学研合作。长岗岭村与省农科院、十堰市农科院签订产学研合作协议，长岗岭村提供学习、研究实地，农科院则定期到村里开展技术培训，提供技术支持。二是加强技术指导。长岗岭村先后组织村干部"三上房县""四下随州"，学习种植技术。同时，通过"三区人才""科技特派员"等途径，长岗岭村选聘专家与技术人员开展科学技术指导，一方面传授种养殖技术，如为贫困户讲解食用菌种植的要点等；另一方面为不断引种、试种新品种把关号脉，助力解决种养殖过程中的技术难题，邀请中国农科院郑州果树研究所、湖北省林科院专家来指导科学种植核桃等。

（三）科学制定长远规划

在实现整村脱贫的基础上，为巩固脱贫成效防止返贫，并与乡村振兴相衔接实现可持续发展，长岗岭村组织科技专家制定了"智美长岗岭"建设规划，并编制了长岗岭村山区特色产业发展实施方案。规划提出了以食用菌产业为主、桑蚕产业为辅，同时发展马头羊、土鸡、林下经济等特色产业的"多维并行"发展模式。同时，长岗岭村还提出了"以三个基地建设为引领，打造智美长岗岭"的奋斗目标。一是建好红色科创精准扶贫基地，通过组织开展红色科创活动，建好党建主阵地，培养、引进一批懂管理、懂技术的乡土人才；二是建好生态种养型农业科技示范基地，以桑蚕菌产业为主，休闲观光农业为辅；三是建好农业科普教育基地，打造桑蚕菌知识为主的科普长廊，普及桑蚕菌知识及其他农业产业知识。

三　成　效

长岗岭村依托自身优势资源，借助科技发展了以食用菌为主导的特色产业及相关配套产业，不仅改善了村容村貌，实现了整村脱贫，还取得了良好的经济效益和社会效益。

（一）基础设施明显改善，公共服务有效提升

为改变部分贫困户居住距离远、居住环境差的状况，长岗岭村建立了集中安置住宅小区，安置贫困户及五保户 32 户 54 人。长岗岭村不仅实现了乡村公路户户通、安全饮水户户通和光电网络全覆盖；还有了村服务中心和配套设施较完善的村卫生室；完成村幼儿园建设并正式开园，并实现入托儿童学费和生活费"双免除"。此外，村集体还搭建了电商平台，筹建了 1 个信息化服务站点和 1500 平方米的群众文化广场。

（二）主导产业持续壮大，产业格局逐步成型

自省科技厅帮扶以来，长岗岭村的支柱产业食用菌持续发展壮大。2016 年，长岗岭村建成一条年产 20 万袋的食用菌生产线和 6 万袋规模的标准化示范大棚，首批入社贫困户 76 户，食用菌销售收入 40 万元，利润近 30 万元；2017年建成一条年产 100 万袋菌袋的生产线，建成高标准食用菌种植大棚 1 万平方米，食用菌项目效益达 100 多万元，其中为村集体增加收入 22 万元；2018 年，在 2017 年产业发展规模基础上，发动更多农户参与食用菌种植，为村集体增加收入 20 多万元。在食用菌产业提质增效的同时，长岗岭村还试种桑黄菌、羊肚菌等高效精品；新引进种植高山有机蔬菜合作社 1 家，鸡苗企业 1 家，配套发展的养鱼、养虾、桑蚕、观光蔬菜等种养殖项目也蓬勃发展起来。由此，长岗岭村以食用菌养殖为主导的多元产业发展格局基本成型。

（三）村收入大幅增长，脱贫成效显著

在桑蚕食用菌主产业的带动下，长岗岭村有 149 户 681 人参与食用菌合作社，其中贫困户 86 户 232 人，并实现了入社的 86 户贫困户当年脱贫。至 2017年年底，长岗岭村所有建档立卡贫困人口均已出列，提前一年实现了整体脱贫。截至 2018 年，贫困户人均纯收入 6000 元左右；全村人均纯收入约 6500 元，比 2014 年的 4285 元多了 2215 元，增长了 52%；村集体收入约 30 万元，比2014 年的 15 万元翻了一番。

四　思考与启示

从 2015 年 9 月到 2017 年年底，短短两年多的时间，长岗岭村不仅实现了整村脱贫，还实现了以食用菌产业为主导的多元发展，彻底摆脱贫困面貌。长岗岭村之所以取得如此显著的成绩，主要得益于以下几点：

（一）因地制宜，选准产业是前提

发展农林产业是农村脱贫的根本措施，特别是防止返贫、实现乡村振兴更需要稳定、可持续的产业。长岗岭村的产业选择并不是随意的，而是将专家评估和科学研判结合起来，在全面分析已有产业的问题和发展前景的基础上，全盘考虑本村的地理气候、资源优势及长远发展，科学选准食用菌产业为主导产业，并取得了良好的经济效益和生态效益。同时，随着食用菌产业的发展及市场的需求，在激发传统产业活力的同时，长岗岭村又有计划有针对性地引进新品种和新产业，形成"多维并行"的相互配套的产业格局。长岗岭村产业的科学选定为脱贫摘帽奠定了坚实的基础。

（二）狠抓技术，智力帮扶是关键

长岗岭村的产业多是种植、养殖产业。这些产业的成功与否很大程度上取决于种养殖技术。因此，为了实现产业的成功和持续发展，长岗岭村决定扶贫先扶智。为此，长岗岭村既"走出去"，外派干部到外地学习种养殖技术；又"请进来"，与科研院所合作，邀请农技专家到村专业传授种养殖技术、生产工艺和管理技术。这些智力帮扶不仅让贫困户掌握了种养殖的关键技术，富了脑袋，可以自己单独进行种养殖；而且极大地给予了他们脱贫致富的信心，使得从最开始对食用菌产业的疑惑到最后纷纷加入，并积极开拓新产业，从而大大增强了扶贫产业的带贫减贫效果。

（三）整合资源，科教支撑是保障

产业发展离不开科技支持。湖北省作为科教大省，有众多的科研院所和大量的科研人员，这是科技扶贫取之不尽用之不竭的优势资源。长岗岭村在精准扶贫过程中，充分调动各种科技资源，做到脱贫前的科学分析，脱贫中的技术支持与脱贫后的长远规划。通过"产学研合作"实现山村土地与实验室的结合；通过技术咨询实现贫困户和专家学者的连接；通过技术培训实现科学知识与贫困群众大脑的融合，真正做到了用科技为产业脱贫保驾护航。

"授人以鱼不如授人以渔"。长岗岭村的成功脱贫告诉我们，脱贫路上科技应成为扶贫工作的重要手段和方式，要用科技为扶贫产业寻路把关，实现"造血式扶贫"。同时，扶贫要先扶智。要让贫困户真正掌握一技之长，增强自我发展能力，提高脱贫动力和信心，实现自主脱贫。

编写执笔：邓小燕、赵鋆冲

第七篇　巩固脱贫攻坚成果

　　产业扶贫是稳定脱贫的根本之策，但现在大部分地区产业扶贫措施比较重视短平快，考虑长期效益、稳定增收不够，很难做到长期有效。如何巩固脱贫成效，实现脱贫效果的可持续性，是打好脱贫攻坚战必须正视和解决好的重要问题。

——习近平在打好精准脱贫攻坚战座谈会上的讲话

（2018 年 2 月 12 日）

案例 40　巩固脱贫攻坚成果　落实乡村振兴战略

——湖北省长阳县救师口村巩固脱贫成果的探索

摘掉贫困帽子的"脱贫出列村"该怎么巩固脱贫攻坚成果？下一步的工作怎么推进？2017 年 3 月 8 日习近平总书记在参加十二届全国人大五次会议四川代表团审议时的讲话明确指出："防止返贫和继续攻坚同样重要，已经摘帽的贫困县、贫困村、贫困户，要继续巩固，增强'造血'功能，建立健全稳定脱贫长效机制，坚决制止扶贫工作中的形式主义。"在 2018 年 9 月 21 日中共中央政治局就实施乡村振兴战略进行第八次集体学习时，习总书记再次强调："实施乡村振兴战略要立足村庄实际，在打好精准脱贫攻坚战的基础上，注重贫困人口的长远发展、脱贫攻坚效果的持续巩固。"

一　背　景

宜昌市长阳县磨市镇救师口村位于磨市镇域中心地带，距长阳县城 30 公里，是长阳县重点贫困村、磨市镇精准脱贫试点村。该村村域面积 5.72 平方公里，其中耕地 1134.18 亩、林地面积 5838 亩，森林覆盖率 68%，全村现有农业人口 479 户，共 1662 人。2015 年宜昌市建档立卡贫困户的标准是人均年收入低于 3500 元，按照这个标准，救师口村 2015 年仍有建档立卡贫困户 147 户 463 人（其中扶贫户 92 户、低保户 53 户、五保户 2 户）。自 2015 年开展精准扶贫以来，在各级党委政府领导下，在对口帮扶单位湖北省直机关工委大力帮扶下，经全村党员群众共同努力，2016 年年底，救师口村通过省市县三级验收，整村脱贫出列。

二 做 法

2016 年年底，救师口村作为一个建制村整村脱贫出列之后，该村仍有未脱贫户 18 户共 30 人；同时还有一大批已经脱贫的农户年均收入仅略高于贫困线，脱贫质量不高，脱贫基础偏弱。为继续巩固脱贫成果，提高脱贫质量，落实党中央提出的新时代乡村振兴战略，全面建成小康社会，救师口村做了如下几个方面的工作：

（一）加强基层组织建设为巩固脱贫成果提供政治保障

村党支部一直坚持把思想理论建设摆在首位，在全村党员中开展"两学一做"学习教育，邀请省直机关工委驻村工作队给全村党员讲党章、上党课，引导广大党员进一步树立"四个意识"。突出以党支部为重点的村"两委"班子建设，坚持做到"三严三实"，为全村村民做表率。

村党支部在加强组织建设上积极作为。救师口村党支部原有党员 93 人，40 岁以下 17 人，40 至 60 岁 40 人，60 岁以上 35 人；党员中高中及以上文化程度的不到五分之一。村"两委"班子成员原有 5 人，平均年龄近 50 岁，高中及以上文化程度 2 人。党员干部普遍存在年龄偏大，学历偏低的情况。为优化组织结构、壮大基层组织，2018 年 11 月换届选举，年富力强的中青年干部向贤丰同志被选举为村党支部书记、村委会主任，同时又吸纳了 2 名年龄在 40 岁以下的年轻党员进入村"两委"班子。2017 年度至今，通过村级后备队伍建设、乡土人才队伍建设共发展预备党员 1 名，转正共产党员 1 名，培养入党积极分子 2 名。

村党支部特别重视党内日常学习教育，每月按时召开支部主题党日活动，及时传达学习上级相关会议精神及党的方针政策。集中学习《中国共产党章程》《中国共产党廉洁自律准则》和《中国共产党纪律处分条例》，定期召开领导班子会议和组织生活会，定期和班子成员进行约谈，广集各方意见，按时公开村党务财务。

村党支部还着力培养了一支热心的党员代表队伍。充分发挥党员中心户、党员示范户、村民代表和离任村干部作用，扎实开展无职党员"设岗创星"活动和流动党员管理及"回归工程"，通过他们的引领带动、宣传劝导，有效激发广大村民勤劳致富的内生动力。

村党支部还积极探索建立"功能组织＋党支部"党建新模式，正在积极筹备以产业合作社、公益事业协会等农村新兴经济组织、社会组织为支点，打破纯地域设置模式，发挥党支部抓经济社会发展的"战斗堡垒"作用。

（二）用足政策，多方筹措资金，完善基础设施

2017年以来，省直机关工委联系湖北省城市规划设计研究院为救师口村扶贫立项做了价值60万元的整套乡村规划，工委联系省驻京办捐赠15万元用于救师口村道路扩建，县文体局拨付财政专款10万元完善了村文化广场，县水利水电局拨付资金20万元在马磨河新建三座拦沙坝。

在公路建设方面，通过对上争取资金支持和项目统筹整合，尤其是财政农发项目的实施，全村完成了5公里公路硬化和4公里断头路建设。

在饮水安全方面，全村新建100立方米大蓄水池1个，小蓄水池24个，新铺设供水管道8000米，购置小型消毒设备200台，实现全村农户安全饮水全覆盖。

在农田整治方面，2017年6月启动投资600万元的农业综合开发项目，对救师口村二组400亩农田进行连片整治，对4.5公里小营头山洪沟进行治理，沿小营头河边新增2200米栏杆，村级公路沿线增加80盏太阳能路灯，将小营头剩余连片土地集中整治，打通杨家坳至多宝寺村道路，为以后发展乡村旅游、观光农业奠定基础。

（三）种植业、养殖业、劳务公司、光伏发电多渠道多途径发展产业

1.继续以"以奖代补"的方式，鼓励贫困户发展种植业养殖业。具体为：针对20个品类的多年生林果业按照每亩100—750元不等的标准，进行奖励性补贴；针对5个品类的一年生种植业按照每亩300—1000元不等的标准，进行奖励

性补贴；针对8个品类的畜牧养殖业按照每只（头）10—1500元不等的标准，进行奖励性补贴；同时，原建档立卡的贫困户从事种植业、养殖业每户奖补累计总额不超过4000元。发展二、三产业按照5000—10000元不等的标准进行奖励性补贴。

2. 以贴息贷款的形式为贫困户提供产业发展资金。长阳县出台了金融扶贫的优惠政策：原建档立卡贫困户可以免抵押免担保向银行申请免息贷款4000元至20万元不等，由村委会和驻村工作队协助审核其信用资质、还贷能力等，同时县扶贫办按照贫困户借贷资金总规模的10%向银行系统交纳风险保证金作为担保。

3. 以基础设施建设等投入折算入股，通过村企联营、按比例分红的形式，增加集体经济收入。2016年年底救师口村整村脱贫出列以后，省直机关工委作为对口帮扶单位为救师口村多方奔走争取到多个帮扶项目：争取宜昌市烟草专卖局扶贫专项资金，为救师口村精品果园投资100万元；联系湖北省农业厅专项资金，为救师口村瓜蒌扩建投资30万元；联系财政专项资金，为救师口村草莓大棚建设投资50万元。救师口村对应成立了宜昌欣民实业开发有限公司，以上资金投入作为村集体经济的入股资金，参与到精品果园、瓜蒌、草莓3个合作社中，日后的收益50%用于巩固精准扶贫和乡村振兴，30%用于村集体经济再发展，20%用于村集体经济日常管理开支。

4. 运营劳务公司。2016年5月27日，救师口村依托地处集镇中心的地理位置优势组建了村集体企业——"长阳五友劳务有限公司"以后，在整个镇域范围内陆续承包了一些小型市政基础设施建设、农村公路维修养护、农田水利建设、垃圾收集清运处理、易地搬迁劳务等服务项目，既能吸纳村里农户就近务工，还能增加集体经济收入。

5. 建设光伏发电项目。2017年6月，国家电网对长阳县54个重点贫困村每个村援助价值185万元的光伏发电设备，光伏发电收益30%用于贫困村公益性岗位支出，10%用于贫困户大学生资助，10%用于贫困户大病救助，50%用于贫困村基础设施建设。

（四）关爱"留守"人群，移风易俗，建设和谐新农村

救师口村青壮年劳动力大量外出务工，留守老人、留守妇女、留守儿童现象突出。2016 年年初在省直机关工委指导下村里建立了留守儿童花名册，并由工委 13 名爱心妈妈与村里 13 名留守儿童结对。2016 年至今，这 13 名爱心妈妈和村里 13 名留守儿童之间一直联系不断，每年爱心妈妈都会至少来村里一次看望孩子们，给孩子们买图书买新衣服买书包文具，孩子们也经常给爱心妈妈写信打电话，留守儿童不再孤单。

为弥补偏远农村 0 至 3 岁儿童的教育缺失，工委领导 2016 年帮村里争取了"联合国儿童早期发展社区家庭支持项目"，该项目由联合国关爱儿童基金每年资助 5 万元启动资金，连续资助 3 年，并安排村妇女干部到宜昌接受该项目的免费培训。该项目硬件设施建设 2017 年已竣工开班，深受孩子们喜欢。

2016 年以来，工委老干部处党支部每年自发为救师口村捐款数万元，针对该村 80 岁以上困难老人开展"手牵手"送温暖活动，还为该村考取大学的困难家庭学生资助学费，对该村荣获年度先进的个人进行奖励。这项活动每年集中开展一次，从未间断。救师口村 88 岁高龄的田贵平老人收到送来的新大衣后，见人就说："感谢共产党，感谢政府。党的恩情永不忘。"

2016 年至今，工委主要领导每年都会带领工委机关各支部书记和党员代表到救师口村开展"困难群众走访调研""精准扶贫联系点义务劳动"及"接地气、访民情、受教育、转作风"党日主题教育实践活动，为留守儿童捐赠图书、衣服、助学金等，并为留守老人发放慰问金和各类慰问物品。2016 年工委领导干部向全村困难儿童、留守儿童捐赠爱心毛衣 300 件，向救师口村小学捐赠电脑 10 台。2017 年工委向该村捐赠医疗设备价值 1.5 万元、春节慰问金 3 万元，金秋助学金 3 万元、各类慰问物品价值 2 万元。2018 年 8 月 20 日，工委领导再次委派工委驻村工作队，为该村 30 余名留守儿童及今年考入复旦大学的贫困大学生，捐赠助学金 2.6 万元、图书 90 册、书包 18 个。

针对婚丧嫁娶大操大办的旧风俗，2017 年 7 月 2 日，在村党支部主题党日活动中，村"两委"进一步组织机关党员干部深入学习长阳县政府下发的《文

明操办婚丧喜庆事宜的通知》，通过"村村响"广播将《党员干部公职人员操办婚丧喜庆事宜负面清单》《群众操办婚丧喜庆事宜村规民约指引》面向全村进行广泛深入宣传，修订村规民约，成立红白理事会，移风易俗，不提倡大操大办，深受广大干部群众好评。

"温饱已经基本解决，如何进一步满足人民群众对精神文化日益增长的需求"，为破解这一问题，村"两委"结合本地情况，开展特色文化生活，添置了健身器材，办起了老年活动中心，建起了村图书室，通过工委捐赠，筹集了3万多册图书，村民的业余生活不再仅仅是打牌、闲谈，也可以看书、读报。

三 成 效

通过加强基层组织建设，完善基础设施，多渠道发展产业，以及关爱"留守"人群，移风易俗，建设和谐新农村等多方面举措，救师口村在巩固脱贫成果，实现新时代乡村振兴上，取得了引人瞩目的成效。

（一）产业兴旺，收入稳步增加

2017年、2018年救师口村累计发放免息贷款总计79.6万元，为广大贫困户发展产业提供了启动资金，解了燃眉之急。2016年、2017年、2018年分别向贫困户发放奖补资金200000元、202070元、228935元，极大提高了农民发展产业的积极性。种植业养殖业硕果累累，目前规模发展黄桃园30亩，全村茶叶种植面积达到400亩，瓜蒌120亩，草莓大棚20亩。截至2018年，全村共计230余户养殖土鸡接近8000只、山羊近500只、生猪近1000头，户均年收入达2万余元，人均收入6000余元，覆盖原建档立卡贫困户近100户。

村级劳务服务公司成立后，每年增加村集体收入3万元左右，近两年为村民提供了累计70余人次的就业机会，为村民提供劳动报酬累计约80万元，覆盖贫困户30余户。光伏发电项目2017年为救师口村集体经济增收10万元，2018年增收达到15万元。村集体经济收入由2014年的每年2万元发展到2017年的13万元，2018年度达到20.2万元（其中光伏收入15万元，老村委会租金收入 2.2 万元，劳务公司收入 3 万元）。

（二）社会保障日益完善，村民生活明显改善

2018 年救师口村的城乡居民医疗保险征收 1496 人，收缴率达 90%。建档立卡贫困户住院二次补偿累计 1.7 万元。截至 2018 年 6 月 5 日，磨市镇卫生院已基本完成救师口村家庭医生签约和健康体检工作。留守在村的长辈们纷纷感叹道："现在政策好，不用出门就能看病啦！" 2018 年全村养老保险征收 643 人，参保率达 85%。

民政救助每年累计发放资金近 20 万元，覆盖低保户 23 户 52 人、五保户 5 户 6 人，同时 2017 年、2018 年还临时救助 59 人次。针对原建档立卡贫困户的教育扶贫补助年均达 3.2 万元，公益林年均补偿 6.03 万元，退耕还林年均补偿 5.4 万元。2016 年至今，近三年易地搬迁 25 户 53 人，危房改造 9 户，全村现 97% 的农户住进了砖混房。

（三）社会公共服务日益均等化，村民有了更好的精神生活

截至 2018 年年底，救师口村安全饮水率达到了 100%，电视覆盖率达到 100%，宽带网络覆盖率达到了 90%，公路通组通村民聚居点 100%，公路硬化率 80%。

随着经济状况的好转以及和谐新农村建设的开展，打牌赌博的少了，吵架闹事的少了，跳广场舞、读书看报的多了。每天傍晚在村文化广场，群众学跳广场舞早已蔚然成风，各村还办起了舞蹈队，来村里图书室借书的也络绎不绝。2018 年 5 月 17 日，救师口村委会协同镇文化广播电视服务中心承办了磨市镇第三届广场健身操舞大赛，来自全镇各单位的 13 支参赛队伍、151 人参与比赛，近 3000 名观众前来观看，救师口村健身队获得优秀组织奖。

四　思考与启示

党的十八大以来，党中央集中全党的智慧，相继提出"精准扶贫"战略、

乡村振兴战略，是在广大农村地区坚持以人民为中心的发展思想，解决广大农民群众日益增长的美好生活需要和农村地区发展不平衡不充分矛盾的生动体现，是朝着实现全体人民共同富裕的目标不断迈进的生动体现。从教师口村脱贫奔小康，走上乡村振兴道路的鲜活实践中，我们可以得出如下启示：

（一）扶贫工作要坚持党的领导，强化组织保证

打好脱贫攻坚战，关键在党，关键在人。各级党政干部特别是一把手必须以高度的历史使命感亲力亲为抓脱贫攻坚。贫困县党委和政府对脱贫攻坚负主体责任，一把手是第一责任人，要把主要精力用在脱贫攻坚上。县级以上领导干部要提高思想认识，树立正确政绩观，掌握精准脱贫方法论，培养研究扶贫攻坚问题、解决扶贫攻坚难题的能力。基层干部要重点提高实际能力，要懂扶贫、会帮扶、作风硬。要吸引各类人才参与脱贫攻坚和农村发展。要关心爱护基层一线扶贫干部，激励他们为打好脱贫攻坚战努力工作。

（二）扶贫工作是个系统工程，要统筹考虑，设计一揽子制度体系

中国共产党领导的扶贫脱贫工作，在实践中形成了中国特色脱贫攻坚制度体系。这一体系涉及扶贫、脱贫工作的各个方面，贯穿扶贫、脱贫工作的始终。包括党对脱贫攻坚工作的全面领导，建立各负其责、各司其职的责任体系，精准识别、精准脱贫的工作体系，上下联动、统一协调的政策体系，保障资金、强化人力的投入体系，因地制宜、因村因户因人施策的帮扶体系，广泛参与、合力攻坚的社会动员体系，多渠道全方位的监督体系和最严格的考核评估体系，为脱贫攻坚提供了有力制度保障，为全球减贫事业贡献了中国智慧、中国方案。

（三）扶贫工作要坚持产业导向，培育"造血"功能

扶贫工作，说到底是要帮助贫困户、贫困地区增加收入。在扶贫工作的实践中，既需要"输血"，更需要"造血"，归根到底还是要贫困户、贫困地区自身具备"造血"功能。这就需要因地制宜，积极引导，坚持产业导向，激发贫困地区党员群众内生动力。产业兴，则经济活；经济活，才能人民富。坚持

产业导向，培养其自身的造血功能是贫困地区、贫困户顺利实现脱贫的关键。

（四）扶贫工作要提高经济收入，还要丰富精神生活、社会生活、政治生活

人民群众日益增长的美好生活需要是多方面的，既包括要求增加经济收入，提高物质生活水平，还需要丰富精神生活、社会生活、政治生活等等。摆脱贫困，巩固脱贫成果，提高脱贫质量是个长期的社会实践过程，要善于辩证思维，要学会发展地全面地看问题。巩固脱贫成果，落实乡村振兴战略的长远目标，是要在广大的农村全面建成小康社会，继而领导广大农民群众共同走上富裕之路。

（五）扶贫工作要紧密衔接乡村振兴战略，融合推进

习近平总书记在中央政治局第八次集体学习时强调："打好脱贫攻坚战是实施乡村振兴战略的优先任务。乡村振兴从来不是另起炉灶，而是在脱贫攻坚的基础上推进。"

中国仍然是一个农村人口占大多数的发展中国家，"三农"问题一直是关系国家长治久安的战略性问题。乡村振兴战略和打好精准脱贫攻坚战不能单一进行，必须协调推进；不能孤立地干，而要统筹起来做。扶贫攻坚是实现乡村振兴的底线性、基础性工作；乡村振兴则是顺利实现脱贫以后的长期工作目标。两项工作融合推进，就是要确保农业农村发展少走弯路，不搞重复建设，尽可能减少资源浪费。尤其是在已经顺利脱贫的乡村，要坚持乡村振兴与巩固脱贫成果"两手抓"，不能有偏废、搞取舍，更不能把二者对立起来。

编写执笔：余志强

案例 41　产业兴旺是稳定脱贫的根本之策

——黑龙江省同江市八岔村的巩固脱贫成效之路

　　黑龙江省佳木斯市同江市八岔村，世世代代居住着勤劳淳朴的赫哲族人。赫哲族是我国民族大家庭中小少民族之一，总人口不足 6000 人，在历史上曾经是我国北方唯一依靠渔猎为生的民族。到 2017 年，全村共有赫哲族村民 198 户 502 人。八岔村人过去一直很贫困，主要靠政府救济来满足最基本生活需求。自强奋进的赫哲人，从 21 世纪初开始，在国家扶贫政策的引导下，村里党员干部群众团结一心，锐意进取，奋发努力，利用得天独厚的土地生态资源和民族特色文化资源，调整传统产业结构，探索出了一条"特色种植业 + 特色养殖业 + 民族文化旅游业"的发展道路，实现了从贫困村到小康村的飞跃。

一　背　景

　　中华人民共和国成立前，八岔村赫哲族村民主要靠捕鱼、狩猎为生，处于原始的采集狩猎经济形态。20 世纪 60 年代以后，周边土地被大规模开发，狩猎资源锐减，八岔村赫哲族村民逐渐放弃狩猎，转向单一的渔业生产。进入 90 年代以后，三江流域人口大量增加，捕鱼船只倍增，江水污染问题日益严重，渔业资源严重萎缩，捕鱼量逐年下降。1998 年，八岔村农民年人均纯收入 600 元，2002 年降至 500 元。

　　如何彻底改变传统、单一产业结构，摆脱生产生活困境？从 20 世纪 90 年代末"弃船上岸"，到新世纪推进"兴边富民行动"，在党和政府的关怀下，八岔村"两委"班子带领全体村民自强奋进，通过科学规划、找准产业、教育培训、开放合作、扶贫攻坚等一系列具体举措，走上了脱贫致富、持续发展之路。

二　做　法

（一）科学规划，发挥优势

2003 年新当选的村"两委"班子抓住国家实施民族地区"兴边富民计划"的扶贫机遇，科学制定规划，主动谋求变革。八岔村地域广阔，有耕地 3.2 万亩、林地 3000 亩、草场 1500 亩、水面 16 万亩，民族文化旅游资源丰富。村"两委"确立了"弃船上岸搞转产、以养代捕蓄资源、民族旅游拓财源、以人为本促和谐"的规划思路。决定利用八岔村得天独厚的土地、水域资源优势发展特色种植业、养殖业，挖掘发展赫哲民俗风情旅游和相关服务业，从而形成绿色农业、乡村旅游业等多元经济齐飞共进的格局，实现集体经济振兴、赫哲群众富裕的目标。

（二）特色种植，发展黍豆

八岔村临近著名的八岔岛国家级自然保护区，保护区总面积 32014 公顷，划分为核心区 7918 公顷，缓冲区 6450 公顷，实验区 16553 公顷，保护带 1093 公顷。在保护八岔岛生态环境前提下，2003 年，村里开垦荒地 2000 亩种植绿色大豆，当年实现效益 12 万元。2005 年后，八岔村绿色大豆食品生产基地扩大到 3 万亩，人均达到 75 亩。种植规模扩大后，村里借助国家的扶持政策，投入资金发展机械化种植及规模化经营，筹资 30 万元购置了 12 台套大型农机具，实现了农作物集中连片种植、机械化作业，并实行"统一品种、统一耕种、统一收获"管理模式，进一步降低了种植成本。2011 年，村里引资兴建粮食深加工企业，发展八岔岛品牌绿色食品，农业经济效益进一步提升。在此基础上，村里进一步完善种植结构，增加种植经济效益相对较高的芸豆、黑豆、高粱等杂粮作物，并启动山药、大球盖菇等特色农产品种植基地建设。

（三）特色养殖，以养代捕

八岔村水域面积大、河泡资源丰富，为鼓励村民发展水产品养殖，村里出台了免三年承包费、无息资助启动资金等优惠政策，调动了村民积极性。村里建成鱼池3000亩，精养水面达到800亩，发展白鱼、鲤鱼等网箱养殖，培养了14户养殖大户，逐步形成以人工养殖为主、自然捕捞为辅的规模化渔业养捕结合的生产格局。八岔村乡党委引导赫哲人组建了6家水产养殖合作社，2017年产鱼25万斤。八岔村村长王洋组织了9户农民开办了赫翔合作社，通过养殖鲤鱼、鳌花、螃蟹等，2017年实现产值60余万元，辐射带动14户低收入农户每户增收1000元。

（四）特色旅游，弘扬文化

八岔村利用本村青山绿水、民族风情浓郁的优势，充分挖掘赫哲族历史文化，将旅游产业做出特色。邀请大连民族大学等专业机构对旅游及民族文化发展进行总体规划设计；引进资金开发了赫哲族原始部落和集餐饮、娱乐、工艺品加工等于一体的赫哲民俗文化一条街；建设"赫哲渔家乐"等民族餐饮服务网点；定期举办"赫哲族渔猎文化节""八岔赫哲族冬捕文化节""大马哈洄游节"和"赫哲龙舟邀请赛"，宣传推广赫哲族传统文化风貌。2016年5月习近平总书记考察八岔村后，八岔赫哲族乡八岔村更加重视发展特色旅游业。建设天赐湖公园、二道江滩地、伊玛堪传习所等文化旅游设施；开办赫哲部落鱼锅宴、赫家鱻等特色餐厅；设计推出了追随习总书记脚步的"赫乡民俗游""滩地渔猎体验游"线路。

（五）村际合作，借力发展

八岔村是"全国村长论坛"成员。八岔村利用这个平台，先后与上海市九星村、浙江省花园村和航民村进行了对接，在玉米淀粉深加工、综合性建材市场建设和星级宾馆旅游项目开发等方面实现合作。2015年，八岔村与浙江省花园村签订帮扶协议，正式确定花园村与八岔村点对点帮扶。一是双方互派干部挂职锻炼，主要是花园村帮助培养八岔乡村两级干部及经济管理人才；二是花园村到八岔村开展玉米深加工以及其他产业项目的企划；三是每年安排花园村集团职工和村民到八岔村旅游避暑度假，帮助促进八岔村乃至同江的旅游。

三　成　效

（一）特色产业发展兴旺

经过多年努力，八岔村已经形成特色种植业、养殖业和民族文化旅游业为支柱的"三足鼎立"产业格局。八岔村成立了种植、养殖和乡村旅游3个农民专业合作社。全村各类旅游项目发展迅速，2017年实现旅游综合收入200多万元，逐渐打响了"中国赫哲第一村""神采赫哲·魅力八岔""中国赫哲冬捕第一乡"等旅游品牌。

（二）村民收入大幅增加

2002年，八岔村人均收入仅500元，2003年提高至2000多元，翻了3倍多；2010年起突破万元大关。2015年至2017年，八岔村农民人均可支配收入由16102元提高到20996元。

（三）人居环境全面改善

2008年，村里多方筹集资金，建设了3万平方米的赫哲新村，硬化了7条街道，修建了水泥边沟。2013年洪灾后，在原址重新规划建设房屋92栋184户，总建筑面积1.88万平方米。在八岔村赫哲新区，新建砖瓦标准化民居住宅24栋48户，铺建水泥路面5700多平方米；在赫哲老区完成5.2公里延长米施工计量单位砖铺巷道改建，完成路面硬化1.5公里。村里有线电视、自来水、电话、道路硬化、住房砖瓦化普及率均达到100%。

（四）民生福利待遇优厚

村集体出资为村民免费安装有线电视，免费办理农村合作医疗保险，为每户渔民每年缴纳400元的渔业管理费，补助400元的渔业生产资金，每年为村民发放价值9万余元的米面油等生活用品，每年为55岁以上的赫哲老人发放1000元的生活补助，为每名考入大学的赫哲族学生一次性发放5000元奖金。

投资 1100 万元建设了八岔中心校教学楼，使赫哲族适龄儿童入学率、巩固率、毕业率均达 100%。2017 年投资 375 万元，新建改造 595 平方米村级文化活动中心、9500 平方米车船停放场和 5000 平方米船坞休闲广场等基础设施。

近年来，八岔村先后被评为佳木斯市文明村，黑龙江省新农村建设示范村，中国首批名村志编纂试点村，第四批全国"美丽宜居村庄示范"，第二批"中国少数民族特色村寨"，全省文明单位标兵，第五届全国文明村镇。

四 思考与启示

通过八岔村脱贫致富案例，可以得到如下启示：

（一）充分发挥村党支部带领群众脱贫致富的战斗堡垒作用

八岔村这些年可喜的变化，得益于八岔村党支部带领全体党员干部群众的主动作为、勇于担当、勤于奉献和踏实肯干。早在 2003 年，八岔村党支部就明确了"两委班子"、党员干部要"带头遵守纪律、带头创业致富、带头服务群众、带头促进和谐、带头弘扬新风"的"五带头"标尺，增强村党支部战斗堡垒作用和党员干部先锋模范作用。在转产初期，党员干部身体力行，带头上岛开荒种地，做给群众看，带领群众干，并积极听取意见，采纳合理建议。村民转产缺资金，党组织想办法给予解决；村民想做没技术，党组织找人来培训。党组织的关心和党员干部的示范，让全体村民坚定了脱贫信心，更加团结努力地搞好生产建设。由于基层党建工作突出、效果显著，村党支部多次被黑龙江省委授予"五个好"村党组织称号，村"两学一做"学习教育计划也被作为样板在全省推广。

（二）因地制宜找准产业发展路子是加快脱贫致富的法宝

八岔村能够在短短几年内摆脱困境，甩掉贫困帽子，主要原因还包括充分利用了本地独特的自然资源、民俗文化等相对优势，找准了特色产业发展路子。一方面，八岔村地区是广阔的平原湿地，水域丰富，八岔岛更是大自然对当地人的恩赐。有了这样的环境和资源，八岔村就有条件大力发展特色种植业、养殖业和生态旅游业。另一方面，赫哲族历史悠久是我国人口最少的少数民族之一，赫哲族伊玛堪是国家级非物质文化遗产，赫哲文化丰富而独特，发展民族文化旅游具有先天优势。因此，在同江市确立"三区一带"发展思路之际，八岔村果断打出手里的"好牌"，变纸面的优势为现实的产业。

（三）抓住改革开放和国家政策机遇是加快脱贫致富的助推器

2003 年，八岔村把特色种植业作为首先发展的优势产业，就得益于国家"兴边富农计划"的扶持政策。种植规模扩大以后，村里又借助国家扶持政策，继续筹集资金加快特色养殖业、民族文化乡村旅游业的发展，以及新农村建设。八岔村借政策的东风，还加入了全国村长论坛，加强对外交流合作，通过村级合作，使得八岔村在农产品深加工、建设建材市场和旅游项目开发上又上新台阶。总之，八岔村能够脱贫致富，得益于改革开放的好时代，得益于党和国家推进各民族共同发展的好政策，得益于各级党委政府不断完善的好环境。

编写执笔：余志强、陈光耀

后 记

本书在中共湖北省委直属机关工作委员会的指导和支持下，由中共湖北省委直属机关工作委员会党校编写，共精选了 41 个脱贫攻坚案例，介绍了党的十八大以来各地各部门推进脱贫攻坚工作的有效做法、典型经验和成功模式，以期对当前的精准脱贫工作提供借鉴和参考。

这是科学决策大数据案例中心推出的第一本案例集，由中共湖北省委直属机关工作委员会党校校长邹德文教授担任主编，负责全书的策划、框架设计、总论撰写和案例的指导、修改、审稿。中国扶贫开发服务有限公司黄勇嘉、郝雪参与指导与编写。华中科技大学（中国·南方）减贫与发展研究院谭诗斌教授和洪绍华教授参与案例的指导、修改和审稿，做了大量工作。刘娟参与了总论的撰写，王金钟、魏长仙、邓洪洁等参与了统稿工作。党校教务处、综合教研室承担了组织协调工作。校委和各部门负责人作为编委对本书的出版给予了相应支持。

本书所选案例，是在中共湖北省委直属机关工作委员会党校 2017 年秋季学期主体班学员的结构化研讨成果基础上，由党校教师经过一年多的跟踪研究修改完成。参加编写和修改的教师有（按姓氏笔画排序）：王爱君、邓小燕、邓洪洁、甘露明、刘娟、许伟、李凯、吴刚、余志强、邹德菊、沙晔、宋兰兰、张丹、张诗倩、陈袁菁、胡静、高鸥、魏长仙等。王爱君、陈袁菁、吴刚分别组织本教研室老师对所指导或写作的案例进行了修改完善，邓小燕、刘娟、许伟前期分别收集了相关资料并协助教务处和教研室做了结构化研讨的相应分组工作。

编写过程中，参考了人民日报等部分中央和地方媒体的相关报道。在此，对所有为本书的编辑出版付出辛勤劳动的各位同志表示衷心感谢。由于水平有限，书中不当之处，敬请批评指正。

编者

2019 年 5 月